강력 최소주의 이론

-그 분석과 전망-

강력 최소주의 이론

-그 분석과 전망-

1판 1쇄 인쇄: 2012년 02월 25일
1판 1쇄 발행: 2012년 03월 02일

지은이: 김용석
펴낸이: 홍정표
펴낸곳: 글로벌콘텐츠
등 록_제25100-2008-24호

공급처: (주)글로벌콘텐츠출판그룹
이 사_양정섭
디자인_김미미
편 집_배소정
기획·마케팅_노경민 배정일
경영지원_최정임
주 소_서울특별시 강동구 길동 349-6 정일빌딩 401호
전 화_02-488-3280
팩 스_02-488-3281
홈페이지_http://www.gcbook.co.kr
이메일_edit@gcbook.co.kr

값 16,000원
ISBN 978-89-93908-35-0 93740

강력 최소주의 이론

-그 분석과 전망-

김용석 지음

글로벌콘텐츠

프롤로그

본서 『강력 최소주의 이론: 그 분석과 전망』은 21세기 신언어학으로 대두되고 있는 Chomsky(2005a, 2005b, 2006)의 소위 '강력 최소주의 이론(strong minimalist thesis: SMT)'에 관한 필자의 최근 연구결과물들을 수록하고 있는 일종의 연구보고서이다.

본서는 총 9장으로 구성되어 있는데 각 장마다 강력 최소주의 이론에서 활발히 논의되고 있는 특정 주제들을 선정하여 이들을 소논문의 형식으로 다룸으로써, 때로는 본 이론에 대한 심도 있는 분석을, 때로는 신랄한 비판을, 때로는 발전적 대안을 제시하고자 시도하고 있다.

많은 독자들이 본서를 통해 강력 최소주의 이론의 핵심적 주장을 깊이 이해할 뿐만 아니라 자연언어의 다양한 언어현상들이 강력 최소주의 이론의 문법체계 내에서 얼마나 효율적으로 기술될 수 있는지에 대한 실증적 검증에 동참하면서, 이 이론의 발전적인 비전과 전망을 함께 고찰해 나가기를 바란다.

본서의 저술을 완료할 수 있도록 지혜와 힘을 주신 하느님께 먼저 감사드린다. 그리고 언제나 기도와 사랑으로 내조해준 아내에게도 고마움을 전한다. 마지막으로 여러 어려운 여건에서도 본서를 기꺼이 채택하여 훌륭한 책으로 엮어주신 글로벌콘텐츠의 홍정표 사장님과 편집부 관계자들에게도 심심한 감사를 표한다.

본서의 출판은 2011학년도 한성대학교 교내연구비 지원과제임.

임진년 정월 귀래 절안마을 서재에서 지은이 씀

목 차

3장 연산과 섬효과 현상

4장 *that*-절의 섬효과 현상

5장 전치사 수동구문에 관하여

6장 허사구문의 도출

7장 의문사 의문문의 EPP-효과에 관하여

1장
강력 최소주의 이론의 개관

1.1 머리말

Chomsky(1957)에 의해 제안된 생성문법(Generative Grammar)은 인간의 언어기능(faculty of language: FL)을 인간의 진화과정에서 자연발생적으로 생겨난 유전적 특성으로 본다. 따라서 생성문법의 차원에서, 언어기능은 생득적(innate)인 것이며, 인간언어(human languages)는 이러한 생득적 언어기능의 연산작용(computation)에 의해 도출되는 결과물(output)인 것이다. 이러한 관점에서 1990년대 이후 대두되었던 소위 최소주의 언어학(Minimalist Linguistics)도 역시 생성문법의 범주에 속한다고 볼 수 있다. 최소주의 언어학이 생성문법으로부터 발전된 문법이론의 한 부류라면, 생성문법은 (1)에서 보여주는 발전단계를 거쳐 오늘날의 최소주의 언어학에 이르렀다고 볼 수 있으며, 최소주의 언어학 역시 (2)에서 보여주는 바와 같은 내부적 발전과정을 거쳐 오늘날에 이르고 있다고 볼 수 있다.

(1) 생성문법의 발전단계(Developmental Steps of Generative Grammar)

초기 생성문법 〈1957~1965〉 → 표준이론 〈1965~1972〉 → 확대표준이론 〈1972~1976〉 →
수정확대표준이론 〈1976~1977〉 → T-모형이론 〈1977~1981〉 → 지배-결속이론 〈1981~1986〉 →
장벽이론 〈1986~1990〉 → 원리-매개변인이론 〈1990~1993〉 → 최소주의 언어학 〈1993~현재〉

(2) 최소주의 언어학의 발전단계(Developmental Steps of Minimalist Linguistics)

자질점검이론 〈1993〉 → 필수구구조이론 〈1994〉 → 자질유인이론 〈1995〉 →
자질일치이론 〈1998〉 → 국면 이론 〈1999~2004〉 → 강력 최소주의 이론 〈2005~현재〉

사실상, N. Chomsky(1993)에 의해 주창된 최소주의 언어학은 (2)의 도표에서 보여주듯이 최근에 이르기까지 크게 발전되어 오고 있으며, 각 발전 단계마다 많은 언어학적인 연구에 기여해 오고 있다. 최근 Chomsky(2005a, 2005b, 2006)에서는 생물언어학적 관점(biolinguistic perspectives)과 그것에 근거한 중요한 최소주의적 주장에 기초하여 외곽자질(edge feature: EF)이란 새로운 자질을 제안함으로써 국면의 개념을 새롭게 수정한 소위 '강력 최소주의 이론(strong minimalist thesis: SMT)'을 제안하고 있는바, 본장에서는 이 '강력 최소주의 이론'을 심층적으로 분석한다. 그리고 이 이론에서 제안하는 소위 '수정 탐침자-목표물 문법체계(Revised Probe-Goal Framework)'의 작용과 문제점을 검토함으로써 이 이론이 앞선 다른 최소주의 이론들과 마찬가지로 장차 다양한 언어연구에 효과적인 기여를 할 수 있는 기틀을 마련하고자 한다.1)

1.2 이론적 배경과 기본가정

강력 최소주의 이론에서는 생물언어학적인 관점을 받아들여 인간의 언어기능(faculty of language: FL)을 일상생활 속에서 상호작용하는 유기체의 많은 하위영역 중에 하나, 즉 하나의 신체기관(an organ of the body)으로 보며, 이 신체기관은 언어기능의 최초상태(initial state of FL)인 보편문법(UG)에서 점차 언어기능의 최종상태(final stage of FL)인 내재언어(I-language)로 성장(growth), 발전(development)해 나간다고 본다. 이러한 성장과 발전에는 생물언어학적 관점에 따라 다음과 같은 세 가지 요인이 관여한다고 본다.

(3) (Ⅰ) 외적 자료(external data)
  (Ⅱ) 유전적 자질(genetic endowment)
  (Ⅲ) 구조적 구성과 성장제약의 원리(principles of structural architecture and developmental constraints)

(3Ⅱ)는 언어에 관련되는 유전적 자질로 인간에게 고유한 보편문법의 체계를 말하며, 이 요인은 소위 동물행동학자들이 말하는 '유기체의 환경(organism's *Umwelt*)'을 형성하며,[2] 따라서 (3Ⅰ)의 요인을 언어경험(linguistic experience)으로 해석한다. (3Ⅲ)는 언어기관에 국한되는 제약이 아닐 뿐만 아니라 유기체와 독립된 일반적 원리이며, 언어체계와 같은 연산체계에 대해선 연산의 효율성(computational efficiency)을

---

1) 본서에서는 2005년 이후 강력 최소주의 이론에서 제안되었던 문법체계를 그 이전 국면이론 이론에서 제안되었던 '탐침자-목표물 문법체계(Probe-Goal Framework)'와 구분하여 '수정 탐침자-목표물 문법체계(Revised Probe-Goal Framework)'라 일컫는다. 그러나 이들 문법체계를 세분화할 필요가 없는 경우는 통칭하여 모두 '탐침자-목표물 문법체계'라 일컫기도 한다.

2) 유기체의 환경(organism's *Umwelt*)이란 특정 신체기관의 성장과 발전이 국한된 범위 속에 이루어지도록 하는 여건을 말한다.

제공하는 원리이다.

이전의 원리-매개변인 이론(principles and parameters theory: P&P theory)에서는 유전적 자질이 언어경험을 내재언어로 사상(mapping)한다고 주장함으로써 한 내재언어의 획득이 (3I)와 (3II)의 상호작용에 의해 결정된다고 보았다. 이러한 경우, (3II)의 기술인 보편문법(UG)이 소위 설명적 타당성(explanatory adequacy)을 충족한다고 말한다. 그러나 강력 최소주의 이론(SMT)을 실현하고자 하는 수정 탐침자-목표물 문법체계(Revised Probe-Goal Framework)에서는 이러한 설명적 타당성을 뛰어넘어, (3II)의 요인도 (3III)에 기초해 원리적 설명(principled explanation)이 가능하다고 봄으로써 궁극적으로는 내재언어의 특성이 (3III)에 의해 원리적으로 설명이 된다고 가정한다.[3)]

생물언어학적 관점에 따르면, 인간의 언어기능(FL)은 인간의 진화과정에서 약 60,000년 전 현대 인류의 조상인 한 부족 내에서 발생한 이른바 '위대한 도약(great leap forward)'이란 창발적 돌연변이에 의해 생겨났는데,[4)] 이러한 돌연변이는 사고표현(expression of thought)을 위한 병합(Merge)이라는 간단한 결합작용 하나를 발견함으로써 가능해졌다고 본다. 병합은 하나의 작은 단위를 다른 단위와 결합함으로써 내적 구조를 갖는 더 큰 단위를 만들어 내는 작용으로, 이때 작은 개념단위는 어휘(lexical item)라는 통사대상(syntactic object: SO)이고,

---

3) 요컨대, 강력 최소주의 이론(strong minimalist theory: SMT)이란 언어기능의 발생이 개념의도체계(conceptual-intensional system: C-I)와 감각운동체계(sensory-motor system: SM)인 언어외부체계(수행체계 performance system)의 요구에 의한 것이며, 따라서 언어기능의 특성이 이들 수행체계가 부과하는 (해독)조건에 의해 완벽한 원리적 설명이 가능해야 한다는 가설의 언어이론이다. 따라서 강력 최소주의 이론 이전의 원리-매개변인 이론에서는 언어기능(즉, UG)과 내재언어(즉, 개별언어) 간의 관계를 원리적으로 설명하려는 소위 설명적 타당성의 성취가 이론의 최대 목표이었으나, 강력 최소주의 이론에서는 이러한 설명적 타당성을 뛰어넘어, 이제는 언어기능까지도 언어외부체계에 의해 그 특성의 원리적 설명이 가능하다고 본다.

4) Wallace에 의하면 "변이와 적자생존(variation and natural selection)"의 원리에 의해 설명될 수 없는 인간의 언어기능이 약 50,000~60,000년 전에 오늘날 인간의 조상인 한 작은 종족 사이에서 생겨났다고 본다.

이 어휘들이 병합에 의해 만들어내는 더 큰 단위의 통사대상은 구(phrase)이다. 병합은 순차적이긴 하지만 무한계적(unboundedly)으로 적용될 수 있고, 이러한 무한계병합(unbounded Merge)의 특성에 의해 점진적으로 더욱 큰 계층적 구조의 통사대상을 만들어낸다. 이렇게 하여, 궁극적으로는 사고와 기획 등 가능세계에 대한 정신적 창조까지도 가능하게 하는 매우 복잡한 개념단위까지도 만들어 낼 수 있게 된다. 따라서 (3II)의 요인에 해당하는 인간의 언어기능은 일차적으로 인간의 진화과정에서 사고표현의 수단인 병합작용의 발견으로 창발적으로 생겨난 것이라고 볼 수 있다. 이러한 차원에서 보면 (3II)는 일차적으로 (3III)에 따라 의미/개념의도접합부(semantic/C-I interface)의 조건에 의해 원리적 설명이 가능해야 한다. 한편 인간언어는 의사소통(communication)을 위해서 음성으로 표현되는데, 이는 언어기능이 이차적으로는 감각운동접합부(SM interface)의 조건도 충족해야 한다는 것을 의미한다. 따라서 (3III)에 따라 (3II)는 감각운동접합부의 조건에 의해서도 원리적 설명이 가능해야 한다. 언어는 복사의 삭제(deletion of copy), 중의성(ambiguity), 정원통로(garden path), 순환적 매입(recursive embedding) 등에서 나타나듯이 의사소통의 효율성(communicative efficiency)이란 차원에서 보면 매우 취약하게 설계(poorly designed)되어 있다. 그러나 사고표현의 차원에서 보면 매우 유연하고 효율적인 구조체계를 갖는데, 이는 바로 인간의 언어기능이 일차적으로 사고표현을 위해 생겨난 것이며, 의사소통은 이차적인 목적임을 말해준다. 따라서 언어기능은 의미/개념의도접합부(semantic/C-I interface)의 조건을 충족함에 있어서는 (3III)의 요인에 따라 원리적 설명이 완벽해야 할 뿐만 아니라 연산의 효율성(computational efficiency)이 극대화되어 있어야 한다. 또한, 연산과정에서 효율적 연산의 당연한 요구인 불변경조건(no-tampering condition: NTC)이 반드시 준수되어야 한다.[5] 요컨대, 언어기능은 두 접합부체계의 언어설계(language design)에 따라 인간의 진화과정에서 자연발생적으로 생겨났으며, 따라서 언어기능은 두 접합부의 요구인 해독조건(legibility condition)을 충족시켜야 하며, 특히 언어기능의 발생이 일차적으로 사고표현을 위한 개념의도체계의 요구에 의한 것이므로, 언어기능은 개념의도접합부에 의해 부과되는 조건에 의해 그 원리적 설명이 완벽히 이루어져야 한다. 이러한 완벽성을 추구하는 언어이론이 바로 강력 최소주의 이론(strong minimalist thesis: SMT)이다.[6] 강력 최소주의 이론의 관점에서 보면, 언어기능은 개념의도체계의 조건을 최적으로 충족시키도록 잘 설계(well-designed)된 연산체계(computational system: C_{HL})를 가지고 있으므로, 의사소통을 위한 감각운동접합부로의 사상(mapping)(즉, 음성표현을 생

---

5) 기존 국면이론(Phase Theory)의 탐침자-목표물 이론(Probe-Goal Framework)에서는 불변경조건에 내포성 조건(inclusive- ness condition)과 확장조건(extension condition) 등이 포함된다고 보았으나 강력 최소주의 이론의 수정 탐침자-목표물 문법체계(Revised Probe-Goal Framework)에서는 엄격한 개념의 확장조건 대신에 완화된 개념의 확장조건을 채택하고 있다.

6) 강력 최소주의 이론의 언어연구는 언어기능이 해독조건과 일반원리에 의해 완벽히 설명될 수 있는 완벽성을 갖춘 체계라는 가정 하에서 시작한다. 그러나 개별언어현상을 다루는 기술적 차원의 문법연구에서는 가끔 불완전한(imperfect) 문법장치가 제시되기도 하는데, 이러한 비완벽성(imperfections)들은 소위 외견상의 비완벽성(apparent imperfections)으로서 차후 더욱 완벽한 문법체계가 규명된다면 해결될 수 있는 것들이다. 그러나 실증적 증거(empirical evidence)에 의해서 비완벽성의 문법장치가 실제로 요구될 경우도 있을 수 있는데, 이러한 비완벽성을 실재적 비완벽성(real imperfections)이라 하며, 실재적 비완벽성은 경로-의존적 진화과정(path-dependent evolutionary history)이나, 두뇌나 유기체의 특성, 혹은 다른 근거에 의한 독자적 설명을 필요로 한다.

이러한 차원에서 Chomsky(2004)에서는 언어기능의 최초상태인 S_0가 다음과 같은 특성으로 분석될 수 있다고 본다.

(i) (a) 설명될 수 없는 요소 (unexplained elements)
(b) 접합부 조건 (Interface Condition: IC)
(c) 일반적 특성 (General properties)

위에서 (ia)는 원리에 의해 설명될 수 없는 소위 '실재적 비완벽성'의 문제를 말하며, (ib)는 소위 감각운동체계와 사고체계가 요구하는 해독조건(즉, 언어의 설계도)에 의해 설명될 수 있는 특성을 말하고, (ic)는 자연의 요구인 최소성, 자연성, 효율성 등에 의해 설명될 수 있는 소위 '훌륭한 설계(good design)'의 특성을 말한다. 자연의 요구인 (ic)에 비해 (ia)과 (ib)는 인간의 유기체적 조직에 의해 요구되는 일반적 특성(general properties of organic system)이라 할 수 있다. 여기서 (ib)와 (ic)은 원리에 입각해 설명될 수 있는 부분이지만, (ia)는 그렇지 못한 부분이다. 강력 최소주의 이론(SMT)에서는 언어기능은 원리적 설명(principle explanation)이 가능한 완벽한 체계(perfect system)라고 가정하므로, 이 이론에 의하면 사실상 (ia)는 존재하지 않는다. 따라서 Chomsky(2004)에서는 다음과 같은 가정을 진술하고 있다.

(ii) (ia)는 존재하지 않는다. ((ia) is empty.)

성하기 위한 음운부로의 언어정보의 사상)은 부수적인 것이다. 따라서 음운부로의 사상은 강력 최소주의 이론의 가설(즉, 언어기능이 접합부의 해독조건에 의해 완벽한 원리적 설명이 가능해야 한다는 가설)을 충족함에 있어 연산의 효율성 원리(principles of computational efficiency)가 잘 준수되지 않는다.

한편, 강력 최소주의 이론에 따르면 개념의도체계의 요구에 의한 다양한 사고표현을 만들어 내기 위해 언어기능(내재언어)은 병합(Merge)이라는 연산작용을 갖게 되었으며, 무한계병합(unbounded Merge) 이론에 따르면 병합은 반복적으로 적용될 수 있으며, 이러한 반복적 병합작용에 의해 다양한 사고를 표현할 수 있는 다양한 계층적 구조의 통사대상들을 도출하게 된다. 따라서 병합작용은 언어기능이 갖는 가장 핵심적이며, 기본적인 연산이라 볼 수 있다. (3III)의 요인에 따라 연산은 연산의 효율성 원리(principles of computational efficiency)를 준수해야 하는데, 병합의 연산이 준수해야 하는 중요한 연산의 효율성 원리가 바로 불변경조건(no-tampering condition)이다. 이러한 불변경조건에 의하면, 만약 X와 Y가 병합에 의해 결합될 때는 그들에 새로운 자질이 첨가될 수 없음은 물론 X나 Y가 파편(segments)으로 나누어지는 일도 없어야 한다. 그러므로 병합은 항상 외곽(edge)에 이루어져야 한다. 강력 최소주의 이론의 수정 탐침자-목표물 문법체계(Revised Probe-Goal Framework)에 의하면, 한 어휘항목 LI가 어휘부(Lexicon)에서 협소통사부(narrow syntax: NS)의 연산체계로 유입되어 병합(Merge)에 의해 이미 도출되어 있는 통사대상 SO의 외곽에 병합되기 위해서는 병합을 유발하는 자질을 가지고 있어야 하는데, 바로 이 자질이 이른바 '외곽자질(*edge feature*: EF)'이다.

(4) All LI's except for interjections have EF.[7)]

한편, 무한계병합(unbounded Merge)의 가정에 따르면,[8] 병합은 반복적으로 적용되는데, 강력 최소주의 이론에서는 이러한 반복적 병합(iterative Merge)의 특성이 바로 어휘항목의 외곽자질에 기인하는 것으로 본다.

(5) EF permits free Merge to the edge, indefinitely.

즉, 어휘항목의 외곽자질은 한 번의 병합작용으로 사라지지 않고 여러 번 병합작용을 반복적으로 일으킬 수 있는데, 이때 아래 정의 (6)에서와 같이 어휘항목과 처음으로 이루어지는 통사대상을 그 어휘의 보충어(complement)라 하고, 그 이후에 병합되는 통사대상들을 지정어(specifier)라 한다. 따라서 (6)의 정의에 의하면 한 어휘항목에 여러 개의 지정어가 허용되는 다중지정어구문(multiple Specifier construction: MSC)이 생성된다.

(6) The number of specifiers is unlimited, and the specifier-complement distinction itself reduces to first-Merge, second- Merge, etc.

(5)~(6)의 가정은 기술적 문법장치(descriptive technology)를 축소함으로써 강력 최소주의 이론에 더욱 근접하며, 또한 경험적으로도 입증될 수 있다. 즉, 위의 가정에 따르면 자연언어의 연산작용은 (형상구조에 의한 의미역 관계상) 필요 이상의 지정어를 갖는 다중지정어구문(MSC)까지도 아무런 연산의 효율성 원리도 위반하지 않고 생성할 수 있다. 이러한 통사대상은 개념의도체계에서 해석이 용이하지 않

7) 간투사(interjection)는 결합을 이루지 않고 혼자서 완전한 표현을 만들 수 있기 때문에 외곽자질을 갖지 않는다고 가정한다.

8) 강력 최소주의 이론에서는 무한계병합이론이 자유병합체계(free Merge system)와 표찰자유체계(label-free system)에 기초하고 있다고 본다.

은 '난해한 표현(unintelligible expression)'으로 인식되기는 하지만 연산과정에서 파산(crash)에 이르지는 않는다. 강력 최소주의 이론에서는 연산체계에서 아무런 위반 없이 생성되나 접합부에서 '난해한 표현'으로 인식되는 도출을 괴짜표현(deviant) 혹은 횡설수설(gibberish)이라 하는데, 사실상 이러한 표현들도 경우에 따라서는 은유(metaphor)나 희화적 표현(evocative expressions)과 같은 특수한 사고를 표현하는 데 최선의 방법으로 활용되기도 한다. 그러므로 이러한 표현들도 사실상 접합부에서 나름대로의 적절한 해석을 받아야 하는 일종의 정상적인 표현으로 취급되어야 한다는 것이다.[9]

1.3 연산체계: 일치와 병합

강력 최소주의 이론(SMT)에 의하면 개념의도체계의 요구를 충족하기 위해서는 병합은 다양한 의미의 통사구조를 만들어 내어야 하는데, 이를 위해 병합은 외부병합(external Merge: EM)과 내부병합(internal Merge: IM)의 두 장치로 이루어져야 한다고 본다. 즉, 이들 두 유형의 병합은 의미의 이중성(duality of semantics)에 부합되는 장치들로, 외부병합은 계층적 구조형상(cartographic hierarchies)을 구축함으로써 의미역을 할당을 위한 논항구조(argument structure)를 생성하며, 내부병합

9) Chomsky(2004)에 의하면, 병합을 위한 핵의 선택관계는 의미선택(s-selection)의 관계인데, 이러한 의미선택이 협소통사부에서 적용되는 자질상의 일치관계라면 협소통사부에서 이러한 관계가 충족되지 못하면 그 도출은 파산(crash)되어 비문법적인 도출이 되어야 하나, 사실상 의미선택의 위반은 비문법적인 도출이 아니라 해석상 횡설수설(gibberish)을 파생하므로 의미선택을 협소통사부의 일치관계로 볼 수 없다는 것이다. 따라서 Chomsky(2004)에서는 모든 종류의 병합은 모두 개념의도체계(C-I system)에 의해 개념의도접합부(C-I interface)인 의미표상(SEM)에서 요구되는 의미특성의 다양성에 기인한다고 본다. 즉, 의미표상은 개념의도체계에 의해 요구되는 의미적 다양성(semantic multiplicity)을 모두 수용할 수 있어야 하는데, 바로 이러한 요구를 충족하기 위해 협소통사부에서 다양한 병합의 형태가 나타난다는 것이다.

은 전위(displacement)를 유발함으로써 작용역 효과(scopal effects)와 함께 구정보(old information), 특정성(specificity) 등과 같은 담화관련 특성(discourse-related properties)을 만들어 낸다고 본다.

한편, 병합에 의해 도출된 통사대상이 계속되는 협소통사부의 연산에 참여하기 위해서는 표찰이 결정되어야 하는데, 표찰의 결정은 다음과 같은 표찰연산공식(labelling algorithm)에 의해 이루어진다.

(7) In {H, α}, H an LI, H is the label.

(8) If α is internally merged to β, forming {α, β} then the label of β is the label of {α, β}.

(7)에서는 연산공식의 결과로 α가 H의 보충어(complement)가 되며, (8)에서는 α가 β의 지정어(Spec)가 됨을 의미한다.[10] 위의 두 표찰연산공식은 모든 경우의 통사대상에 대해 표찰을 결정하지만, 경우에 따라서는 두 공식이 상충되기도 한다. 예컨대, 모든 도출의 첫 단계에서는 항상 두 어휘항목이 병합되는데, 이 경우 (7)에 의하면 두 항목 중에 어느 것이라도 그 통사대상의 표찰이 될 수 있다. 또한, 내부병합의 경우에 있어서도, 만약 이동을 통해 비어휘범주 β에 내부병합되는 요소가 어휘범주 α라면, 이 경우에도 (7)에 의하면 α가 그 통사대상

---

10) 이러한 표찰연산공식의 결과를 도식으로 살펴보면 다음과 같다.

(i) (9)의 결과: a. {H, α} ⇒ {H, {H, α}}

b.

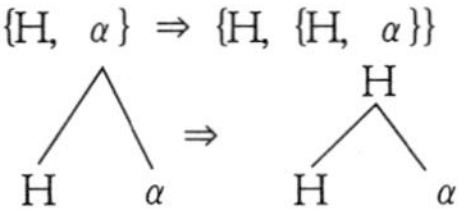

(ii) (8)의 결과: a. {α, {β, {β, XP}}} ⇒ {β, {α, {β, {β, XP}}}}

b.

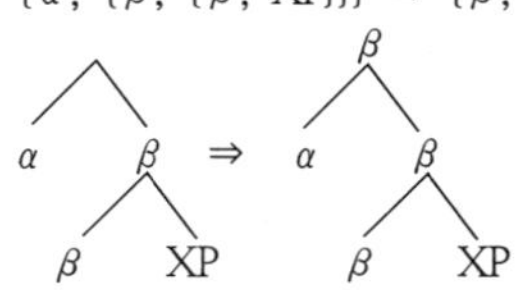

의 표찰이 되어야 하며, (8)에 의하면 β의 표찰이 그 통사대상의 표찰이 되어야 한다. 두 번째 경우의 예를 살펴보면 다음과 같다.

(9) what [C [you wrote t]]

위의 예문은 *what*이 CP에 내부병합을 이룬 경우인데, 이 경우 (8)에 의하면 C가 표찰로 투사될 수 있으므로 (9)는 의문문으로서 *wonder*와 같은 동사의 보충어로 사용될 수 있다. 그러나 내부병합된 *what*이 어휘범주이므로 (7)에 의해 *what*이 표찰이 될 수도 있고, 이 경우는 (9)이 자유관계절(free relative)로서 *what*을 핵으로 갖는 DP가 되므로 *read*와 같은 동사의 목적어로 사용될 수도 있다.[11)]

(10) a. I wonder *what you wrote*.
b. I read *what you wrote*.

한편 강력 최소주의 이론에서는 연산의 효율성 원리인 불변경조건(NTC)에 입각하여 내부병합은 흔적(trace)을 남기지 않고 병합되는 요소의 복사(copy)를 남긴다고 가정한다. 이러한 복사는 의미접합부(semantic interface)에까지 전달되므로 하강작용(lowering operation)인 재구성(reconstruction)을 배제할 수 있는 효과를 낳는다. 하지만 복사가 음성접합부(phonetic interface)에 전달이 되면, 이곳에서는 두 가지 요구가 상충된다. 즉, 분해과정의 용이성(ease of parsing process)과 연산의 최소화(minimization of computation) 간의 상충이 일어난다. 다시 말하면,

---

11) 사실상 위의 (7)~(8)의 표찰연산공식은 통사대상의 도출과정에서 아무런 조건 없이 자유롭게 적용된다. 이 경우 위의 (10)에서 보충어가 서로 뒤바뀌어 나타날 수 있지만, 이러한 경우도 연산의 효율성 원리를 위반하는 경우가 아니기 때문에 의미접합부에서 수렴(converge)되어 개념의도체계에 의해 괴짜표현(deviant)으로 해석될 수 있다.

복사가 남아있을 경우는 '충전물-공백(filler-gap)'의 문제가 저절로 해결됨으로써 분해과정의 용이성이 도모되나 연산의 최소화에 저촉이 되고, 하나만을 남기고 모든 복사가 지워질 경우에는 분해과정의 용이성은 크게 저하되나 연산의 최소화는 도모될 수 있게 된다. 강력 최소주의 이론에 의하면, 이러한 경우는 (3III)의 요인에 의해 당연히 연산의 최소화 쪽이 선택되므로, 자연언어는 음성접합부에서 하나의 복사만을 남기고 나머지는 모두 삭제하는 선택을 하게 된다는 것이다.

한편, 강력 최소주의 이론에서는 Chomsky(2004)에 따라 국면(phase)을 다음과 같이 정의한다.12)

(11) Only CP and v*P are phases.

강력 최소주의 이론 하에서는 국면이 양도(TRANSFER), 문자화(Spell-Out), 일치(Agree), 내부병합(IM) 등의 연산이 적용되는 문법작용의 최소단위가 된다. 이러한 주장에 따르면, 주격-일치제계 하에서 파이자질(ϕ-feature)의 특구(locus)가 되었던 T까지도 국면을 이룰 수 없기 때문에 양도나 문자화는 물론 일치나 내부병합의 단위가 될 수 없다. 강력 최소주의 이론의 중요한 주장이 바로 이러한 점에 기인한다. 즉, 만약 T가 국면을 이룰 수 없다면, T의 지정어(Spec-T)로의 외부논항주어(external argument subject)나 비대격/수동태 목적어(unaccusative /passive object) 등이 인상되는 EPP 현상은 어떻게 포착되는가? 바로 이러한 점을 포착하기 위해서 강력 최소주의 이론에서는 다음과 같은 가정을 제시한다.

---

12) 강력 최소주의 이론에서는 더 이상 강국면(strong phase)과 약국면(weak phase)의 구분을 필요로 하지 않는다. 한편, DP의 경우도 구조적으로 CP와 유사하다는 측면에서 국면으로 취급해야 한다는 주장이 있는데, 이러한 주장에 대해서는 Svenonius(2003)과 Hiraiwa (2005)를 참조하기 바란다.

(12) T inherits Agree- and Tense-features from C iff it is selected by C.

위의 가정에 의하면, T는 C에 의해 선택될 때까지는 도출상에서 일치(Agree)나 일치를 통한 내부병합의 연산에 참여할 수 없게 된다. T가 C에 의해 선택되지 않을 경우는 시제나 파이자질을 갖지 않는 소위 인상구문(raising construction)이나 예외격표시구문(ECM construction)과 같은 부정사구문을 이룬다.[13] 따라서 T는 C에 의해 선택될 때만 CP의 국면 단위에서 C-T의 연합체로서 국면에 적용되는 연산에 참여하게 된다. 즉, C-T가 목표물 DP와 일치를 이룰 때, 목표물 DP는 장거리일치(long-distance agreement) 하에서 제자리(in-situ)에 남거나, 아니면 T의 지정어(Spec-T)로 인상된다. 이때 일치를 이룬 DP는 모든 자질이 값을 부여받아 비활성화(inactivated)되었으므로 더 이상 C의 지정어(Spec-C)로 이동되지 않는다. 따라서 다음과 같은 비활동성 조건(inactivity condition)이 도출된다.

(13) A nominal element DP or NP is inactivated, with all its uninterpretable features valued by Agree, then it cannot enter into further computations.

한편, 강력 최소주의 이론에서는 (7)~(8)의 표찰연산공식에 의해 결정되는 표찰이 곧 그 통사대상의 내부에서 목표물을 탐색하는 탐침자가 된다고 가정하며 탐침자를 다음과 같이 정의한다.[14]

---

13) 강력 최소주의 이론에서는 기능범주(functional category)와 어휘범주(lexical category), 혹은 실사범주(substantial category)와 비실사범주(non-substantial category)의 구분이 아니라 국면핵(phase head)과 비국면핵(non-phase head)의 구분만 존재하며, T는 비국면핵을 이루는 어휘항목(LI)으로 더 이상 T_{comp}/T_{def}으로 세분되지 않는다.

14) 참고로 표찰자유체계(label-free system)에서는 표찰이 결정되지 않으므로 (국면을 이루는) 통사대상의 핵이 탐침자(probe)가 된다. 이 경우는 탐침자의 '탐색영역'을 정의하기 위해 성분통어(c-command)의 개념이 적용되어야 한다.

(14) The label is the probe that seeks a goal for operations internal to the SO: Agree or IM.

또한, 연산의 최소화에 의하면 탐침자는 가장 작은 영역 내에서 목표물을 탐색해야 하므로 다음과 같은 최소탐색조건(minimal search condition)이 도출된다.

(15) (i) The probe must seek its goal in the minimal search domain.
(ii) In the phase {α, {α, β}}, the minimal search domain of α is defined as follows:
(a) it is the Spec of β;
(b) otherwise, it is all the syntactic objects (SOs) dominated by β.

사실, 강력 최소주의 이론에서는 위의 (5)의 가정에 기인하는 자유병합가설과 무한계병합이론을 채택하고 있으므로 병합에 의해 이루어지는 통사대상은 {α, {β, γ}} 등과 같이 표현되는 조병합(set-Merge)의 구조만을 갖게 되는데,[15] 이러한 구조 속에서 도출되는 통사관계는 다음의 정의에서와 같이 조원소 관계(set-membership relation)와 탐침자-목표물 관계(probe-goal relation)의 두 가지밖에 없다.

(16) There exist two syntactic relations in the set-Merge structure such as {α, {β, γ}}: (A) set-membership and (B) probe-goal relations.

위의 정의에서 조원소 관계는 항 관계(*terms-of*)와 관할(*dominate*)의 개념만을 가지고 있으므로, 사실상 강력 최소주의 이론에서는 자매

15) 강력 최소주의 이론에서 ⟨α, β⟩의 쌍병합(pair-Merge)으로 표현되는 부착구조(adjunction structure)는 더 이상 협소통사부에서 허용되지 않는다.

관계(*sister-of*)와 그것의 합성(composition)을 통해 도출되는 성분통어(c-command)와, 그리고 핵-지정어 관계(head-Spec relation)인 최대투사통어(m-command) 등의 통사관계는 허용되지 않는다. 따라서 탐침자-목표물 관계도 사실상 항 관계와 관할의 개념에 의해서만 정의되며, 최소탐색영역(minimal search domain)도 마찬가지이다.

그러면 여기서 위의 (14)~(16)의 주장에 대한 이해를 돕기 위해 (17)에 제시되는 표찰이 결정된 조병합 구조를 통해 조원소 관계에 내포되는 항 관계와, 그러한 항 관계에 의해 정의되는 탐침자-목표물 관계, 그리고 탐침자의 최소탐색영역이 어떻게 결정되는지 살펴보자.

(17)

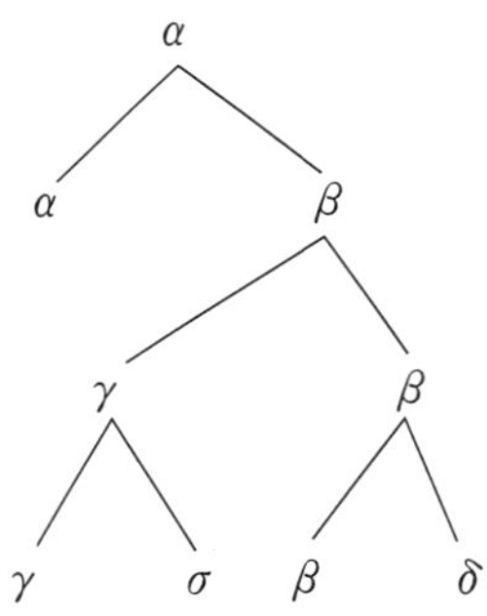

위의 조병합구조에서 표찰 α의 항은 α에 의해 관할되는 α 자신과 그것의 보충어인 β, 그리고 β의 지정어인 γ와 β의 보충어인 δ, 또한 γ의 보충어인 σ 등이 된다. 사실상 α의 항은 표찰 α가 관할(dominate)하는 모든 범주가 된다. 또한 (17)에서 $\{\alpha, \beta\}$가 국면을 이룬다면 (7)의 정의에 의해 그것의 표찰이 되는 α가 탐침자(Probe)가 되는데, 이때 α는 그의 최소탐색영역 내에서 목표물(Goal)을 찾는다. 그것의 최소탐색영역은, 그것의 보충어, β가 국면을 이루지 않는 한, β의 모든 항들(β, γ, δ, σ)이 된다. 이 경우 β의 항들(β, γ, δ, σ) 중의 하나가 목표물로서 α의 일치자질(Agree-feature)이나 외곽자질(EF)에 의해 장거리일치(long-distance agreement)를 이루거나 혹은 α의 지정어위치로 내부병합(IM)(즉, 이동(Move)+복사작용(copying))된다. 그러나 만약 (17)의 구조에서 α의 보충어인 β도 하나의 독립적인 국면을 이룬다면, α의 탐색영역은 국면불가침조건(phase impenetrability condition: PIC)에 의해 오직 β의 외곽(즉, 지정어)인 γ에 국한된다.16) 또한, 이 경우에 있어서도 γ의 보충어로서 γ에 내포되는 σ는 이미 지나간 하위국면 β 속에 깊게 매입(deeply embedded)되어 있으므로 σ는 상위국면의 표찰인 α의 최소탐색영역에 있지 못하게 된다.

그러면, 여기서 위에서 논의해온 주장들의 경험적 증거를 확보하기 위하여 주어섬 효과(subject island effect)와 관련된 다음 예문들을 고려해 보자.

(18) a. it was the CAR (not the TRUCK) of which [they found the (driver, picture)]
b. of which car did [they find the (driver, picture)]?

(19) a. *it was the CAR (not the TRUCK) of which [the (driver, picture) caused a scandal]
b. *of which car did [the (driver, picture) cause a scandal]?

위의 (18)과 (19)의 대조는 *Wh*-이동(*of which* (*car*)의 이동)이 보충어

---

16) Chomsky(2005b)에 의하면 국면불가침조건(PIC)도 역시 항관계와 관할관계에 의해 포착될 수 있다고 본다. 즉, 국면의 지정어는 그 국면의 표찰에 의해 관할되는 보충어 영역에 있지 않으므로 그 표찰의 최소탐색영역에 있지 않다. 따라서 국면의 지정어는 상위국면(upper phase)의 표찰에 의해 관할되는 항로서 그것의 최소탐색영역에 속하게 되어 그것과 일치를 이루거나 내부병합을 이루게 된다. 또한 한 국면의 보충어와 그것의 구성요소들이 국면불가침조건의 효과로 상위국면의 탐침자에 접근이 불가능한 것은 탐침자와 목표물 사이에 나타나는 외재논항(혹은, 논항연쇄)의 간섭효과(intervention effect)에 기인하는 것으로도 볼 수 있다. 그러나 국면불가침조건의 효과가 나타나는 더 근원적인 이유는 한 국면의 최소탐색영역은 그 국면단위에서 곧 바로 문자화되기 때문이다. 문자화가 일어난 통사대상은 더 이상 협소통사부의 연산에 참여하지 못한다.

내부로부터는 가능하나 주어 내부로부터는 불가능하다는 소위 주어섬 효과(subjectisland effect)를 잘 나타내어 주고 있다. 이러한 주어섬 효과는 위에서 제시한 (13)의 비활동성 조건에 의해 쉽게 포착된다. 아래 (20a-b)의 구조표현은 각기 (18)과 (19)의 문장이 도출되는 중간단계의 통사대상을 나타낸다.

(20) a. C [$_{TP}$ they$_i$ [T [$_{v*P}$ t$_i$ [v* [found [$_{DP}$ the (driver, picture) of which (car)]]]]]]
b. C [$_{TP}$ [the (driver, picture) of which (car)]$_i$ [T [$_{v*P}$ t$_i$ [v* caused a scandal]]]]]]

위의 구조표현을 살펴보면, 그 내부로부터 *Wh*-이동이 일어날 DP인 *{the (driver, picture) of which (car)}*가 (20a)의 경우에서는 동사의 목적어 위치에 나타나 있어 활동적(active)이지만, (20b)에서는 일치자질(Agree-feature)을 갖는 탐침자인 T와의 일치를 통해 그것의 비해석성 자질인 격자질이 값을 부여받고 문장의 주어(즉, T의 지정어) 위치로 인상되었으므로 비활동적이다. 따라서 (20b)에서 주어위치에 나타나는 DP는 비활동성 조건 (13)의 정의에 따라 더 이상의 연산에 참여하지 못한다. 또한 비활동적인 통사대상은 비가시적(invisible)이기 때문에 더 이상 그 자신도 상위의 위치로 인상될 수 없지만, 그 내부에 나타나는 어떤 요소도 상위로 인상될 수 없다. 이러한 관계를 일반화하여 Chomsky(2005b)에서는 다음과 같은 일반 주어섬 효과(generalized subject island effect)를 제시하고 있다.

(21) If the Agree feature of PH inherited by PH$_s$ has raised XP to Spec-PH$_s$, then XP is invisible; it cannot be raised and nothing can be extracted from it.

일반 주어섬 효과 (21)에 의하면, (18)~(19)에서 보여주는 주어섬 효과는 근원적으로 (13)의 비활동성 조건에 기인함을 알 수 있다. 그러면 이러한 점에 주목하며 다음 예문을 살펴보자.

(22) a. it was the CAR (not the TRUCK) of which [the (driver, picture) was found]
b. of which car was [the (driver, picture) found]?

(22)의 예문들도 (19)와 마찬가지로 주어위치로 인상된(즉, 비활성화된) DP 내부로부터 *Wh*-이동(*of which (car)*의 이동)이 일어난 경우이나 (19)와는 달리 문법적인 문장으로 판정된다. 즉, (22)는 주어섬 효과의 측면에서 보면 (19)보다 오히려 (18)과 대등한 문법성을 갖는다. (19)와 (22)의 비교에서 확인되는 차이점은 (19)는 그 내부로부터 *Wh*-이동이 일어난 주어 DP가 능동태의 주어이고, (22)에서는 수동태의 주어라는 점이다. 바로 이러한 관점에서 Chomsky(2005b)의 강력 최소주의 이론에서는 주어섬 효과가 나타나지 않는 (22)와 같은 수동태구조에서는 *Wh*-이동의 적용시점이 주어 DP가 문장의 주어(T의 지정어) 위치로 인상된 후가 아니라 동사의 목적어로 기저위치에 남아 있을 때라고 주장한다. 즉, 강력 최소주의 이론에 의하면 아래 구조분석 (23)을 통해 확인되는 바와 같이[17] (18)과 (22)의 경우는 모두 DP인 *{the (driver, picture) of which (car)}*가 동사의 목적어 위치에 있는 (23)의 구조에서 *of which (car)*가 C의 탐색에 의해 C의 지정어(Spec-C) 위치로 인상된 경우이므로,[18] (22)는 (19)와 달

17) (25)의 v는 비대격/수동태의 동사성 형태소(기능범주)이다. 대격의 동사성 형태소 v*를 갖는 경우에만 독립적인 내부국면(internal phase)인 v*P를 형성한다.

18) 이 경우를 좀 더 섬세히 기술한다면, (24)의 수동태구문의 경우는 *of which (car)*가 C의 지정어 위치로 직접 인상된다고 보지만, (18)의 타동사구문의 경우는 국면불가침조건(PIC)의 효과에 의해 중간 국면인 v*의 지정어를 경유해 C의 지정어로 인상된다.

리 비활동성 조건에 기인하는 주어섬 효과가 전혀 나타나지 않는다는 것이다.

(23) C [T [v [V [the (driver, picture) of which (car)]]]]

그렇다면, 이제 (19)의 경우에 있어서도, 만약 *of which (car)*의 *Wh*-이동이 DP *{the (driver, picture) of which (car)}*가 T와의 일치에 의해 주어위치로 인상되기 전 다음 구조에서와 같은 기저위치에서 적용된다면 어떠한가?

(24) C [T [$_{v^*P}$ [the (driver, picture) of which (car)] [v* [V XP]]]]

즉, (19)이 (24)의 구조에서 *of which (car)*가 C의 탐색에 의해 C의 지정어(Spec-C) 위치로 인상된 경우라면, (21)의 정의에 비추어 (19)도 실제의 경험적 현상과는 달리 주어섬 효과가 나타나지 않아야 한다. 그럼에도 불구하고 실상 (19)는 비문법적인 문장으로 판정된다. Chomsky(2005b)에 의하면, 바로 이러한 문제는 위의 (15)~(17)과 관련한 논의에서 살펴본 최소탐색영역(minimal search domain)에 의해 설명된다고 주장한다. 즉, 위의 (19)이 (24)의 기저구조에서 직접 C의 탐색에 의한 *of which (car)*의 적출로 도출된 문장이라 하더라도, 위의 논의에 의하면 하위국면의 지정어 내부에 나타나는 요소는 어떤 것이라도 상위국면 탐침자의 최소탐색영역에 포함되지 못하므로(요컨대, 이미 지나간 국면 v*P에 깊게 매입(deeply embedded)되어 있으므로) 그 지정어로부터 상위국면으로 적출될 수 없다. 따라서 (19)의 경우는 여전히 비문법적인 문장으로 판정된다. 이러한 섬효과(island effect)를 주어섬 효과와 구분하여 소위 '외재논항섬 효과(external argument island effect)'라 한다. Chomsky(2005b)에서는 국면의 내부에 나타나는 이러한 외재논항섬 효과와 국면의 보충어에 접근할 수 없다는 국면불가침조건(PIC) 효과를 묶어 다음과 같은 국면국부성 조건(phase locality condition)을 제시하고 있다.

(25) The elements in α embedded in the lower phase, which has already been passed in the derivation, cannot be accessed in the next higher phase.

위와 같은 분석을 받아들인다면, 이제 (18)~(20)의 대조에서 나타나는 주어섬 효과와 관련되는 문법성은 탐침자의 최소탐색영역의 결정에 적용되는 (25)의 국면국부성 조건에 의해 설명될 수 있다. 그러나 이러한 (23)~(24)의 구조분석 하에서는 엄밀순환조건(strict cycle condition)과 관련되는 다음과 같은 중요한 문제가 제기된다.

(26) (i) T의 지정어(Spec-T) 위치로의 주어인상은 언제 일어나는가?
(ii) 국면의 외재논항(혹은 지정어)에 내포되는 요소는 그 국면의 외곽지정어를 경유해 상위 국면의 지정어로 인상될 수 없는가?

우선, 비교적 간단한 (26ii)의 문제를 먼저 고려해 보자. 위의 논의와 관련하여 (26ii)는 '(24)와 같은 구조에서 v*의 외재논항 내부에 나타나는 *of which (car)*가 v*의 외곽지정어(outer Spec)를 경유해 순환적으로 C의 지정어 위치로 인상될 수는 없는가?'로 구체화할 수 있다. 위에서 확인한 바와 같이, (24)의 구조에서 v*의 외재논항의 내부요소인 *of which (car)*는 상위국면의 탐침자의 최소탐색영역 내에 있지 않으므로 (25)의 조건에 의해 상위국면의 연산에 참여할 수 없다. 그러나 (26ii)의 문제제기에서처럼 외재논항 내부에 있는 *of which (car)*가 v*의 외곽지정어(outer Spec)로 먼저 이동할 수 있다면, *of which (car)*는 국면불가침조건(PIC)의 효과에 따라 상위국면의 탐침자인 C

의 최소탐색영역 내에 있게 되므로 (25)와 상관없이 C의 지정어 위치로 인상할 수 있게 된다. 그러나 이러한 문제는 (17)의 구조표현에서 β가 국면의 핵일 경우 β의 지정어 위치에 나타나는 γ 자체가 탐침자인 β의 탐색영역에 속하지 않는다고 주장함으로서 해결될 수 있다. 즉, 위의 (24)에서 v*의 지정어 위치에 나타나는 DP *{the (driver, picture) of which (car)}* 자체가 v*의 탐색영역에 있지 않으므로 그 내부에 나타나는 *of which (car)*가 v*의 탐색에 의해 v*의 외곽지정어(outer Spec)로 내부병합된다는 것은 불가능하다. 사실상 위의 (17)과 관련되는 논의에서 국면의 핵이 탐침자로 목표물을 탐색하는 그것의 최소탐색영역은 그것의 보충어와 그 보충어의 모든 항이 되며, 그 보충어가 또 다른 국면을 이루면 국면불가침조건(PIC)의 효과에 의해 그 보충어의 지정어로 국한된다고 주장하고 있으므로, 한 통사대상이 국면을 이룰 때 그 핵의 지정어는 그 핵의 최소탐색영역에 있지 않게 된다. 따라서 위의 (24)에서 *of which (car)*는 결코 v*의 탐색에 의해 v*의 외곽지정어로 내부병합되지 못한다.

이제 (26i)의 문제를 살펴보자. 위의 (12)의 정의에 의하면 T는 그것을 선택하는 C에 의해 비해석성 자질(uninterpretable feature)인 일치자질(Agree-feature)을 물려받는다. 따라서 T는 C에 의해 선택될 때까지는 일치의 연산에 참여할 수 없게 되며, T는 오로지 C에 의해 선택되어 C로부터 일치자질을 계승받은 이후의 CP의 국면에서만 일치자질에 대한 값을 부여받기 위해 일치의 연산에 참여하게 된다. 이러한 관점에서 Chomsky(2005b)의 강력 최소주의 이론에서는 C와 T는 T가 일치자질을 계승한 이후에 C-T의 연합체를 이루어 동시에 CP 국면의 연산에 참여한다고 본다. 따라서 강력 최소주의 이론에 의하면, (22)의 문장은 (23)의 구조에서 C의 외곽자질(EF)의 의한 *of which (car)*의 인상과 T의 일치자질(Agree-feature)에 의한 *{$_{DP}$ the (driver, picture) of which (car)}*의 인상이 동시에 나란히 일어난다고 본다. 그 결과 다음과 같은 통사대상이 도출된다(참고: 아래 구조는 복사이론에 입각해 흔적을 이동한 요소의 복사로 나타내고 있고, 이러한 복사는 음성접합부의 문자화 과정에서 삭제된다).

(27) [$_{CP}$ of which (car) [C [$_{TP}$ [$_{DP}$ the (driver, picture) of which (car)] [T [$_{vP}$ v [$_{VP}$ was found [$_{DP}$ the (driver, picture) of which (car)]]]]]]]

이렇게 볼 때, (19)의 경우도 (24)의 구조에서 C-T 연합체의 탐색에 의해 C의 지정어 위치로의 *of which (car)*의 인상과 T의 지정어 위치로의 *{DP the (driver, picture) of which (car)}*의 인상이 동시에 나란히 일어나지만, 이 경우는 위의 논의에서처럼 C의 지정어 위치로 인상되는 *of which (car)*의 적출이 (25)의 국면국부성 조건을 위반함으로써 비문법적인 문장으로 처리된다.

1.4 도출과 연산의 효율성

1.4.1 역순환성과 간섭효과

위의 논의에서와 같이 탐침자 T의 일치자질에 의한 목표물의 인상이 CP의 국면에서 C의 외곽자질에 의한 목표물인상과 함께 일어난다면, 이제 Chomsky(1999)에서 TP와 CP 순환 사이에 제기되었던 역순환성(counter-cyclicity)의 문제가 국면해석평가원리(principle of interpretation/evaluation for phase)를 설정하지 않고서도 해결될 수 있다.[19]

---

19) Chomsky(1999)는 이러한 역순환성의 문제가 다음과 같은 국면해석평가원리(principle of interpretation/evaluation for phase)에 의해 해결된다고 주장하고 있다.

(i) Interpretation/evaluation for PH_1 is at PH_2, where PH_1 is strong phase and PH_2 is the next higher strong phase.

먼저 아래 예문을 고려해 보자.

(28) what did John read?

이 문장의 도출과정은 다음 구조표현에서와 같다(아래 구조표현에서 t_{John}, t_{what} 등은 각기 *John*과 *what*의 복사(흔적)를 나타냄).

(29)

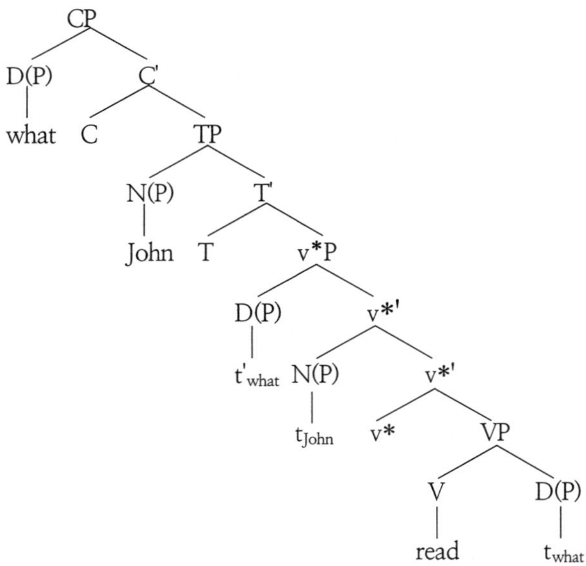

역순환성(counter-cyclicity)의 문제란, 만약 위의 구조표현에서 순환상 TP의 지정어 위치로 이동하는 *John*의 인상이 CP의 지정어 위치로 이동하는 *what*의 인상보다 먼저 적용된다면, 이 경우 v*의 지정어 위치에 나타나는 *what*의 일치자질이 (T의 *John*에 대한 탐색을 차단함으로써) *John*의 인상을 가로막는 소위 간섭효과(intervention effect)를 일으키게 된다.[20] 따라서 이러한 간섭효과를 피하기 위해서는 역순환

적으로 *what*을 CP의 지정어 위치로 먼저 인상한 후에 TP의 지정어 위치로의 *John*의 주어인상이 이루어져야 한다는 것이 바로 역순환성의 문제이다. CP의 국면에서 C와 T가 C-T의 연합체를 이루어 동시에 탐색작업을 수행한다는 강력 최소주의 이론의 주장에 의하면 CP 국면에서 주어(*John*)의 인상과 의문사(*what*)의 인상이 동시에 나란히 이루어지므로 이러한 역순환성의 문제가 결코 발생하지 않는다.

그러나 이러한 주장에 연루되는 또 다른 문제는 v*의 외곽지정어 위치에 남아있는 *what*의 흔적(복사)은 왜 간섭효과를 일으키지 않는가 하는 문제이다. 이 문제에 대해 Chomsky(2005b)는 다음과 같이 주장하고 있다.

(30) A'-chains behave like A-chain with respect to the intervention effects: if uniform, only the full chain (equivalently, its head) is the object that intervenes.[21]

즉, (30)의 주장에 의하면, 논항연쇄이든 비논항연쇄이든 간에 연쇄의 머리(head)는 간섭효과를 일으키나, 그 이외의 고리(link)들은 간

---

20) 간섭효과란 탐침자와 목표물 사이에 나타나는 어떤 요소가 탐침자에 의한 그 목표물의 탐색을 차단하는 효과를 말한다. 즉, 위의 도출 (29)에서 T는 탐침자로서 일치(Agree)를 위해 자신의 투사범주의 범위(domain) 내에서 파이자질상 대조(Match)를 이루는 목표물을 탐색(searching)해야 하는데, 이러한 탐색과정에 발견되는 가능 목표물은 *what*과 *John*이지만, 사실상 T는 *John*과 탐침자-목표물 관계(probe-goal relation)를 이루어야 한다. 그러나 거리(distance)상 *what*이 *John*보다 T에 가까우므로 최소연결조건(minimal link condition: MLC, 혹은 최단이동조건(shortest Move))에 의해 T는 *what*과 먼저 대조를 이루므로 더 이상의 탐색이 차단되어 결과적으로 *John*과 탐침자-목표물 관계를 이루지 못하게 된다. 바로 이러한 차단효과를 소위 간섭효과(intervention effect)라 한다. Chomsky (1999)에서는 간섭효과를 다음과 같은 음운적 외곽(phonological edge)의 개념으로 정의하기도 한다.

(i) The phonological edge is accessible to Probe P.

21) 논항연쇄(A-chain)란 연쇄의 고리(즉, 구성원)들이 모두 논항위치에 나타나는 연쇄를 말하고, 비논항연쇄(A'-chain)란 연쇄의 고리들이 모두 비논항위치에 나타나는 연쇄를 말한다. 따라서 논항연쇄나 비논항연쇄는 모두 일률적 연쇄(uniform chain)가 된다. 비일률적 연쇄(nonuniform chain)로는 운용자-변항연쇄(operator-variable chain)가 있다.

섭효과를 유발하지 않는다는 것이다.22) 바로 이러한 주장에 근거하여 (29)에서 v*의 외곽지정어 위치에 나타나는 *what*의 흔적은 일률적 비논항연쇄의 꼬리이므로 T와 *John* 간의 탐침자-목표물 관계를 방해하는 간섭효과를 일으키지 않는다고 본다.

1.4.2 자질의 계승과 연산의 일반화

이제, (12)의 가정을 채택하는 강력 최소주의 이론 하에서 v*P 국면 내부의 탐색관계는 어떻게 기술될 수 있는지 살펴보자. Chomsky (2005b, 2006)에서는 최적화(optimization)의 원리 하에서 일치자질의 계승은 국면핵(phase-head)의 일반적 특성이라 주장하면서 (12)의 가정을 다음과 같이 일반화하고 있다.

(31) C and v* are the phase-heads, and their Agree-feature is inherited by the LI they select.

(31)의 가정에 의하면, 이제 C뿐만 아니라 v*의 경우도 그의 일치자질(Agree-feature)을 그가 선택하는 어휘항목(LI)에게 물려준다. 따라서 v*의 경우도 C와 마찬가지로 격자질을 갖는 목적어 명사구를 일치의 연산을 통해 그가 선택하는 어휘항목의 지정어(즉, 여기서는 동

22) 이러한 주장에 대한 경험적 증거로 Chomsky(2005b)에서는 다음 구조골격에서와 같은 아이슬란드어의 여격-주격경험주구문(dative-nominative experiencer construction)을 제시하고 있다.

(i) C [T [DAT [v* NOM]…

위의 구조에서 만약 DAT가 제자리에 남아있으면 논항연쇄의 머리가 되므로 T의 NOM에 대한 탐색을 차단하는 간섭효과를 일으키게 되어 비문법적인 문장이 되고, DAT가 T의 지정어위치로 인상되면 그 흔적은 논항연쇄의 꼬리가 되므로 T와 NOM 간에 간섭효과를 일으키지 않아 문법적인 문장이 된다. 그러나 DAT가 *Wh*-이동에 의해 C의 지정어위치로 인상되면 이는 비문법적인 문장이 된다. 그 이유는 *Wh*-이동에 의한 DAT의 흔적은 여전히 논항연쇄의 머리이기 때문에 비록 음운적 자질을 갖지 않는다 하더라도 T와 NOM 간에 탐색을 차단하는 간섭효과를 일으키기 때문이다.

사의 지정어(Spec-V)) 위치로 인상하게 된다. 강력 최소주의 이론에서는 타동사구문에서 격자질을 갖는 목적어 명사구가 다음 구조에서처럼 언제나 동사의 지정어 위치에 나타난다고 본다(아래구조표현에서 $t_{a\ picture\ of\ John}$은 {DP *a picture of John*}의 복사(흔적)임).[23]

(32) [$_{v*P}$ they [v* [$_{VP}$ [$_{DP}$ a picture of John] [bought $t_{a\ picture\ of\ John}$]]]]

위의 구조표현에서도 동사의 지정어 위치로 인상한 {DP *a picture of John*}은 이미 일치에 의해 그것의 격자질이 값을 부여받아 비활성화(inactivated)되었으므로 (13)의 비활동성 조건에 의하면 자신은 물론 그 내부에 나타나는 어떠한 요소도 더 이상의 연산에 참여할 수 없게 된다. 그렇다면 (18)의 도출과정을 살펴보자. (18)은 다음과 같은 중간도출 단계를 거치게 된다(아래 구조표현에서 $t_{the\ (driver,\ picture)\ of\ which\ (car)}$는 *the (driver, picture) of which (car)*의 복사(흔적)임).

(33) [$_{v*P}$ they [v* [$_{VP}$ [$_{DP}$ the (driver, picture) of which (car)] [found $t_{the\ (driver,\ picture)\ of\ which\ (car)}$]]]]

이제 (33)의 경우, 동사의 지정어 위치로 인상된 {DP *the (driver, picture) of which (car)*}가 일치의 결과로 비활성화되었다면 (13)의 조건에 의해 그 내부로부터의 *wh*-구의 인상이 허용되지 않아 (18)의 도출이 불가능하게 된다. Chomsky(2005b, 2006)에서는 이러한 문제점을 해결하기 위해 v*P 내부에서 진행되는 연산도, CP의 국면에서와 같이, 선택관계에 있는 v*와 V가 v*-V로 연합체를 이루므로 v*의 탐색이 진행될 때 V의 탐색도 함께 진행되어 V의 지정어(Spec

23) 어순상에 있어 동사가 목적어에 앞서는 것은 문자화가 이루어질 때 음성접합부에서 적용되는 v*로의 V의 인상(V-to-v* raising)의 결과이다.

-V)로의 DP의 인상과 v*의 지정어(Spec-v*)로의 *wh*-구의 인상이 동시에 나란히 목적어의 기저위치로부터 이루어진다고 본다. 그 결과 (18)은 사실상 다음과 같은 중간 단계의 도출을 갖는다(흔적을 복사로 표현함).

(34) $[_{v^*P}$ ***of which*** $[_{v^{*\prime}}$ they [v* $[_{VP}$ $[_{DP}$ the (driver, picture) *of which*] [found $[_{DP}$ the (driver, picture) *of which*]]]]]]

이후 CP의 국면에 이르러 C-T 연합체에 의한 탐색의 결과로 주어인상과 *Wh*-이동이 동시에 일어나면, (34)는 다음과 같은 도출로 이어진다(이 경우 국면불가침조건(PIC)의 효과에 의해 v*의 지정어는 상위국면의 핵인 C의 탐색영역임을 상기하라. 편의상 모든 흔적을 복사로 표현함).

(35) $[_{CP}$ ***of which*** $[_{C'}$ C $[_{TP}$ they [T $[_{v^*P}$ *of which* $[_{v^{*\prime}}$ they [v* $[_{VP}$ $[_{DP}$ the (driver, picture) *of which*] [found $[_{DP}$ the (driver, picture) *of which*]]]]]]

일치자질의 계승으로 인해 동사의 지정어(Spec-V)로 목적어 DP가 인상한다는 가정은 예외격표시구문(ECM)에 대해서도 새로운 분석을 낳는다. 즉, 아래 (36a-b)에서와 같이 예외격(즉, 대격)을 갖는 종속절의 주어 DP가 사실상 종속절 T의 지정어(Spec-T) 위치가 아니라 예외격 표시동사인 주절 동사의 지정어(Spec-V) 위치로 인상되어 나타난다는 것이다(동사 *expected*는 어순이 결정되는 음성접합부(phonetic interface)에서 v*로 인상됨을 유의하라).

(36) a. the slave expected $[_{DP}$ (the picture, the owner) of him] to be somewhere else

b. $[_{TP}$ the slave$_i$ [T $[_{v^*P}$ t$_i$ $[_{v^{*\prime}}$ v* $[_{VP}$ $[_{DP}$ (the picture, the owner) of him]$_j$ $[_{V'}$ expected $[_{TP}$ (t$_j$) to $[_{vP}$ v $[_{VP}$ t$_j$ be somewhere else]]]]]]]][24]

(36b)의 구조기술에서와 같이 예외격표시구문에서 대격을 갖는 종속절의 주어 DP가 주절의 v*P 국면에서 v*-V 연합체와의 일치를 통해 사실상 주절 동사의 지정어(Spec-V) 위치로 인상된다는 가정은 (36)에서 대명사 *him*이 결코 주절의 주어와 동일지시를 갖지 못한다는 사실에 의해 입증된다.

이제, Chomsky(2005b, 2006)에 의하면, 강력 최소주의 이론에서는 (31)에서 제시되는 자질계승의 일반화에 의해 논항위치(A-position)와 비논항위치(A'-position)의 구분이 분명해진다고 주장한다. 즉, (31)에 의하면 T와 V는 그들을 선택하는 C와 v*로부터 일치자질(Agree-feature)을 계승받게 되는데, 계승된 일치자질에 의해 인상되는 곳이 바로 논항위치이고, 국면의 핵인 C와 v*의 외곽자질(edge feature: EF)에 의해 인상되는 곳이 바로 비논항위치라는 것이다. 이러한 관계를 Chomsky(2005b)에서는 다음과 같이 정의하고 있다.

(37) The A'-position is defined as one that is attracted by an edge feature of a phase head; hence typically in Spec-C or outer Spec-v*; Others are A-position.

한편 부가어섬 효과(adjunct island effect) 문제도 무한계병합(unbounded Merge)과 자유병합(free Merge) 이론을 채택하는 Chomsky(2005b)의 강력 최소주의 이론 하에서는 바로 위에서 제시한 (7)~(8)의 표찰연산공식에 의해 해결될 수 있다고 본다. 즉, 협소통사부에서 부가어처럼 XP-YP의 구조를 갖는 통사대상은 XP와 YP 중에 어느 것도 핵이 될 수 없으므로 위에서 제시한 (7)~(8)의 표찰연산공식에 의해

---

24) (36b)의 구조표현에서 주절 V에 의해 선택되는 종속절 TP와, 그리고 T에 의해 선택되는 종속절 vP는 독립적인 국면을 형성하지 못하므로 대격의 격자질을 갖는 DP는 기저위치인 종속절 VP 내부에서 직접 주절의 V와 일치를 이루어 주절 V의 지정어 위치로 인상된다고 본다.

표찰이 결정될 수 없으며, 따라서 다음의 정의에서와 같이 부가어 내부로는 탐침자(즉, 표찰)의 최소탐색영역이 결정될 수 없기 때문에 부가어섬 효과가 발생한다고 본다.[25)]

(38) Minimal search is not uniquely defined in XP-YP structure where XP nor YP is a head: the "wrong choice" yields island effects.)[26)]

1.4.3 연속적 순환이동과 섬효과

이제 강력 최소주의 이론에서 연속적 순환 논항이동(successive cyclic A-movement)과 관련되는 문법적 현상들은 어떻게 설명되는지 살펴보자. 먼저 아래 예문을 고려해 보자((39)=(19)).

(39) a. *it was the CAR (not the TRUCK) of which [the (driver, picture) [$_{v*P}$ *t* caused a scandal]]
b. *of which car did [the (driver, picture) [$_{v*P}$ *t* cause a scandal]]?

(40) a. it was the CAR (not the TRUCK) of which [the (driver, picture) is likely [*t* to [$_{v*P}$ *t* cause a scandal]]
b. of which car is [the (driver, picture) likely [*t* to [$_{v*P}$ *t* cause a scandal]]]?

위에서 논의한 바에 따르면, (39)의 예문에 나타나는 비문법성은 국면국부성 조건 (25)에 의해 포착될 수 있다. 즉, (39)에서 종속절

25) Chomsky(2005b, 2006)에 의하면 탐침자 최소탐색영역은 Kayne의 '연결성(connectedness)'과 Huang의 '적출영역조건(CED)'의 개념에 입각해 결정될 수 있다고 본다.

26) Chomsky(2005b)에서는 부가어섬 효과와 관련하여 (38)을 다음과 같이 간략히 표현하고 있다.

(i) The adjunct-island subcase follows if an adjunct is not in the search domain of the probe.

CP 내에서 C의 탐색에 의해 C의 지정어(Spec-C) 위치로 인상된 *of which (car)*는 DP *{the (driver, picture) of which (car)}*가 기저위치(즉, v*의 외재논항 위치)에 있을 때 그 DP 내부로부터 적출된 것이라고 주장함으로써 (39)의 비문법성이 국면국부성 조건 (25)에 기인하는 소위 외재논항섬 효과(external argument island effect)에 의해 포착된다. 이러한 주장에 비추어보면, (40)의 경우에도 C의 지정어(Spec-C)로 인상된 *of which (car)*는 DP *{the (driver, picture) of which (car)}*가 그것의 기저위치인 종속절 v*의 외재논항 위치에 있을 때 그 내부로부터 적출된 것이므로 (40)도 역시 국면국부성 조건에 기인하는 외재논항섬 효과에 의해 비문법적인 문장으로 판정되어야 한다. 그러나 이러한 예상과는 달리 (40)의 경우는 외재논항섬 효과가 전혀 나타나지 않는 문법적인 문장으로 판정된다.

이러한 문제도 Chomsky(2005b, 2006)의 강력 최소주의 이론에서 가정하는 연속적 순환 논항이동의 문법체계 하에서 잘 설명될 수 있다. 즉, Chomsky(2005b, 2006)에서는 국면핵(C와 v*)으로부터 일치자질을 계승받은 어휘범주(T와 V)에 의해 그것의 지정어로 유인되는 이동은 논항이동(A-movement)인데, 이러한 논항이동은 유인되는 과정에 나타나는 모든 논항위치(A-position)를 순차적으로 경유한다고 가정한다. 이러한 연속적 순환 논항이동의 가정에 따르면, 위의 (39)와 (40)의 예문 사이에 나타나는 차이는 (40)에서는 주절의 C-T 연합체가 CP의 국면에서 v*의 외재논항인 *{the (driver, picture) of which (car)}*과 의문사 *of which (car)*를 유인하는 경로에 논항위치인 종속절 T의 지정어가 존재한다는 점인데, 바로 (40)에서 C-T 연합체의 일치자질에 의해 주절 T의 지정어로 유인되는 *{the (driver, picture) of which (car)}*의 이동은 논항이동으로서 유인 도중에 바로 이 종속절 T의 지정어를 경유한다는 것이다. 이 경우 *{the (driver, picture) of which (car)}*의 이동이 종속절 T의 지정어 위치에 당도했을 때, 바로 주절 C의 외곽자질이 C-T의 연합체로서 의문사 *of which (car)*를 탐색하여 그것의 지정어로 유인하는 것이라면, 종속절 T의 지정어 위치는 비활성화된 논항연쇄의 머리도 아니며 v*의 외재논항과 같은 하위국면의 지정어도 아니기 때문에, 위의 일반 주어섬 효과 (21)이나 국면국부성 조건 (25) 등에 저촉됨이 없이 문법적인 문장을 도출할 수 있게 된다.

사실상 국면을 형성하지 않는(즉, C에 의해 선택되지 않는) T는 일치자질을 물려받지 않으므로 그것의 지정어 위치를 경유하는 통사대상에게 값을 부여하지 않는다. 따라서 그 통사대상은 (13)의 비활동성 조건에 영향을 받지 않으며 (21)의 일반 주어섬 효과로부터도 자유롭다. 요컨대, 국면을 형성하지 않는 종속절 TP의 지정어 위치는 상위 주절국면의 입장에서 보면 마치 목적어 논항위치와 같은 효과를 나타낸다. 그러므로 C에 의해 선택되지 않는 T를 갖는 구문(즉, 인상구문(raising construction)과 예외격표시구문(ECM construction) 등)에서는 일반적으로 (25)의 국면국부성 조건에 기인하는 외재논항섬 효과가 나타나지 않는다.

(41) of which car did they believe the (driver, picture) to have caused a scandal?

위의 예문에서 *{the (driver, picture) of which car}*의 이동 경로는 종속절 v*의 지정어 위치에서 시작하여, 종속절 T의 지정어를 거쳐 주절동사 *believe*의 지정어 위치까지이다. 이 경우 *{the (driver, picture) of which (car)}*가 종속절 T의 지정어 위치에 당도했을 때 그 내부에 나타나는 의문사 *of which car*가 주절 v*의 외곽자질에 의해 v*의 지정어로 유인되고, 다시 그곳에서 주절 C의 유인에 의해 그것의 지정어 위치로 인상된다.

위의 논의에 비추어, 외치(extraposition)의 경우는 강력 최소주의 이론에서 어떻게 설명될 수 있는지 고려해 보자. 먼저 아래 문장을 살펴보자.

(42) a. *the (driver, picture) [*t* caused a scandal] *of the car*
   b. *the (driver, picture) is likely [*t* to [*t* cause a scandal] *of the car*

위의 (42)의 경우는 *of the car*가 *{the (driver, picture) of the car}*로부터 문장의 후미로 외치가 일어난 경우이다. 외치의 경우는 (42)의 예문에서 보여주듯이 'C에 의해 선택되지 않는 T를 갖는 구문'이냐 아니냐에 상관없이 일률적으로 주어섬 효과가 나타난다. 이러한 점에서 Chomsky(2005b, 2006)에서는 외치는 협소통사부의 작용이 아니라 협소통사부의 작용이 완료된 국면이 감각운동접합부(SM interface)로 양도(TRANSFER)되는 과정에서 일어나는 문자화(Spell-Out)의 한 부분으로 본다. 즉, 외치가 협소통사부의 작용이라면 C에 의해 선택되지 않는 T를 갖는 인상구문인 (42b)의 경우가 (40)~(41)의 경우와 동일한 이유로 문법적이어야 하나, 오히려 주어섬 효과(subject island effect)를 나타내는 (39)와 (42a) 등의 일반타동사구문과 마찬가지로 비문법적인 문장으로 판정된다. 따라서 Chomsky(2005b, 2006)에서는 외치를 양도과정에서 일어나는 문자화의 한 부분으로 규정함으로써, (42)의 두 예문에서 *of the car*가 이미 협소통사부의 연산이 끝난 통사대상인 문장의 주어 DP 내부로부터 외치되어 문미로 이동한 것으로 볼 수 있기 때문에, 이들 문장의 비문법성이 단순히 일반적인 주어섬 효과에 기인하는 것으로 본다.[27] 이러한 관점에서 보면,

27) 이때의 주어섬 효과는 위의 예문 (39)와 관련되는 외재논항섬 효과와도 구분이 되며, 외치가 외곽자질(EF)의 탐색에 의한 이동이 아니라면 (13)의 비활동성 조건과도 무관한 현상이다. 그러나 만약 외치가 C나 v*의 외곽자질의 유인에 의한 것이라면 외치의 경우에 나타나는 주어섬 효과도 (21)의 일반 주어섬 효과에 기인하는 것으로 설명할 수 있다.

외치란 구문의 형태와 상관없이 오직 국면 내부에 나타나는 목적어(혹은 보충어)로부터만 가능하다는 결론이 나온다.

1.5 해결해야 할 문제점

사실상 Chomsky(2005b, 2006)의 강력 최소주의 이론에서는 EPP-자질(EPP-feature)을 가정하지 않는다. 그렇다면 일치자질의 탐색에 의한 T와 V의 지정어 위치로 이동하는 내부병합(IM)의 유발력(triggering force)은 무엇인가? 이러한 문제는 다음과 같은 외곽자질에 대한 Chomsky(2005b, 2006)의 가정에 의해 그 해답을 찾을 수 있다.

(43) (i) Only C and v* have EF that can trigger second-Merge by IM.
(ii) The second-Merge triggering EF can be inherited from the phase head along with the Agree-feature.
(iii) The inherited EF extends, by some kind of feature-spread, to all T's in the phase.

즉, C-T나 v*-V의 연합체에 의한 일치자질에 의해 T와 V의 지정어 위치로 인상되는 내부병합은, (43ii)의 가정에 비추어 보면, 바로 C와 v*로부터 계승된 T와 V의 외곽자질에 기인한다는 사실을 알 수 있다. 이러한 가정을 채택하면, 이제 EPP-자질을 설정하지 않고도 T의 지정어 위치로 주어 명사구가 인상되는 EPP 현상을 포착할 수 있다. 또한, 앞서 6.2.3.3에서 논의한 바처럼, 인상구문이나 예외격표시구문에서 주절 T나 V의 일치자질에 의해 야기되는 인상의 경우 이동요소가 종속절 T의 지정어를 경유하는 소위 연속적 순환 논항이동(successive cyclic A-movement)을 수행하게 되는데, 이제 이러한 순환이동도, (43iii)에 의하면, 역시 자질확산작용에 의해 그 국면 내부에 나타나는 모든 T에게 계승된 C나 v*의 외곽자질에 기인한다는 것을 알 수 있다.

위와 같은 주장에 의하면, 일치자질의 탐색에 의한 일치와 외곽자질의 탐색에 의한 내부병합은 상호 독립적인 연산작용임이 확인된다. 그렇다면, 내부병합 없는 일치가 존재할 수 있는데, 바로 이러한 일치현상이 장거리일치(long-distance agreement)의 경우이다. 영어에서 장거리일치는 소위 다음과 같은 허사구문(expletive construction)에서 발생한다.

(44) a. there arrives a student from New York
b. C [there [T [$_{vP}$ v [$_{VP}$ arrives a student from New York]]]]

위의 허사구문에서 T는 일치자질의 탐색에 의해 비해석성 격자질을 갖는 *a student*와 장거리일치를 이룬다. 이러한 일치를 통해 *a student*는 그것의 격자질에 대한 값을 부여받는다. 이 경우 허사 *there*가 T의 지정어 위치에 외부병합(EM)되는 이유도 역시 C로부터 일치자질을 계승받을 때 함께 계승받은 T의 외곽자질에 기인한다고 볼 수 있다. 즉, 어휘배열(lexical array: LA)에 *there*가 선택된 경우는 T의 외곽자질을 충족하기 위해 *there*가 삽입되므로 (44)의 허사구문이 도출되고, *there*가 선택되지 않은 경우는 T의 외곽자질을 충족하기 위해 *a student*가 인상되어 다음과 같이 비대격구문(unaccusative construction)을 이룬다(아래 예문에서 $t_{a\ student}$는 *a student*의 복사(흔적)를 의미함).

(45) a. a student arrives from New York
b. C [*a student* [T [$_{vP}$ v [$_{VP}$ arrives $t_{a\ student}$ from New York]]]]

그러면 다음 예문을 고려해 보자.

(46) a. *there will a student take the class

b. C [there [will T [$_{v*P}$ a student [$_{v*'}$ v* [$_{VP}$ take the class]]]]]

위의 예문은 소위 타동허사구문(transitive expletive construction: TEC)인데, 영어에서는 허용되지 않는 비문법적인 문장이다. 요컨대, 영어에서는 타동사구문에서 T의 일치연산이 적용될 때 반드시 다음 예문에서와 같이 v*의 외재논항이 T의 지정어 위치로 의무적으로 인상되어야 한다(아래 예문에서 $t_{a\ student}$는 *a student*의 복사(흔적)를 의미함).

(47) a. a student will take the class

b. C [a student [will T [$_{v*P}$ $t_{a\ student}$ [$_{v*'}$ v* [$_{VP}$ take the class]]]]]

그러나 이러한 타동사구문에 나타나는 영어의 의무적 주어인상의 문제는 일치와 병합의 연산을 상호 독립적인 연산으로 취급하는 강력 최소주의 이론에서는 그 설명이 불가능하다. 물론 허사를 갖지 않는 언어에서는 T의 외곽자질이 주어인상에 의해서만 충족될 수 있으므로 (45)와 (47) 등과 같은 비허사구문(non-expletive construction)만을 허용한다는 것은 당연하다. 그러나 영어처럼 허사 *there*를 갖는 유형의 언어에서는 장거리일치시에 허사의 외부병합이 허용된다면, 이는 비대격구문뿐만 아니라 대격구문에까지 장거리일치시 허사구문이 허용될 수 있다는 말이다. 그럼에도 불구하고 (46)에서 확인되는 바와 같이 영어에서는 대격구문의 허사구문인 타동허사구문이 결코 허용되지 않는다. 이러한 현상은 현재의 강력 최소주의 이론의 문법체계 하에서는 도저히 포착될 수 없는 하나의 미스터리이다.

또한 다음 예문을 고려해 보자.

(48) a. there was never seen a student from New York

b. C [there [T [$_{vP}$ v [$_{VP}$ was never seen a student from New York]]]]

위의 예문은 수동허사구문(passive expletive construction)의 예로서, 위의 (44)의 비대격허사구문(unaccusative expletive construction)에서와 마찬가지로, 영어와 같이 허사를 허용하는 언어에서 C-T의 탐색에 의한 장거리일치가 이루어질 경우, 만약 목표물의 인상이 이루어지지 않는다면 허사가 T의 지정어 위치에 삽입(즉, 외부병합)되어 T의 외곽자질을 충족할 수 있다는 사실을 다시 한 번 입증하고 있다. 그렇다면 다음 예문을 고려해 보자(이 예문에서 t_{who}는 *who*의 이동으로 남는 복사(흔적)임).

(49) a. *who was there never seen?
  b. [who C [there [T [$_{\text{vP}}$ v [$_{\text{VP}}$ was never seen t_{who}]]]]]

이 예문은 위의 (48)과 같은 구조에서 도출되는 *wh*-의문문으로 C-T 연합체의 목표물 탐색시에 허사 *there*의 삽입과 함께 의문사 *who*가 C의 지정어로 인상되어 C의 외곽자질을 충족하고 있는 경우이다. (49)는 겉으로 보았을 때 도출상 아무런 위반도 야기하지 않는다. 그럼에도 불구하고 이 예문은 영어에서 사실상 비문법적인 것으로 판정된다. 이 예문을 아래 (50)에 제시되는 비허사구문(non-expletive construction)의 경우와 비교해 보자(이 예문에서 $t_{who1/2}$는 who_1과 who_2의 동시적 인상으로 남는 복사(흔적)를 의미함).

(50) a. who was never seen?
  b. [who_1 C [who_2 [T [$_{\text{vP}}$ v [$_{\text{VP}}$ was never seen $t_{who1/2}$]]]]][28)]

위의 예문은, (49)에서와 달리, C-T의 탐색에 의한 일치가 이루어질 때 T의 지정어 위치로 목적어 *who*의 인상이 이루어진 경우이다.

---

28) T의 지정어 위치에 나타나는 who_2와 복사(흔적) t_{who}는 감각운동접합부(SM interface)에서 who_1의 복사로 인정되어 삭제된다.

이 경우는, 위에서 논의한 바처럼, C의 외곽자질을 충족하기 위해 목적어 *who*가 동시에 C의 지정어 위치로도 인상된 경우로 (50b)의 통사대상을 도출한다. 흥미로운 사실은 (49)와 비교해 이 문장이 문법적이라는 사실이다. 요컨대, 영어에서 허사구문은 관련명사구(associate NP)에 대한 *wh*-의문문을 허용하지 않으나 비허사구문은 허용한다. 이러한 현상에서 확인되는 문법적 사실은 C의 외곽자질이 목표물(goal)의 인상(즉, 내부병합)에 의해 충족된다면 C로부터 계승된 T의 외곽자질도 반드시 목표물의 인상(즉, 내부병합)에 의해서 충족되어야 한다는 사실이다. 이러한 사실에 입각하면, (49)와 같은 의문허사구문이 비문법적인 이유는 C의 외곽자질이 내부병합(*who*의 인상)에 의해 충족되었으나 T의 외곽자질은 외부병합(*there*의 삽입)으로 충족되었기 때문이라고 볼 수 있다. (49)와 (50)의 대조에서 확인되는 바와 같이, 영어의 *wh*-의문문에 나타나는 이러한 의무적 인상현상은 강력 최소주의 이론의 문법체계에서 도저히 설명될 수 없는 또 하나의 미스터리이다.

또한 다음 예문을 고려해 보자(아래 예문들에서 $t_{who1/2}$는 who_1과 who_2의 동시적 인상으로 남는 복사(흔적)를 의미하고, t_{who}은 *who*의 복사(흔적), t_{what}은 *what*의 복사(흔적)를 의미함).

(51) a. who read what?
b. [who_1 C [who_2 [T [$_{v*P}$ $t_{who1/2}$ [$_{v*'}$ v* [$_{VP}$ read what]]]]]]

(52) a. *what did who read?
b. [*what* C [*who* [T [$_{v*P}$ t_{what} [$_{v*}$ t_{who} [$_{v*'}$ v* [$_{VP}$ read t_{what}]]]]]]

위의 (51)과 (52)의 대조가 보여주는 바는 소위 우위성 효과(superiority effect)의 문제이다. 이미 위의 예문 (48)과 (50)의 도출과정을 통해 확인한 바처럼, C-T의 탐색에 의한 C와 T의 외곽자질은 C와 T에 있어 동일한 목표물(goal)에 의해서도 충족((50)의 경우)될 수 있고, 서로 다른 목표물에 의해서도 충족((48)의 경우)될 수 있음이 입증되었다. 이러한 관점에서 보면, C와 T가 동일한 목표물에 의해 그들의 외곽자질이 충족된 (51)의 경우와 서로 다른 목표물에 의해 충족된 (52)의 경우가 모두 허용되어야 하나 영어에서는 (52)만 허용된다. 요컨대, 영어에서는 *Wh*-이동시에 우위성 효과가 준수된다는 것이다. 이와 같이 *Wh*-이동시 나타나는 이러한 우위성 효과도 강력 최소주의 이론의 문법체계 하에서 이론적으로 설명될 수 없는 또 다른 하나의 언어현상이다.[29]

1.6 맺음말

지금까지 우리는 Chomsky(2005a, b)에서 주장되고 있는 소위 '강력 최소주의 이론(SMT)'을 그 이론적 배경에서부터 문법체계의 작용과 효과적인 현상의 설명, 그리고 이 이론에서 앞으로 해결해야 할 문제점까지 심층적으로 분석하고 검토하였다. 이러한 본장의 작업이 언어학도들에게 이 이론의 올바른 이해를 증진하게 함으로써 이 이론이 앞선 최소주의의 선행이론들과 마찬가지로 한국어를 포함한 자연언어의 다양한 언어현상을 설명하는데 크게 활용되고 기여할 수 있는 계기를 마련하기를 기대한다. 사실, 강력 최소주의 이론에는 위의 위 1.5절에서 검토한 바처럼 아직도 해결해야 할 여러 문제점을 안고 있지만, 한편 앞서 1.3절과 1.4절에서 살펴본 바와 같이

29) 사실상 독일어(German)와 같은 유형의 언어들에서는 우위성 효과가 나타나지 않으며, 따라서 (51)~(52)와 같은 의문문이 모두 허용된다, 이러한 측면에서 Chomsky(2005b)에서는 우위성 효과는 외곽자질에 의한 내부병합(IM)에 적용되는 조건이 아니라 초점(focus), 작용역(scope), 혹은 쌍-목록해석(pair-list interpretation) 등 *wh*-의문문에 관련되는 다른 요인에 의해 포착되어야 하는 언어현상일 수도 있다고 언급하고 있다.

기존의 선행이론들에서 해결하지 못한 많은 문제점들을 효과적으로 설명하고 있다는 점에서 이 이론의 우수성을 확인할 수 있다. 따라서 필자의 졸고(김용석, 2009b, 2011a)에서와 같이, 이 이론의 문제점들에 대한 해결책들이 하나 둘 모색되어 나간다면, 이 이론은 장차 기존의 어떤 이론보다도 자연언어의 다양한 문법현상을 효과적으로 설명하는 데 실질적으로 많은 기여를 할 수 있으리라 기대된다.

2장
도출의 순환성과 자유병합

2.1 머리말

본장에서는 Chomsky(1998a, 2001, 2004, 2005a, 2005b)의 소위 '탐침자-목표물 문법체계(Probe-Goal Framework)'에서는 제안하고 있는 국면(phase)의 개념이 그 동안 최소주의 이론에서 논의되어 온 연산체계의 운용에 어떠한 변화를 가져오고 있는지 살펴보고자 한다. Chomsky (2001, 2004)에 의하면, 기존의 최소주의 이론에서와 달리, 연산의 반복적 작용이 되풀이되는 소위 순환이 국면단위로 이루어지며, 또한 음운부와 의미부로 언어의 정보가 나뉘어 전달되는 소위 문자화(Spell-Out)도 국면단위로 분리되어 다중으로 이루어져야 한다고 주장함으로써 최소주의 문법체계에 적지 않는 변화를 가져오고 있다. 따라서 본장에서는 Chomsky의 탐침자-목표물 문법체계에서 연산작용이 실제로 어떻게 진행되는지 관찰함으로써 문장의 도출과정에 발생하는 순환성과 이에 따른 다중 문자화(multiple Spell-Out)에 대해 심층적인 고찰을 해보고자 한다.

2.2 탐침자-목표물 문법체계의 도해

Chomsky(1998a, 2001, 2004, 2005a, 2005b)에서 제안하는 소위 '탐침자-목표물 문법체계(Probe-Goal Framework)'에서는 인간의 생득적 언어기능(faculty of language) FL은 그 최초 상태인 S_0가 언어의 기본특성(basic properties)인 자질(features)들의 집합체 {F}와 연산체계(C_{HL})로 이루어져 있다고 본다. 즉, S_0는 {F}와 C_{HL}로 구성되어 있으며, 이중 {F}는 언어경험을 통해 개별언어에 노출됨으로써 개별언어에 활용될 {F}의 하위집합체인 [F]가 일괄적 수집(one-time collection)으로 결정되고, 또한 [F]의 구성요소들을 일괄적 조립(one-time assembly) 작용을 통해 그 개별언어의 어휘부(Lexicon: LEX)를 만든다.[1] 어휘부란 자질결합의 최소단위인 어휘항목(LI)들의 조직체이다. 이와 같이 언어경험을 통해 개별언어의 어휘부 LEX가 구성되면, 이제 수행체계(performance system)의 요구에 의해 LEX로부터 일괄적 수집(one-time collection) 작용으로 표현(expressions) EXP의 도출(derivation) D에 필요한 어휘항목의 집합체인 어휘배열(lexical array) LA가 구성된다.[2] 탐침자-목표물 문법체계에서는 LA가 어휘항목들의 소집합체인 하위어휘배열(lexical subarray) LA_i들의 집합으로 이루어져있다고 본다. 하위어휘배열의 집합체인 어휘배열 LA가 구성되면, 이 LA는 협소통사부(narrow syntax: NS)로 넘겨지고, LA를 넘겨받은 협소통사부에서는 이제 연산체계(computational system: C_{HL})가 작용하여 LA로부터 도출 D_{NS}를 생성해 낸다. 연산체계에는 선택(Select), 합치(Match), 일치(Agree), 대동(Pied- Pipe), 병합(Merge) 등의 연

1) 여기까지의 과정이 내재언어(I-language)를 결정하는 매개변인의 값을 고정하는 언어습득과정에 해당된다. Chomsky(2001, 2004)에 의하면, 연산체계 C_{HL}은 매개변인과 상관없이 모든 언어에 획일적인 것이라고 본다. 따라서 언어의 변이(variations)는 개별언어 간 어휘항목(LI)의 차이, 구체적으로 말하면, 기능범주(functional category)의 자질구성의 차이에 기인하는 것으로 본다.

2) 어휘배열 LA는 동일어휘가 두 번 이상 선택된다면 그 회수만큼 그 어휘에 번호를 붙이게 되므로 Chomsky(1995)의 개념인 배번집합(Numeration: N)이 된다.

산(computation)이 존재한다. 이러한 연산은 하위어휘배열 단위로 반복적으로 적용되어 각 하위어휘배열마다 그것의 독자적인 D_{NS}를 순차적으로 생성한다. 이러한 차원에서 협소통사부는 어휘배열(LA)을 넘겨받아 도출(D)을 만들어내는 생성엔진(generative engine)이라 할 수 있다. 이렇게 각 하위어휘배열 단위마다 얻어지는 D_{NS}를 국면(phase)이라 하며, 국면은 연산이 반복적으로 적용되는 순환단위(cycle)가 된다. 국면의 순환단위에서 적용되는 연산 중에 가장 중요한 연산이 바로 일치(Agree)이다. 일치는 동일 파이자질(ϕ-features) 상의 합치를 말하며, 해당 국면에 내포되는 기능범주(functional category)와 명사적 범주(nominal category) 사이에 야기된다. 이때 일치에 참여하는 기능범주는 비해석성(uninterpretable)의 파이자질을 가지므로 자질점검을 받기 위해 그의 성분통어영역(c-domain) 내에서 해석성(interpretable)의 파이자질을 갖는 명사적 범주를 탐침하여 그와 일치를 이루어야 한다. 이러한 관점에서 기능범주를 '탐침자(Probe)'라 하고 그와 일치를 이루는 명사적 범주를 '목표물(Goal)'이라 한다.[3)] 일치는 때로는 EPP-자질을 충족하기 위하여 대동과 병합 작용을 동반하여 이동(Move)을 야

3) 자연언어에서 탐침자는 주로 C와 v 등의 기능범주이며, 혹은 기능범주로부터 선택되는 T와 V 등의 실사범주도 탐침자가 될 수 있다. 그러나 해석성 파이자질을 갖는 명사적 요소인 D와 N은 언제나 목표물이 된다. 또한, 자질상의 일치를 이루기 위해서는 탐침자는 반드시 목표물을 자신의 표찰영역(domain of LB(K))(즉, 투사범주) 내에 포함하고 있어야 한다. 일치가 적용되면 탐침자와 목표물의 비해석성 자질들은 모두가 값을 부여받고 양도(TRANSFER) 후 의미부에서 삭제된다. 일치가 적용되기 위해서는 먼저 탐침자와 목표물 사이에 자질상의 '합치(Match)'가 먼저 이루어져야 하는데, '합치'이란 동일자질간의 확인(Identity)을 의미한다. 따라서 일치는 반드시 동일 종류의 자질을 갖는 핵범주들 사이에만 적용된다. 또한 일치(Agree)는 합치와 달리 다음과 같은 소위 활동성 조건(activation condition) 하에서 적용된다.

(i) 일치의 연산이 적용되기 위해서는 탐침자와 목표물이 모두 활동적이어야 한다.
(Probe and Goal must both be active for Agree to apply.)

'활동적(active)'이라는 개념은 탐침자와 목표물이 되는 범주가 그들의 자질구성에서 비해석성 자질(uninterpretable feature)을 하나 이상 포함하고 있다는 것이다. 따라서 기능범주의 파이자질은 비해석성이므로, 기능범주는 그 자체로 언제나 활동적이 될 수 있지만, 목표물이 되는 명사적 범주는 반드시 비해석성의 격(Case) 자질을 가질 때만이 활동적이 될 수 있다.

기하기도 한다. 이와 같이 일련의 연산과정을 통해 얻어진 도출은 양

(1) 탐침자-목표물 문법체계의 도식화

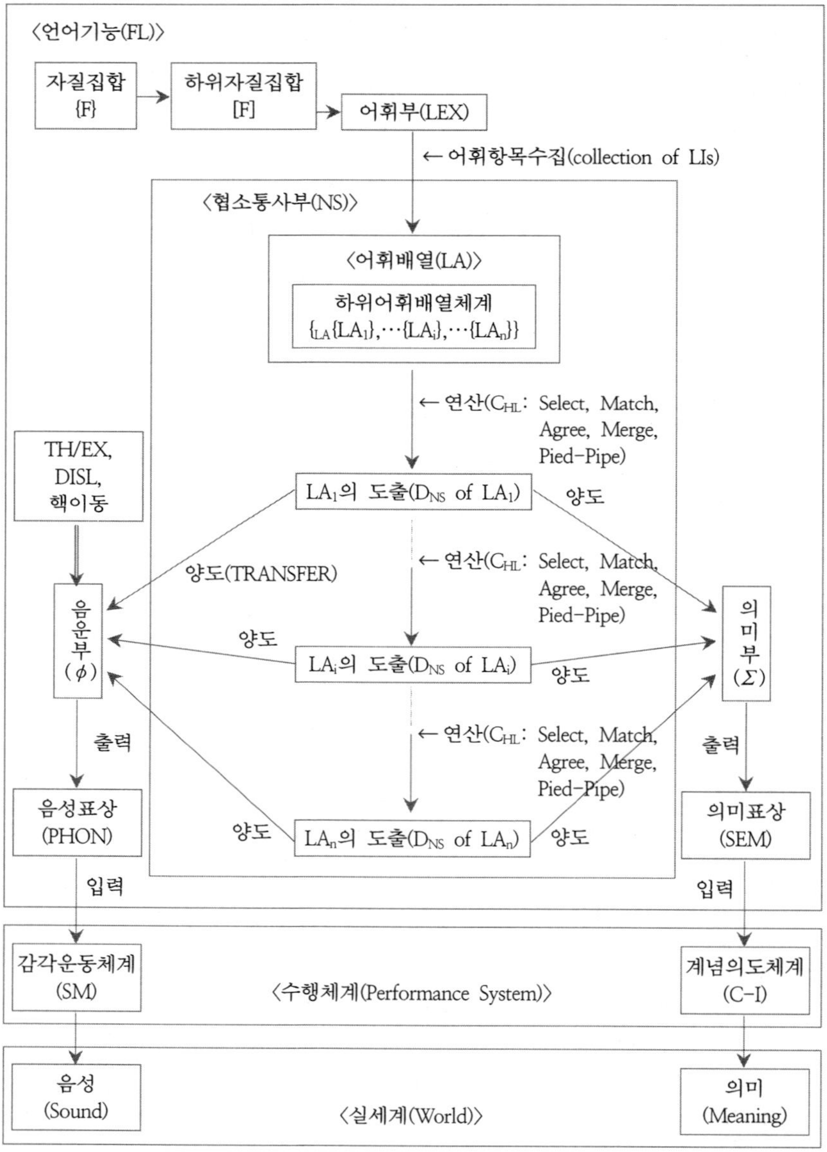

도(TRANSFER)의 작용에 의해 국면 단위로 음운부(phonological component) Φ와 의미부(semantic component) Σ로 이양(transferred)되고, ϕ와 Σ는 이양된 도출 D_{NS}에 각기 해당 규칙과 원리를 적용하여[4] 음성표상(phonetic representation) PHON과 의미표상(semantic representation) SEM을 사상(mapping)한다. PHON과 SEM은 각기 수행체계(performance system)인 감각운동체제(sensori-motor system) SM과 개념의도체계(conceptual-intensional system) C-I로 보내져 언어표현의 음성과 의미로 해석된다.

이러한 Chomsky의 탐침자-목표물 문법체계를 도식화하면 위 (1)과 같다.

2.3 다중 문자화와 도출의 실례

위와 같은 협소통사부의 연산과정에서 다중 문자화(multiple Spell-Out)를 거쳐 언어표현이 실제로 어떻게 도출되는지 실례를 들어보자. 먼저 아래 예문을 고려해 보자.

(2) What did John read?

위의 (2)의 표현은 수행체계의 요구로 일괄적 수집 작용을 통해 어휘부로부터 기능범주와 어휘범주로 구성되는 다음과 같은 어휘배열을 구성함으로써 협소통사부에서 표현의 도출 D_{NS}를 생성하기 위한 연산이 시작된다.[5]

---

4) 협소통사부에서 도출된 언어정보인 D_{NS}를 양도(TRANSFER) 작용에 의해 음운부로 이양(transfer)하는 과정을 "문자화(Spell-Out)"라 한다. 음운부에서 적용되는 규칙은 핵이동(head movement)과 같이 의미적 차원에서 영향을 미치지 않으나, 매개변인적 변이(parametric variation)에 따라 언어 간에 어순의 차이를 일으키는 개별언어의 이동규칙들이 적용되고, 의미부에서는 의미역 구조(θ-structure)와 EPP와 관련되는 표면해석 INT 등에 대한 해석규칙과 결속원리, 양화원리 등이 적용된다.

(3) 어휘배열(LA): {{C, T}, {*v**, John, read, what}}

위의 어휘배열에는 {C, T}와 {*v**, John, read, what}의 하위어휘배열들이 있고,[6] 이러한 하위어휘배열들은 그 순서에 따라 선택(Select), 병합(Merge), 일치(Agree) 등의 연산에 의해 도출 D_{NS}에 이르게 된다. 어휘배열로부터 어휘항목을 선택하는 순서는 사실상 임의적이지만, 여기서는 편의상 (연산의 복잡성을 우회하여) 합법적인 도출에 이르는 정상적인 과정을 택하기로 한다.[7] 먼저 {*v**, John, read, what}의 하위어휘배열에서 'what'부터 선택이 되는 경우를 고려해 보겠다. 'what'이 선택되면 자동적으로 다음과 같은 통사적 객체(syntactic object)가 만들어진다.[8]

---

5) Chomsky(1995)에 의하면, 어휘배열(LA)에 해당되는 배번집합은 수행체계의 요구에 의해 구성된다고 본다.

6) Chomsky(2001, 2004)에 의하면, 하위어휘배열의 구성은 핵심기능범주(core functional category: CFC) 중심으로 이루어진다고 본다. 즉, 핵심기능범주는 C와 v인데 하위어휘배열은 반드시 이들을 하나씩 내포하고 있어야 한다. 참고로 탐침자-목표물 문법체계에서는 T는 더 이상 기능범주가 아니라 실사범주(substantive category)로 규정하며, D의 경우는 기능범주이긴 하지만 국면을 이루는 핵심기능범주로 보지 않는다. 핵심기능범주의 특징은 명사적 범주와 일치(agreement)를 위한 비해석성의 파이자질(ϕ-features)을 가지며, EPP의 자질과 격을 부여할 수 있는 기능 등을 지닌다. 특히 핵심기능범주 중 v는 완전 체제의 파이자질을 갖는, 즉 파이자질상 완전(ϕ-complete)한 v*와 결손 체제의 파이자질을 갖는, 즉 파이자질상 불완전한(ϕ-incomplete) v로 구분되며, v*는 타동사를 선택하며, v는 수동태나 비대격(unaccusative) 동사를 선택한다. 또한 파이자질상 완전한 핵심기능범주를 갖는 하위어휘배열로부터는 강국면(strong phase)이 도출되고, 파이자질상 불완전한 핵심기능범주를 갖는 하위어휘배열로부터는 약국면(weak phase)이 도출된다. 여기서 '파이자질상 완전하다'는 개념은 성(gender), 수(number), 인칭(person)에 해당하는 파이자질을 모두 갖추고 있다는 것을 의미하고, '파이자질상 불완전하다'는 개념은 성, 수, 인칭의 파이자질 중에 한두 가지를 갖추고 있지 못하다는 것을 의미한다.

7) 선택과 병합의 순서가 잘못된 도출은 결과적으로 경제성 조건(economy principles)이나 해독성 조건(legibility conditions)을 위반하게 되어 파산(crash)된다.

8) 선택(Select)은 어휘배열에 포함되는 어휘항목(즉, 어휘정보)을 통사부에서 작용하는 통사단위로 격상시키는 연산이다. 따라서 어휘배열에 내포되는 어휘항목들은 각기 협소통사부에서 모두 선택의 연산에 의해 통사적 객체(syntactic object: SO)로 격상한다. 최소주의 이론에서는 통사적 객체를 (4)에서처럼 각괄호 [ ]로 표시하지 않고, 중간괄호 { }로 표시한다. 따라서 (4)의 표상은 사실상 {what}으로 되어야 한다. 그러나 본서에서는 편의상 기존의 방식인 [$_D$ what]으로 표시한다.

(4) [$_{D}$ what]

그 다음 어휘항목 *read*의 선택에 의해 [$_{V}$ read]라는 통사적 객체가 만들어지고, [$_{V}$ read]는 이미 만들어진 통사적 객체 [$_{D}$ what]과 병합(Merge)에 의해 결합된다. 병합의 연산으로 다음과 같은 더 큰 단위의 통사적 객체(통사단위)가 도출된다.[9)]

(5) a. [$_{VP}$ [$_{V}$ read] [$_{D(P)}$ what]]

b. 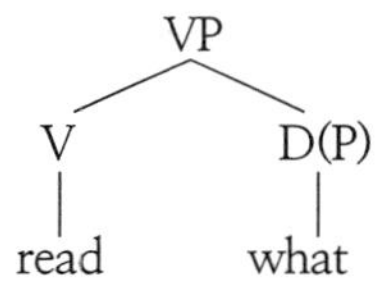

(5)' a. 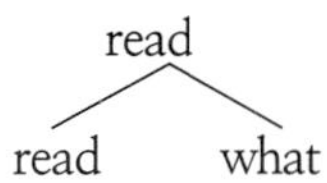

b. {read, {read, what}}

위의 (5a)와 (5b)는 기존 생성문법에서 핵계층이론(X'- theory)에 입각하여 표시하던 구조표현 방법이고, (5'a)와 (5'b)는 최소주의 이론에 입각해 표현된 필수구구조(bare phrase structure)이다.[10)] Chomsky (2004)는 필수구구조이론에 소위 '표찰자유체제(label-free system)'와 '자유병합체제(free Merge system)'를 도입함으로써 병합에 의해 도출되는

9) 필수구구조(bare phrase structure) 이론에 의하면, 병합의 경우 투사되는 범주의 표찰(label)은 선택자(selector)나 이동의 목표(target)가 되는 범주의 핵이 된다. 또한 필수구구조에서는 최대투사(maximal projection), 중간투사(intermediate projection), 핵투사(X^0-projection) 등 모든 투사범주가 표찰상의 차이는 없다고 본다.

10) 사실상 필수구구조의 구조표현 방식은 최소주의 이론의 경제성 조건인 소위 포함조건(inclusiveness condition)의 요구에 의한 것이다. 포함조건이란 협소통사부에서는 어휘부에서 제공되는 언어정보 이외에 연산과정에서 다른 정보를 추가적으로 생산할 수 없다는 조건이다. 따라서 핵계층이론에 기인하는 투사정보와 이동시 생겨나는 지표(index) 정보 등을 통사구조에서 허용하지 않는다.

투사범주에 표찰을 표시하지 않으며 단순히 병합되는 두 범주만을 표시하므로 병합에 의한 투사범주는 아래와 같이 표현된다.[11)]

(5)" a.

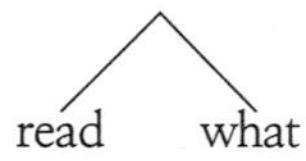

b. {read, what}

그 다음 핵심기능범주(core functional category: CFC)인 v*가 선택되면, [$_{v^*}$ v*]의 통사적 객체를 이루고, 이미 도출된 통사적 객체와 병합이 일어나면, 다음 단계의 도출에 이른다.[12)]

(6) a. [$_{v^*P}$ v* [$_{VP}$ [$_{V}$ read] [$_{D(P)}$ what]]]

b.

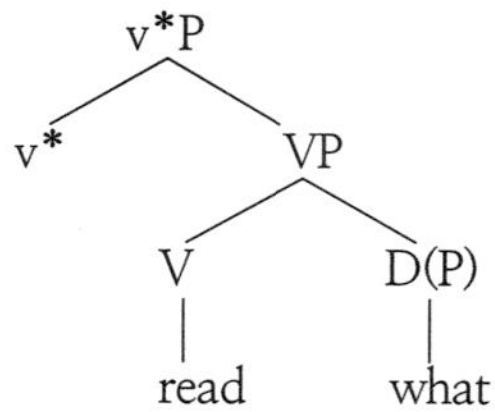

11) Chomsky(2004) 이후의 탐침자-목표물 문법체계에서는 필수구구조이론을 더욱 발전시켜 병합에 의해 만들어지는 투사범주들의 표찰을 아예 표시하지 않는 소위 '표찰자유체제(label-free system)'와 또한 병합의 회수를 제한하지 않는 소위 '자유병합체제(free Merge system)'을 도입하고 있다. 이러한 이론에서는 모든 범주들의 병합관계를 오직 파이자질상의 일치에 두고 있으며, 따라서 일치(Agree) 연산의 결과로 병합(Merge)이 이루어진다고 본다. 또한, 지정어(specifier: Spec)와 보충어(complement)의 구분도 구조상의 구분이 아니라 병합의 순서에 따른 구분으로 본다. 즉, 핵범주와 맨 먼저 병합하는 요소를 보충어라 하고, 그 다음으로 병합되는 요소들은 모두 지정어로 규정한다. 따라서 모든 자연언어에서는 지정어가 여러 개 나타나는 소위 '다중지정어구문(multiple Spec construction)'이 자연스럽게 나타난다고 본다.

12) 위의 (5)의 경우처럼 (6)은 핵계층이론의 표기방식이며, (6)'은 필수구구조이론의 표기방식이고 (6)"은 표찰자유체제의 표기방식이다. 이하 본서에서는 구구조를 편의상 기존의 핵계층이론의 방식으로 표현하고자 한다.

(6)' a.

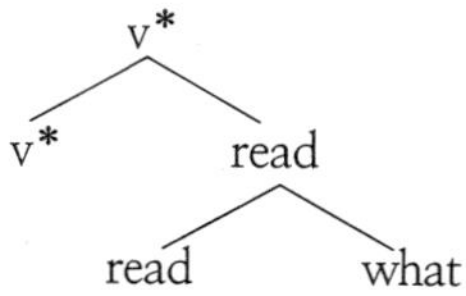

b. {v*, {v*, {read, {read, what}}}}

(6)" a.

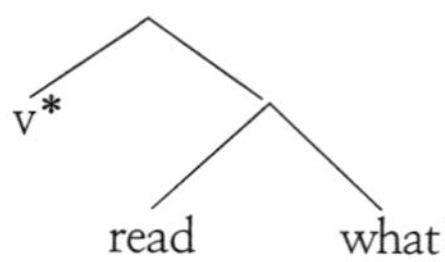

b. {v*, {read, what}}

위의 표상에서도 (6a)와 (6b)는 기존의 핵계층이론에 입각한 구조 표현이고, (6'a)와 (6'b)는 최소주의 이론의 필수구구조에 의한 방식이며. (6"a)와 (6"b)는 '무표찰제'와 '자유병합제'에 의한 구조표현이다.

탐침자-목표물 문법체계에 의하면 V가 파이자질상 완전한(ϕ-complete) 핵심기능범주인 v*에 의해 선택되어 위와 같은 병합을 이루는 경우, V 역시 반드시 파이자질상 완전해야 한다고 본다.[13] 이 경우 파이자질상 완전한 V는 타동사구문(transitive construction)에서 목적어와 일치를 이루게 되어 그 목적어에게 대격(accusative Case)을 부여하게 된다. 이는 마치 파이자질상 완전한 C가 T를 선택하게 될 때, T도 역시 파이자질상 완전하게 되어 일치를 통해 주어에게 주격(nominative Case)

13) 왜냐하면, Chomsky(2004)에 의하면 아래 정의에서와 같이 (선택관계에 의한) 병합은 파이자질상의 합치(Match)를 위한 최소의 탐침(minimal search) 과정으로 보기 때문이다.

(i) Merge of α to β involve minimal search of β to determine where α is introduced, and least tampering with β.

파이자질상 대응을 이루기 위해서는 두 요소 간에 동일한 파이자질의 체계가 요구된다. 또한 '최소의 탐침(minimal search)'이란 가장 짧은(closest) '영탐침(zero search)'을 의미하므로, 병합은 언제나 도출의 뿌리범주에 적용되어야 하는 확장조건(extension condition)을 준수한다.

을 부여하는 경우와 같다.14) 따라서 다음과 같은 가정을 제시하고 있다.

(7) T와 V가 각기 C와 v*에 의해 선택된다면, T와 V는 파이자질상 완전하다.(When selected by C or v*, T and V are ϕ-complete.)

그러나 탐침자-목표물 문법체계에서는 설명의 복잡성을 피하기 위해 격부여(Case assignment)와 EPP-자질을 충족하는 장소를 기존의 이론에서처럼 단순히 T와 v*로 본다.15) 따라서 목적어에 대해 대격의 값을 부여(value)하고 삭제(delete)하는 작용은 v*P의 국면에서 v*에 의해 이루어진다고 본다.16)

(6)의 도출이 형성되면,17) 이제 v의 의미적 요구에 의해 행위자(agent) 역을 수행할 논항을 요구하게 된다.18) 이제 선택(Select)의 연산에 의해 *John*이 선택되어 $[_{N(P)}$ John]의 통사적 객체를 이루게 되고, 다음 단계의 병합(Merge)의 연산에 의해 $[_{N(P)}$ John]이 기존의 통사적 객체

---

14) Chomsky(2001)에서는 이러한 관계를 다음과 같이 언급하고 있다.

(i) C-T의 관계는 v*-V의 관계와 유사하다(The C-T relation is analogous to the v*-V relation).

15) 이러한 이론을 $LOCUS_{Tv*}$라고 말한다. 이에 대해 $LOCUS_{TV}$는 격과 EPP를 충족하는 위치를 T와 V로 보는 이론이다. Chomsky(2001)에서는 편의상 $LOCUS_{Tv*}$ 이론을 택하고 있다.

16) 명사적 표현의 구조격(structural Case)은 핵심기능범주의 핵과 파이자질상의 일치에 의해 격의 값이 부여되고 그 뒤 도출 D_{SN}이 양도(TRANSFER)의 연산을 통해 음운부와 의미부로 이양되면, 값이 부여된 격은 음운부에서는 그냥 유지되지만, 의미부에서는 삭제(delete)된다고 본다. 왜냐하면, 격자질은 음운부에서는 해석될 수 있지만 의미부에서는 해석되지 않는 비해석성의 자질이기 때문이다.

17) 초기의 최소주의 이론에서는 이 단계에 이르면 v*의 강성 동사접사자질 [V-]를 점검하기 위해 V가 v*로 인상한다고 보았는데, 탐침자-목표물 문법체계에서는 핵이동은 모두 음운부의 작용으로 보므로 협소통사부에서는 핵이동은 존재하지 않는다고 본다. 왜냐하면, 협소통사부에 적용되는 이동은 반드시 표층상의 의미적 효과(surface semantic effect)를 낳는데, 핵이동은 이러한 의미적 효과를 유발하지 않기 때문이다. 따라서 V-to-v 이동과 v-to-T 이동, 또한 T-to-C 이동 등은 더 이상 협소통사부의 작용이 아니라고 보아야 한다.

18) Chomsky(1995)에서는 Hale & Kayser(1993)의 제안을 받아들여 행위자(agent) 의미역과 사역자(causer) 의미역은 *v*P의 지정어(Spec) 위치에 병합된다고 본다.

와 결합되면 다음과 같은 통사적 객체가 도출된다(이하 편의상 기존의 핵계층이론에 입각한 구조표현만 제시함).

(8) a. [$_{v*P}$ [$_{N(P)}$ John] [$_{v*'}$ v* [$_{VP}$ read [$_{D(P)}$ what]]]]

b.

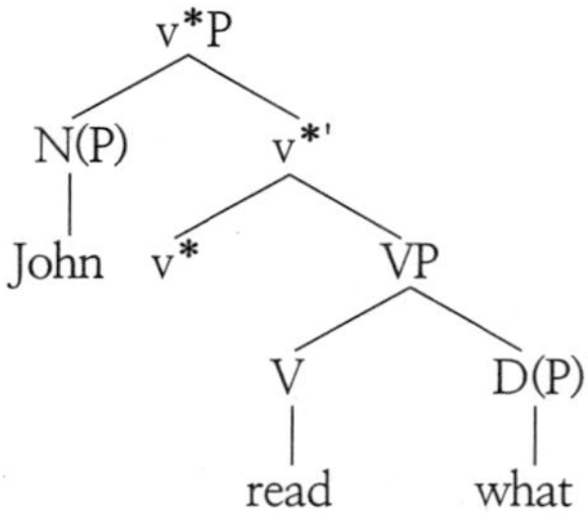

이 단계의 도출에 이르면, 일치(Agree)의 연산에 의해 v*의 파이자질(ϕ-feature)과 *what*의 파이자질이 일치를 이루게 된다. 두 범주 사이에 파이자질상의 일치가 일어날 경우, 비해석성 파이자질(uninterpretable ϕ-feature)을 갖는 범주를 '탐침자(Probe: P)'라 하고 그것과 일치를 이룰 해석성 파이자질(interpretable ϕ-feature)을 갖는 범주를 '목표물(Goal: G)'이라 한다. 자연언어에서 탐침자는 주로 C와 v 등의 기능범주이며, 혹은 기능범주로부터 선택되는 T와 V 등의 실사범주도 탐침자가 될 수 있다. 그러나 해석성 파이자질을 갖는 명사적 요소인 대명사 D와 명사 N은 언제나 목표물이 된다.

또한, 자질상의 일치를 이루기 위해서는 탐침자는 반드시 목표물을 자신의 표찰영역(domain of LB(K))(즉, 투사범주) 내에 포함하고 있어야 한다.[19] 일치가 적용되면 탐침자와 목표물의 비해석성 자질들은 모두가 값을 부여받고 양도(TRANSFER) 후 의미부에서 삭제된다. 일치가 적용되기 위해서는 먼저 탐침자와 목표물 사이에 자질상의 '합치(Match)'가 먼저 이루어져야 하는데, '합치'란 동일자질간의 확인

---

19) 이 개념을 풀이하면, 탐침자는 목표물을 성분통어(c-command)해야 한다는 것이다.

(Identity)을 의미한다. 따라서 일치는 반드시 동일 종류의 자질을 갖는 핵범주들 사이에만 적용된다. 또한 일치(Agree)는 합치(Match)와 달리 다음과 같은 소위 활동성 조건(activation condition) 하에서 적용된다.

(9) 일치의 연산이 적용되기 위해서는 탐침자와 목표물이 모두 활동적이어야 한다. (Probe and Goal must both be active for Agree to apply.)

'활동적(active)'이라는 개념은 탐침자와 목표물이 되는 범주가 그들의 자질구성에서 비해석성 자질(uninterpretable feature)을 하나 이상 포함하고 있다는 것이다. 따라서 합치는 자질의 해석성 여부와 상관없이 적용되지만, 일치는 탐침자와 목표물이 반드시 하나 이상의 비해석성의 자질을 포함할 때만이 적용된다. 명사적 범주가 아닌 범주의 파이자질은 비해석성이므로, 기능범주는 그 자체로 언제나 활동적이 될 수 있지만, 목표물이 되는 명사적 범주는 반드시 비해석성의 격(Case) 자질을 가질 때만이 활동적이 될 수 있다.

또한 탐침자와 목표물로서 일치를 이루는 한 쌍의 범주가 있을 때, 일치를 통해 상대 범주의 비해석성 자질을 삭제(delete)하기 위해서는 반드시 그 범주가 성(gender), 수(number), 인칭(person)의 파이자질을 모두 갖는 소위 '파이자질상 완전한(ϕ-complete)' 범주가 되어야 한다. 따라서 Chomsky(2001)에서는 다음과 같은 파이자질 완전성 조건(ϕ-completeness condition)을 제시하고 있다.

(10) α는 자신과 합치의 쌍을 이루는 β의 비해석성 자질들을 삭제하기 위해서 반드시 파이자질상 완전해야 한다. (α must be ϕ-complete to delete uninterpretable features of the paired matching element β.)

이상의 논의에서 살펴본 탐침자-목표물 문법체계의 제안에 따르면, (8)의 도출에서 기능범주 v*와 목적어 *what* 사이에 일치(Agree)의 연산이 적용된다. v*는 비해석성의 파이자질을 가지고 있으며, *what*은 해석성의 파이자질을 가지고 있다. 또한 v*는 그것의 투사범주 내에 *what*을 포함하고 있으므로 이들 간에 자질상의 합치(Match)가 이루어진다. 따라서 v*는 탐침자이고, *what*은 목표물이 된다. 또한 이들은 성, 수, 인칭의 파이자질을 모두 가지므로 파이자질상 완전하며, 모두 비해석성의 자질을 하나 이상 가지고 있으므로 활동적이다.[20] 이들 간에 일치(Agree)의 연산이 적용되면, v*의 비해석성의 파이자질과 *what*의 격자질이 값을 부여(valued) 받게 되고, 차후 양도의 연산이 적용되면 의미부에서 삭제(delete)된다.

또한 Chomsky(2001)의 다음과 같은 EPP-자질부여조건(EPP-assignment condition)에 의하면 영어의 v*는 선택적인 EPP-자질을 가질 수 있다.

(11) v*에 EPP-자질이 부여될 때는 반드시 표출상에서 그 효과가 나타난다. (v* is assigned an EPP-feature only if that has an effect on outcome.)[21]

위의 도출 (8)에서 목적어 *what*은 의문사이므로 표현의 최종도출 시에 C의 비해석성 Q-자질을 점검하기 위해 CP의 지정어 위치로

---

20) v*의 경우는 기능범주이므로 그것이 가지고 있는 파이자질이 모두 비해석성이며, *what*의 경우는 대격(accusative Case)이란 비해석성의 격자질을 가지고 있다.

21) Chomsky(2001, 2004)에 의하면, 이 가정은 T와 C 등에까지 확대될 수 있으며, EPP-자질이 부여될 때는 반드시 표출상에 그 효력이 나타나야 한다고 본다. EPP-자질과 그것으로 인한 이동의 결과로 의미표상(SEM)에 나타나는 의미적 효과를 특히 외곽 특성(edge properties)이라 하며, 외곽 특성에는 초점(focus), 특정성(specificity), 한정성(definiteness), 신정보(new information) 등을 나타내는 담화상 특성(discoursal properties)과 양화사의 작용역(scope)에 영향을 미치는 작용역상 특성(scopal properties)이 있다. 이러한 외곽 특성을 해석적 복합체(interpretive complex) INT라 한다.

한편, Chomsky(2004)에서는 EPP-자질을 OCC라 부르며, EPP와 OCC의 차이는 OCC의 경우가 EPP보다 훨씬 선택적인 개념을 갖는다는 것이다. 즉 OCC는 반드시 의미표상(SEM)에서 의미적 효과를 낳는 경우만 OCC-자질이 부여된다고 본다. 따라서 Chomsky(2004)의 체제에서는 의미표상에서 의미적 효과를 갖지 않는 허사 *there*의 병합은 EPP(OCC)의 자질을 충족하기 위한 것이 아니라 단순히 *there*가 탐침자로서 최소의 탐침으로 TP와 병합한 결과로 본다.

이동해야 하고, 이러한 이동의 과정에서 소위 국면불가침조건(phase impenetrability condition: PIC)에 의해 반드시 강국면(strong phase)인 v*P의 지정어 위치를 경유해야 한다는 요구가 제기된다.[22)]

Chomsky(2001, 2004)에서는 국면불가침조건(PIC)을 다음과 같이 정의하고 있다.[23)]

(12) H가 강국면 HP의 핵이고, ZP는 차상위의 강국면일 때, H의 영역은 ZP의 순환단계에서 적용되는 연산작용에 참여할 수 없지만, H와 그것의 외곽 요소는 참여할 수 있다. (The domain of H is not accessible to operations at ZP, but only H and its edge, (where H is the head of strong phase HP, and ZP is the next strong phase).

(12)의 국면불가침조건에 의하면, 강국면 HP의 핵(head)인 H와 그것의 외곽(edge)에 해당되는 지정어(Spec)와 부착요소(adjoined element)만이 차상위 강국면(the next strong phase) ZP의 연산작용(operation)에 참여할 수 있다. 즉, 차상위 강국면 ZP의 핵 Z가 비해석성(uninterpretable) 파이자

22) Chomsky(2001, 2004)에 의하면, 실사범주(substantive category)의 투사(projection)는 기능범주(functional category)에 의해 선택되어 하나의 순환단위(cyclic unit)인 국면(phase)을 이루게 되는데, 이러한 국면은 그것의 핵(head)인 기능범주가 파이자질상 완전(ϕ-complete)하면 강국면(strong phase)을, 파자질상 불완전(ϕ-incomplete)하면 약국면(weak phase)을 이룬다고 본다. 파이자질상 완전(ϕ-complete)하다는 것은 그 범주가 성(gender), 수(number), 인칭(person)의 파이자질을 모두 갖는다는 것이고, 파이자질상 불완전(ϕ-incomplete)하다는 것은 이 중 하나 이상의 자질을 갖지 못한다는 것을 말한다. Chomsky (2001, 2004)에 의하면, 파이자질상 완전한 강국면은 의미적으로는 명제(proposition)를 이루는 단위이며, 음성적으로 독립성을 갖게 되므로 문자화(Spell-Out)의 대상이 되나, 약국면은 파이자질의 일치를 위한 순환 단위로만 사용된다.

23) 양도(TRANSFER)는 강국면의 단계에 적용되며, 강국면의 핵인 기능범주가 EPP-자질을 갖지 않을 경우 그것의 보충어는 국면불가침조건(PIC)의 효과에 의해 바로 문자화(Spell-Out: S-O)에 의해 문자판독(spelled out)된다. Chomsky(2004)에 의하면, 문자화는 가능한 한 일찍 적용되어야 한다(Spell-Out should apply as early as possible). 문자화를 강국면 단계에서 적용하는 것은 의미부(semantic component)와 음운부(phonological component), 그리고 협소통사부(narrow syntax)의 순환단위(cycle)를 동일화하여 연산의 부담(computational burden)을 줄일 수 있고, 문자화를 가능한 한 일찍 적용하는 이유도 역시 도출과정에서 도출의 전단계(earlier stage)를 잊게 함으로써 연산의 부담을 줄일 수 있기 때문이다.

질(ϕ-feature)이나 EPP-자질을 가질 때, 이들을 제거(delete)하기 위해 일치(Agree)나 이동(Move) 등의 연산이 일어나는데, 이러한 연산에 참여할 수 있는 요소는 바로 차하위 강국면 HP의 핵 H와 외곽 요소들(edge elements)이라는 것이다.24) 따라서 강국면 HP의 영역(domain)인 보충어 위치에 남아 있는 요소는 차상위 강국면의 연산에 전혀 영향을 받지 않으므로 도출(derivation)이 차상위 강국면에 이르기 전에 즉시 양도(TRANSFER)에 의해 음운부로 이양되어 문자화(Spell-Out)에 의해 문자판독되어야 한다. 따라서 강국면 HP의 보충어가 HP의 지정어 위치로 이동되지 않는 한 그 보충어와 그 보충어에 내포되는 요소들은 차상위 강국면에 적용되는 연산작용에 참여할 수 없게 된다.25)

따라서 (11)과 (12)의 제안에 의하면, (8)의 도출에서 v*는 EPP-자질을 가져야 한다. EPP-자질은 비해석성이기 때문에 EPP-자질을 갖는 범주의 지정어 위치에 인칭의 파이자질을 갖는 명사적 요소가 병합됨으로써 삭제되어야 한다.26) 그러므로 (8)의 도출에서 v*가 *what*과 일치의 관계를 이루어 자질이 점검될 때 *what*이 EPP-자질을 점검하기 위해 이동(Move)하여27) v*P의 지정어 위치에 병합되게 된다.

---

24) Chomsky(1995, 2001, 2004)에 의하면 기능범주의 투사에는 여러 개의 지정어(즉, 다중 지정어(multiple Spec))가 나타날 수도 있다고 주장한다. 특히, Chomsky(2004)의 자유병합(Free Merge) 이론에 의하면 한 핵범주에 병합되는 첫 번째 요소는 보충어(complement)이나 그 이후에 병합되는 요소들은 모두 지정어로 정의함으로써 다중 지정어 현상이 하나의 보편문법적 현상임을 주장하고 있다. 또한, Chomsky(2004)에서는 이동에 의한 부가(adjunction)는 허용되지 않는다고 봄으로써 외곽 요소(edge elements)에는 오직 지정어만 존재한다고 본다.

25) 탐침자-목표물 문법체계의 가정에 따르면, 문자화(Spell-Out)에 의해 음운부로 이양되어 문자판독(spelled out)된 요소는 더 이상 협소통사부(narrow syntax: NS)에 참여하지 않는다.

26) Chomsky(2001)에서는 범주자질(categorial features)을 별도로 인정하지 않는 탐침자-목표물 문법체계와 같은 언어이론 내에서는 인칭의 파이자질이 명사적 범주의 역할을 대신한다고 주장하면서 다음과 같이 언급하고 있다.

"In a framework that dispenses with categorial features, as is reasonable on minimalist grounds, [person] plays the role formerly assigned to [D] or [N] features."

27) Chomsky(2001, 2004)에 의하면, 이동은 일치(Agree)와 대동(Pied-Pipe)과 병합(Merge)의 연합작용으로 본다.

(13) a. [$_{v^*P}$ [$_{D(P)}$ what] [$_{v^{*'}}$ John [$_{v^{*'}}$ v* [$_{VP}$ read [$_{D(P)}$ t_{waht}]]]]]

b.

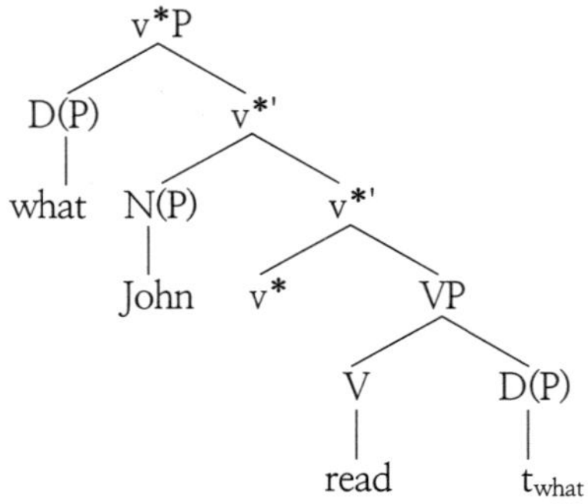

(13)의 도출에 이르면, 어휘배열(LA) (3)에 내포되어 있는 하위어휘배열(lexical subarray: LA_i)인 {*v**, John, read, what}에 대한 연산이 종결되어 v*P는 하나의 강국면(strong phase)을 이루게 된다. 강국면을 형성하는 도출 D_{SN}은 곧장 양도(TRANSFER)의 연산에 의해 음운부와 의미부로 이양(transferred)되는데, 이때 문자화(Spell-Out: S-O)의 작용으로 의미부로는 음운자질의 이양가 차단된다. 문자화에 의해 음운부로만 이양된 도출의 음운자질(phonological features)들은 음운부에서 그 즉시 문자판독(spelled out)된다. 음운부로 이양되어 문자판독된 요소는 더 이상 협소통사부의 연산에 참여할 수 없다. 강국면의 핵과 외곽 요소는 국면불가침조건(PIC)의 효과에 의해 상위의 강국면의 연산에 참가할 수 있으므로, 양도의 연산이 적용될 때 강국면의 핵과 외곽 요소들은 그 강면국의 단계에서 문자화에 적용되지 않는다.[28] 즉, (13)의 도출에서 양도에 의해 문자화에 참여하는 요소는 [$_{VP}$ read [$_{D(P)}$ t_{waht}]] 부분뿐이다.

이제 그다음 단계의 도출이 진행되면, 먼저 다음 하위어휘배열에

(i) Move = Agree+Pied-Pipe+Merge

28) 그러나 상위의 강국면이 존재하지 않는 강국면(예컨대, 뿌리문(root clause) CP의 경우)은 양도 후 바로 문자화에 적용된다.

소속되어 있는 기능범주 T가 선택되어 [$_{T}$ T]의 통사적 객체가 되고, T의 선택자질은 다시 *v**P와의 병합을 요구한다. 이러한 요구에 따라 병합이 일어나면, 다음과 같은 TP의 통사적 객체가 도출된다.

(14) a. [$_{TP}$ T [$_{v*P}$ [$_{D(P)}$ what] [$_{v*'}$ John [$_{v*'}$ v* [$_{VP}$ read [$_{D(P)}$ t_{waht}]]]]]]

b.

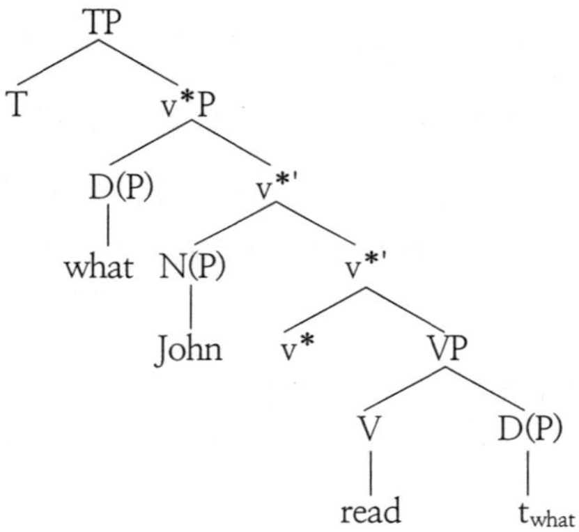

자연언어에서 주절의 T는 언제나 C에 의해 선택되어야 하므로 (7)의 정의에 따라 T는 완전한 체계의 파이자질을 가지며, 또한 T는 (명사적 요소가 아니므로) 파이자질이 비해석성이다.

또한 Chomsky(2001)의 가정에 의하면,[29] 완전한 체계의 비해석성 파이자질을 갖는 범주에는 EPP-자질이 허용된다. 따라서 자연언어에서는 C와 C에 의해 선택되는 T, 그리고 v* 등에는 EPP가 허용된다.[30]

---

29) Chomsky(2001)에는 다음과 같은 언급이 나타난다.

(i) It is tempting to associate EPP with ϕ-completeness: C, and T selected by C, are ϕ-complete, and therefore allow an EPP-feature.

30) 이들 범주에 EPP-자질이 허용될 경우에는 국면불가침조건(PIC)이나 표면해석(surface interpretation: INT)과 관련되는 표출상의 효과가 나타난다. 이러한 주장과 관련하여 Chomsky(2001)에서는 위의 (11)과 함께 다음과 같은 가정을 내리고 있다.

(i) 표면적 의미효과는 협소통사부의 작용에 국한된다.
(Surface semantic effects are restricted to narrow syntax.)

즉, EPP-자질은 협소통사부에서 이동을 야기하며, 이러한 이동의 결과로 특정성(specificity), 한정성(definiteness), 초점(focus) 등의 새로운 의미정보인 INT가 생겨난다고 본다. (i)의 이러한 가정에 따르면, 위의 도출 (14)에서 T는 탐침자로서 일치(Agree)를 위해 자신의 투사범주의 범위(domain) 내에서 파이자질상 합치(Match)를 이루는 목표물을 탐침(searching)해야 한다. 이러한 탐침 과정에 발견되는 가능한 목표물이 *what*과 *John*이다. 거리(distance)상 개념으로 보면, T에 대해 *what*이 *John*보다 가까운 거리에 있으므로 최소고리조건(minimal link condition: MLC, 혹은 최단이동조건(shortest Move)) 에 의해 *what*과 합치를 이루게 되므로 더 이상의 탐침이 차단된다. Chomsky(2001)에서는 최소고리조건의 개념을 다음과 같이 음운적 외곽(phonological edge)의 개념으로 새롭게 정리하고 있다.

(15) HP의 음운적 외곽은 탐침자에 접근가능하다.
(The phonological edge is accessible to Probe P.)

위와 같은 신최소고리조건(new MLC)에 의하면, 아래 (16)의 구조에서 XP가 음운적 실체(phonological contents)을 가질 경우,[31] XP는 탐침자 P와 목표물인 Spec 사이에 적용되는 자질상의 합치를 차단하므로 P와 Spec 간에는 자동적으로 일치(Agree)의 연산이 적용될 수 없게 된다.[32]

(16) [$_{ZP}$ … P … [$_{HP}$ XP [Spec [H YP]]]

가정에 의하면, 도출의 결과물에서 표면적 의미효과를 갖지 않는 이동은 협소통사부의 이동이 아니라 음운부의 이동으로 보아야 한다는 주장이 가능하다.

31) 음운적 실체(phonological contents)를 갖는다는 것은 그 요소가 흔적이나 기타의 공범주(empty category)가 아니라 음운자질을 가지고 있어 음운부에서 소리로 표현될 수 있다는 것을 의미한다.

32) 이 경우 XP는 이미 격자질의 값을 부여받아 비활동적(inactive)이지만, 비해석성의 자질이 없는 비활동적인 요소도 음운적 실체가 있고 파이자질상 완전한 경우에는 자질상의 합치를 차단함으로써 국부성(locality)의 효과를 나타낸다.

결과적으로 (14)의 구조에서 T는 *John*과 파이자질상의 일치(Agree)를 이룰 수 없으므로 T의 비해석성 자질들과 *John*의 격자질이 값을 부여받지 못하고 의미부에서 삭제될 수 없게 된다. 이러한 도출은 결과적으로 개념의도체계(C-I system)의 해독조건(legibility condition)을 위반하게 되어 파산(crash)된다.

Chomsky(2001)에서는 이러한 문제를 해결하기 위해 (14)의 도출에서 T와 *John* 사이에 일치는 *what*이 CP의 지정어(Spec) 위치로 이동하게 될 다음 단계의 순환에 이르기까지 지연되어야 한다고 본다. 다음 단계의 순환은 C가 선택(Select)되어 TP와 병합(Merge)되고, 그 다음에는 C의 비해석성 자질인 Q-자질과 EPP-자질을 점검하기 위해 *what*이 CP의 지정어 위치로 이동(일치(Agree)+대동(Pied-Piping)+병합(Merge))하게 된다. 이러한 이동은 위의 국면불가침조건(PIC) (12)에 의해 보장된다. 이러한 연산의 결과로 아래와 같은 통사적 객체가 도출된다.

(17)

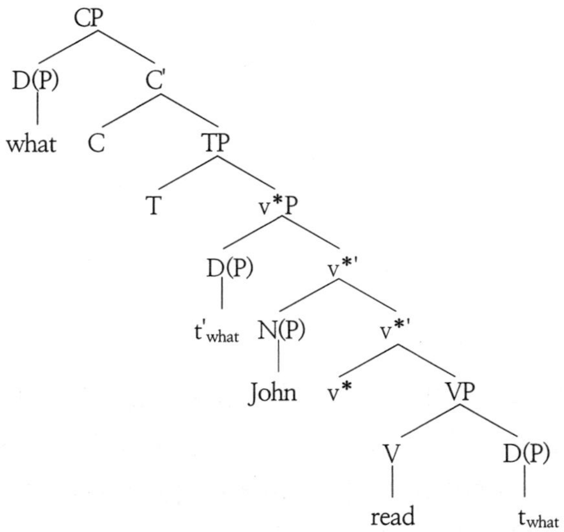

(17)의 도출에 이르면, v*P의 가장자리에는 음운적 실체가 없는 *what*의 흔적(trace)이 나타나므로, 이제 더 이상 T와 *John* 사이에 합치와 일치(Agree)를 차단할 수 없게 된다. 따라서 (17)의 도출에서 T와 *John* 사이에 일치가 일어나면, T의 비해석성의 파이자질과 *John*의 격자질이 값을 부여받고 양도(TRANSFER) 후에 의미부에서 삭제되게 된다. 또한 T와 *John* 사이에 일치가 일어날 때, T의 EPP-자질을 충족하기 위해 인칭의 파이자질을 갖는 *John*이 TP의 지정어 위치로 이동하게 된다. 이러한 연산의 결과로 다음과 같은 최종 도출에 이른다.

(18)

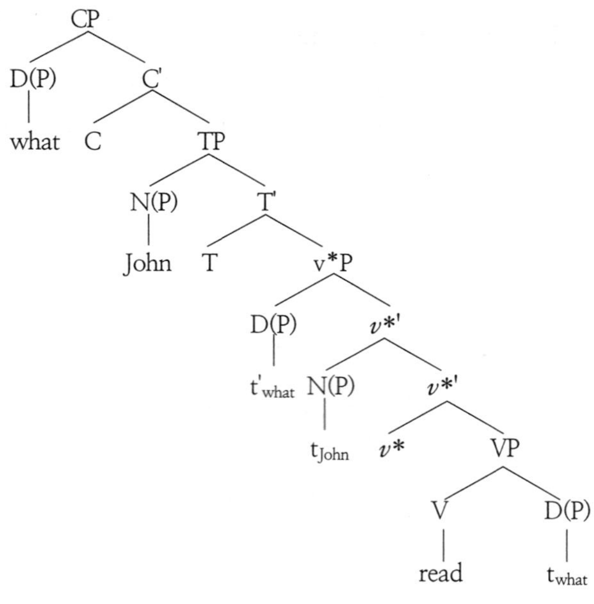

그러나 위의 도출과정에서 제기되는 심각한 문제점은 바로 역순환성(counter-cyclicity)의 문제이다. 즉, TP의 지정어 위치로 이동하는 *John*의 이동은 TP의 순환단계에 적용되는 작용이고, CP의 지정어 위치로 이동하는 *what*의 이동은 CP의 순환단계에 적용되는 작용인데, (18)

의 도출은 바로 CP의 순환단계의 문법작용이 일어난 후 다시 하위의 순환단계에 문법작용이 적용된다는 의미에서 엄밀순환조건(strict cycle condition)을 위반하고 있다. Chomsky(2001)에서는 이러한 역순환성의 문제가 다음과 같은 국면해석평가원리(principle of interpretation/evaluation for phase)에 의해 해결된다고 주장하고 있다.

(19) 강국면 PH_1에 대한 해석과 평가는 차상위 강국면 PH_2에서 이루어진다.
(Interpretation/evaluation for PH_1 is at PH_2, where PH_1 is strong phase and PH_2 is the next highest strong phase.)

즉, 위의 (19)의 국면해석평가원리에 의하면, 모든 순환단계에서 적용되는 협소통사부의 작용들에 대한 평가(evaluation)/해석(interpretation)은 그 순환단계에서 내려지는 것이 아니라 그 순환단계를 포함하는 강국면 위의 차상위 강국면에 이르러 이루진다는 것이다. 요컨대, 위의 (18)의 도출에서 강국면을 이루는 v*P와 그 내부에서 일어난 문법작용들이 합법적인가에 대한 평가/해석은 그 다음 상위의 강국면인 CP에서 이루어진다는 것이다. 또한 CP 내부에서 진행된 일체의 작용들에 대한 평가/해석도 매 순환단계마다 적용되는 것이 아니라 그 다음 차상위 강국면에 이르러서 내려져야 한다는 것이다. 따라서 CP 내부에서 일어난 역순환성의 문제가 해결된다.[33] 즉, CP 내부에서 진행된 작용들에 대한 평가/해석이 내려지는 단계에 이르면, 이미 CP의 국면은 (18)과 같은 구조를 가지므로 *John*이 TP의 지정어 위치로 이동하는 순환단계에서 (15)의 신최소고리조건(new MLC)을 위반했거나 엄밀순환조건을 위반했다는 평가/해석을 내릴 수 없다. 왜냐

33) 주절 CP의 경우는 차상위 강국면이 없기 때문에 CP가 도출된 직후에 그 국면에 대한 평가/해석이 내려진다고 본다.

하면, CP의 국면에 이르러서는 이미 v*P의 외곽지정어(outer Spec) 위치에는 *what*이 아니라 *what*의 흔적 t_{what}가 있기 때문이다.[34)]

위의 (18)에서와 같이 CP의 도출이 완성되면, 강국면 CP는 즉시 양도의 연산에 의해 음운부와 의미부로 이양되고 음운부에서 문자화(Spell-Out)에 의해 그 도출이 모든 요소가 한꺼번에 문자판독(spelled out)된다.[35)]

2.4 자유병합

협소통사부(NS)가 보유하고 있는 작용 중에 가장 자유로운 작용은 병합(Merge)이다. 병합은 이미 축조되어 있는 두 통사단위를 취하여, 그 두 요소로 구성되는 하나의 새로운 통사단위를 만드는 역할을 한다. 즉, α와 β 두 통사단위를 취하여 $\{\alpha, \beta\}$의 통사단위를 생성한다. 병합이 만들어 내는 관계는 소속관계(membership)인 ∈관계이고, 병합의 반복성을 고려하면 관할(dominate)(즉, 포함(contain)과 구성요소(term-of) 관계를 만들어 낸다. 이러한 관계에서 파생되는 성분통어(c-command) 관계(즉, 포함의 자매관계(sister of contain))는 결속이론 등을 위해 의미표상(SEM)에서 활용된다. 새로운 통사단위인 $\{\alpha, \beta\}$는 α와 β 중에 핵인 요소의 투사(projection)가 되는데, 투사는 내

---

34) Chomsky(2004)에서는, 강국면의 내부에서 일어나는 협소통사부의 작용은 엄밀순환조건에 의해 강국면 내의 순환단위별로 적용되는 것이 아니라 각 강국면의 단위로 일괄적으로 동시에 적용된다는 것이다. 따라서 이러한 가정에 의하면, (19)이 국면해석평가원리에 의존하지 않고도 강국면 내부에서 일어나는 역순환성의 문제가 해결될 수 있을 뿐만 아니라 또한 뿌리절(root clause) CP의 경우는 차상위 강국면에 이르지 않고도 그 자체로 평가/해석이 내려질 수 있다는 추가적인 가정이 사라진다.

35) Chomsky(2004)에서는 더 이상의 상위 (강)국면이 없는 강국면의 경우는 국면불가침조건과 상관없이 양도와 동시에 문자화에 의해 음운부에서 전체 요소가 한꺼번에 문자판독된다. (Applied to a phase PH, S-O must be able to spell-out PH in full, or root clauses would never be spelled out.)

포성 조건(inclusiveness condition)에 의해 α와 β 중에 하나를 자신을 확인하는 표찰(label)로 삼는다.[36] 표찰은 일반원리에 의해 그 단위의 핵(head: H)이 되지만, Chomsky(2004)의 국면이론에서는 Collins(1999)의 주장에서처럼 아예 표찰 자체를 설정하지 않는 표찰자유체제(label-free system)가 더 바람직하다고 본다. 왜냐하면, 한 통사단위의 핵은 선택(selection)의 관계에 의해서 결정되지만, 병합은 선택에 의해서가 아니라 탐색에 의해 결정되기 때문이다. 즉, α를 β에 병합한다는 것은 α를 도입할 위치를 결정하기 위해서 β에 대한 최소탐색(minimal search)이 선행된다. 이때 α가 탐침자(Probe)가 되고, β는 목표물(Goal)이 된다. 탐색을 통해 탐침자와 목표물 간에 대조(Match)와 일치(Agree)가 이루어지면 병합이 이루어진다는 것이다. 따라서 협소통사부에서 작용하는 통사적 관계에는 핵과의 선택관계에 의해 얻어지는 일체의 관계는 존재하지 않는다고 본다. 즉, 핵이 지정어(specifier: Spec)를 선택하는 관계(head-to-Spec relation)인 소위 최대투사통어(m-command)의 관계는 더 이상 허용되지 않는다. 또한 지정어 자체가 핵범주가 아니라면, 지정어에서 핵으로 나아가는 관계(Spec- to-head)인 성분통어(c-command)의 관계도 허용되지 않는다. 병합은 탐색을 통한 대조와 일치에 의해 이루어진다면, 일종의 국부조건(locality condition)인 최소탐색(minimal search)에 의해 탐침자는 가장 가까이(closest) 있는 목표물을 탐색해야 하므로, 병합은 언제나 확장조건(extension condition)을 충족한다.[37]

요컨대, Chomsky(2004)에 의하면, 병합은 탐침자와 목표물 사이에

36) 내포성 조건이 제안되기 이전의 언어이론에서는 투사는 N, N', NP 등의 새로운 범주에 의해서 확인되었다.

37) 확장조건은 영탐색(zero-search)을 통해 β를 전혀 영향을 미치지 않고 α를 β에 병합하는 소위 강확장조건(strong extension condition)과 β의 표찰인 핵에 인접한 위치로 α를 끼워 넣는 Norvin Richards의 제안인 '끼워넣기(tucking in)'에 의한 약확장조건(weak extension condition)이 있다.

탐색을 통한 대조와 일치에 의해 이루어지고, 또한 탐침자와 목표물은 특정한 자질을 갖는 핵이므로, 협소통사부에서 작용하는 통사적 관계는 오로지 핵-핵 관계(head-head relation)만 허용된다. 예컨대, T의 EPP-자질(즉, OCC-자질)을 충족하기 위한 병합에는 소위 이동에 의한 내부병합과 허사(expletive) *there*를 삽입하는 외부병합이 있는데, 이러한 병합은 모두 T의 EPP-자질을 충족하기 위해 지정어를 병합하는 것이므로 지정어-핵 관계(Spec-to-head)로 볼 수 있다. 그러나 이동에 의한 내부병합은 탐침자 T의 탐색에 의한 N 혹은 D와의 일치를 통해 이루어지는 병합이므로 근원적으로 핵-핵관계에 의해 도출되는 병합으로 볼 수 있다. 또한 허사삽입의 경우도 Chomsky(2004)에서는 허사 *there*가 그 자체로 핵범주이고 또한 일치에 의해 삭제되어야 할 비해석성 자질 [uF](즉, 비해석성의 인칭-파이자질)을 갖기 때문에 *there* 자신이 탐침자가 되어 최소탐색(minimal search)을 통해 T와 일치를 이루고 강확장조건에 의해 T의 지정어 위치에 병합된다고 봄으로써 결과적으로 핵-핵 관계로 해석할 수 있다. 따라서 국면이론에는 다음과 같은 결론을 얻을 수 있다.

(20) 외견상 지정어-핵 관계도 실상은 모두 최소탐색에 의한 핵-핵 관계이다. (Apparent Spec-head relations are in reality head-head relations involving minimal search.)

이와 같이 허사 *there*가 T의 지정어 위치에 병합하는 관계까지도 T의 EPP-자질보다도 *there*의 비해석성 자질인 [uF]를 충족하기 위한 관계로 해석한다면, 이러한 병합은 더 이상 T의 투사가 아니라 *there*의 투사로 보아야 한다. 필수구구조이론에 의하면 이러한 병합구조는 다음과 같이 표현된다.

(21) a.

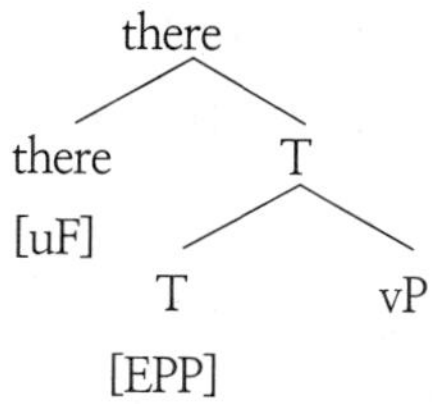

b. {there, {there, {T, {T, vP}}}}

이러한 도출의 문제점은 T의 EPP-자질이 충족될 수 없다는 점이다. 즉, EPP-자질은 T의 지정어 위치에 명사적 표현이 병합되는 경우에만 충족되므로 (21)의 구조에서 *there*의 위치는 T의 지정어 위치가 아니므로 T의 EPP-자질을 충족할 수 없다. 이러한 문제점을 효과적으로 해결할 수 있는 이론이 바로 Collins(1999)의 무표찰체제(no label system), 즉 표찰자유체제(label-free system)이다. 이 이론에 의하면, (21)의 구조표현은 다음과 같이 표찰이 없는 구조로 표현된다.

(22) a.

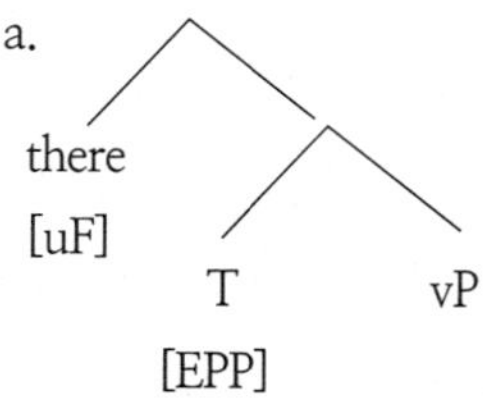

b. {there, {T, vP}}

이와 같이 표찰이 없는 표찰자유체제에서는 (22)는 *there*가 T의 지정어 위치에 나타나는 것으로 해석될 수 있을 뿐만 아니라 *there* 또한 탐색을 통해 T의 투사를 보충어로 취하는 구조로도 해석된다. 이러한 이중적인 해석이 가능한 것이 표찰자유체제의 장점이다.

또한 이러한 표찰자유체제는 자유병합(free Merge) 이론을 낳게 되는데, 자유병합은 병합에 아무런 약정제약(stipulated restrictions)도 가해지지 않으며, 또한 투사도 없으며, 내포성 조건의 위반도 없는 소위 말 그대로 "필수구구조(bare phrase structure)"를 유지하는 병합을 말한다. 또한 이러한 자유병합이론은 지정어를 제한 없이 허용하는 소위 자유다중지정어(free multiple Spec) 이론과 모든 유형의 병합이 순환적으로 이루어진다는 순환병합(cyclic Merge) 이론을 낳는다. 즉, 핵계층이론(X'- Theory)에서나 선택조건(selectional condition)에 의한 병합은 지정어의 수에 한계가 주어졌으나, 자유병합이론 하에서는 핵에 맨 먼저 병합하는 요소가 보충어(complement)가 되며, 그 이후로 병합하는 요소들은 모두 지정어가 된다. 따라서 위의 (22)의 구조에서 T에 맨 먼저 병합되는 vP는 T의 보충어가 되고 두 번째 병합하는 *there*는 T의 지정어로 해석된다. 또한 *there*도 역시 핵이므로 *there*와 맨 먼저 병합하는 {T, vP}는 *there*의 보충어가 된다. 예컨대, 자유병합이론 하에서 핵 H에 K와 L과 M이 차례로 병합되면 {M, {L, {H, K}}}의 통사대상을 만드는데, 이때 K는 보충어가 되고, L은 지정어, M은 외곽지정어(outer Spec)가 된다. 그러나 만약 핵 H의 선택요구에 의해 K, L, M이 차례로 병합이 이루어진다면, {M, {H'', {L, {H', {H, K}}}}}와 같은 통사대상이 도출된다. 이 경우 H'와 H''는 표찰이 되고, H에 의해 선택되는 K는 보충어가 되고, H'에 의해 선택되는 L과 H''에 의해 선택되는 M은 각각 H'와 H''의 지정어가 된다. Chomsky(2004)에 의하면, 병합을 위한 핵의 선택관계는 의미선택(s-selection)의 관계인데, 이러한 의미선택이 협소통사부에서 적용되는 자질상의 일치관계라면 협소통사부에서 이러한 관계가 충족되지 못하면 그 도출은 파산(crash)되어 비문법적인 도출이 되어야 하나, 사실상 의미선택의 위반은 비문법적인 도출이 아니라 해석상 어색한 도출(gibberish)을 파생하므로 의미선택을 협소통사부의 일치관계로 볼 수 없다는 것이다. 따라서 Chomsky(2004)에서는 모든 종류의 병합은 모두 개념의도체계(C-I system)에 의해 개념의도접합부(C-I interface)인 의미표상(SEM)에서 요구되는 의미특성의 다양성에 기인한다고 본다. 즉, 의미표상은 개념의도체계에 의해 요구되는 의미적 다양성(semantic multiplicity)을 모두 수용할 수 있어야 하는데, 바로 이러한 요구를 충족하기 위해 협소통사부에서 다양한 병합의 형태가 나타난다는 것이다. Chomsky(2004)의 자유병합이론에서 제안되는 병합과 의미적 다양성 관계를 도표로 나타내면 다음과 같다.

(23)

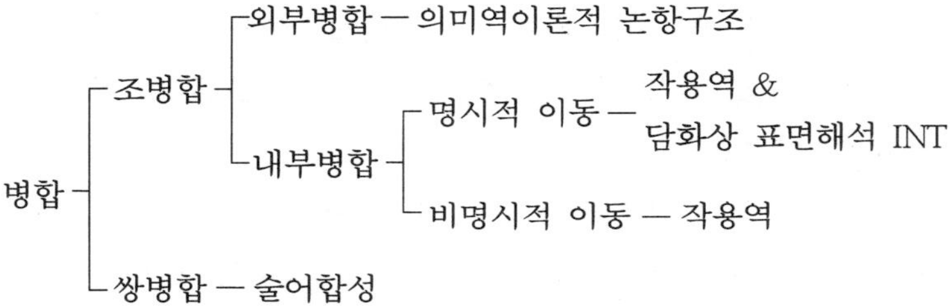

위의 도표에 의하면, 자유병합이론 하에서 병합(Merge)은 먼저 조병합(set-Merge)과 쌍병합(pair-Merge)으로 분류되는데, 조병합은 대체(substitution)의 경우로 α가 β에 병합될 때 $\{\alpha, \beta\}$로 나타내고, 쌍병합은 부착(adjunction)의 경우로 α가 β에 병합될 때 $\langle\alpha, \beta\rangle$로 나타낸다. 두 개의 통사대상을 결합하여 하나의 더 큰 단위의 새로운 통사대상을 만들어내는 조병합이 있음에도 불구하고 쌍병합이 존재한다는 것은 소위 '설명될 수 없는 요소(unexplained elements)'로서 언어의 비완벽성(imperfection)이 아닌가 생각할 수 있다.[38] 그러나 이러한 쌍병합이 술어합성(predicate composition)이라는 의미적 기여를 하고 있고, 이러한 의미적 기여가 의미적 다양성에 대한 개념의도체계(C-I system)의 요구에 기인하는 것이라면, 쌍병합 역시 '접합부조건(IC)'에 의해 포착될 수 있는 작용으로 언어의 완벽성(perfection)에 속한다. 또한 조병합에는 독립적인 두 통사대상을 대등하게 결합하여 하나의 더 큰 단위의 통사대상을 만들어 내는 외부병합(external Merge)과 한 통사대

38) 본서 제1장 각주 6) 참조.

상 속에 내포되는 요소를 그 통사대상의 지정어 위치에 다시 결합하는 내부병합(internal Merge)이 있다. 내부병합을 일반적으로는 이동(movement)이라 부른다. 이동은 기호학이나 컴퓨터언어 등과 같은 인공언어(artificial language)에는 존재하지 않을 뿐만 아니라, 또한 이동을 설명하기 위해 비해석성 자질(uninterpretable features)까지도 자연언어(natural language)에서 허용해야 하는 부담을 안게 된다. 이러한 차원에서 내부병합도 역시 외견상 '설명될 수 없는 요소'에 해당되는 언어의 비완벽성으로 볼 수 있다.

그러나 이러한 내부병합도 장거리의존관계(long-distance dependency)와 작용역(scope), 그리고 초점(focus), 특정성(specificity), 한정성(definiteness) 등의 담화상 표면해석(discourse-related surface interpretation) INT에 기여한다면, 이 역시 의미적 다양성에 대한 개념의도체계의 요구에 기인하는 것이므로 '접합부 조건'에 의해 포착될 수 있는 완벽성에 해당된다.

또한 내부병합에는 명시적 이동(overt movement)과 비명시적 이동(covert movement)을 야기하는 내부병합이 있는데, 명시적 이동은 양도(TRANSFER) 이전에 적용되는 내부병합을 말하고, 비명시적 이동은 양도 후에 적용되는 내부병합을 말한다. 명시적 이동을 야기하는 내부병합은 반드시 이동하는 요소가 값을 부여받아야 할 비해석성의 격자질을 가지고 있어야 한다는 차원에서 격자질에 의해 추진(Case-driven)되는 현상으로 본다. 그러나 비명시적 이동은 Q-자질 등 격자질이 아닌 다른 자질에 의해 추진되지만, 명시적 이동과 마찬가지로 국면불가침조건(PIC)에 의해 협소통사부에서 매 강국면의 순환단위마다 순환적으로 적용된다.

한편 외부병합(external Merge)은 자유병합이론 하에서는 핵(head)의 의미선택(s-selection)과 상관없이 진행될 뿐만 아니라 병합의 회수나 투사의 결정 등에 아무런 제약도 가해지지 않는다. 따라서 외부병합은 자유다중지정어(free multiple Spec), 표찰자유(label-free) 체제를 허용한다.

그럼에도 불구하고, 외부병합은 의미역이론적 논항구조(θ-theoretic argument structure)를 형성함으로써 이 역시 의미적 다양성에 대한 개념의도체계의 요구에 부응하고 있다. 의미역이론적 논항구조의 형성은 철저히 핵의 의미선택적 특성(s-selectional properties)의 반영이어야 함에도 불구하고 외부병합이 핵의 의미선택적 요구와 상관없이 (자유병합이론에 따라) 자유롭게 진행된다는 것은 이 역시 외견상 (98i)에 해당되는 언어의 비완벽성이 아닌가 여겨진다. 그러나 이러한 외부병합도 의미역이론적 논항구조의 형성이 개념의도체계의 의미적 다양성 요구를 반영하는 것이라면 '접합부 조건'에 의해 포착되는 언어의 완벽성에 해당된다. 따라서 자유병합이론을 채택하는 국면이론에서는 의미역이론적 논항구조의 현상을 핵의 의미선택적 특성으로 포착하지 않고, 개념의도접합부(C-I interface)인 의미표상(SEM)에 적용되는 접합부조건(IC)인 의미역조건(θ-theoretic conditions)에 의해 포착한다. 이와 같이 자유병합이론에 의해 도출된 외형구조(configurational structure)에 개념의도체계에서 요구하는 접합부조건인 의미역조건을 적용하여 핵의 의미역선택 관계를 포착하는 의미역이론(θ-theory)을 순수외형적 의미역이론(pure configurational θ-theory)라고 한다. 의미역조건을 위반하는 의미표상은 수렴(convergence)이 차단되는 것이 아니라 해석상 비정상적인 표현(deviance)을 파생한다.

결론적으로 말해, (23)의 도표에서 분류되는 다양한 유형의 병합들은 모두 개념의도체계의 의미적 다양성 요구에 부응하기 위해 자연언어에 반드시 존재해야 하는 작용들로 언어의 완벽성에 해당된다.

2.5 맺음말

이상의 논의에서와 같이, 본장에서는 Chomsky(2001, 2004)의 탐침자-목표물 문법체계에서 연산작용이 실제로 어떻게 진행되는지 관찰함으로써 문장의 도출과정에 발생하는 국면단위의 순환성과 이에 따른 다중 문자화에 대해 자세히 살펴보았다. 이러한 관찰을 통해서 본장에서는 탐침자-목표물 문법체계의 전반적인 구성을 확인하였으며, 또한 이 문법체계가 얼마나 효율적으로 문장을 도출하는지도 확인하였다.

한편, Chomsky(2001, 2004)의 탐침자-목표물 문법체계에서 제기되는 심각한 문제점은 CP의 순환단계의 문법작용이 일어난 후 다시 하위 TP의 순환단계에 문법작용이 적용된다는 소위 역순환성(counter-cyclicity)의 문제인데, 이러한 역순환성의 문제도 (19)의 국면해석평가원리(principle of interpretation/evaluation for phase)를 설정함으로써 효율적으로 해결될 수 있음이 또한 밝혀졌다.

또한, (23)의 도표에서 분류되는 자연언어에 존재하는 다양한 유형의 병합들은 언어의 비완벽성을 말해주는 것이 아니라 모두 개념의도체계의 의미적 다양성 요구에 부응하기 위해 자연언어에 반드시 존재해야 하는 작용들로 언어의 완벽성에 해당됨이 확인되었다.

3장
연산과 섬효과 현상

3.1 머리말

본장에서는 영어에 나타나는 주어섬(subject island)과 부가어섬(adjunct island) 등의 섬효과(island effects) 현상이 최근 활발하게 연구되고 있는 소위 최소주의 이론의 탐침자-목표물 문법체계(Probe-Goal Framework) 내에서 어떻게 포착될 수 있는지 검토해 보고자 한다.

먼저, 아래 예문을 고려해 보자.[1)]

(1) a. of which car did [they find [the picture $t_{of\ which\ car}$]]?
    b. *of which car did [[the picture $t_{of\ which\ car}$] cause a scandal]?
    c. *of which car did [they find a snake [near [the picture $t_{of\ which\ car}$]]?

위의 예문들은 각기 *wh*-구인 *of which car*가 문장 내부에서 문두

1) 최소주의 이론에서는 내부병합(즉, 이동)은 흔적(trace)이 아니라 복사(copy)를 남긴다고 가정한다. (1)의 예문에서 $t_{of\ which\ car}$로 표시되는 것은 흔적의 표시가 아니라 *of which car*의 이동으로 남은 복사를 의미한다. 편의상 본장에서는 복사를 그냥 t로 표시하기도 한다.

로 이동한 의문문이나, (1a)는 문법적이지만 (1b)와 (1c)는 비문법적인 문장으로 판정된다. 이들 예문 간의 통사적 차이는 (1a)에서는 *of which car*가 목적어 DP에서 적출(extraction)되었지만, (1b)의 경우는 주어 DP로부터 적출되었고, (1c)에서는 부가어구 PP로부터 적출되었다. 이와 같이 주어나 부가어 내부로부터 범주의 적출이 차단되는 현상을 각기 '주어섬 효과(subject island effect)'와 '부가어섬 효과(adjunct island effect)'라고 한다. 이러한 섬효과들은 일찍이 지배-결속 이론에서 다음 (2)에서 정의되는 Huang(1982)의 적출영역조건(condition on extraction domain: CED)이나 Chomsky's(1986)의 하위인접조건(Subjacency)에 의해 포착되기도 하였다.

(2) 가. 적출영역조건:
"어떤 영역 B가 고유지배된다면, 구범주 A가 B로부터 적출될 수 있다." (A phrase A may be extracted out of a domain B only if B is properly governed.)

나. 하위인접조건:2)
"A가 B를 성분통어할 때 A와 B 사이에 장벽이 없으면, A는 B에 영-하위인접된다." (A is subjacent to B if and only if A c-commands B and there is no barrier between A and B.)

그러나 연산의 효율성(computational efficiency)과 문법체계의 완벽성(perfection)을 추구하고 있는 최소주의 이론에서는 어떤 문법 원리나 규칙도 위의 두 조건에서처럼 지배의 개념에 의존할 수 없으며, 또한 최근의 탐침자-목표물 문법체계에서는 모든 범주가 병합(Merge)에 의해서 결합되며, 병합에 의해 도출된 통사대상(syntactic object: SO)은

2) Chomsky(1986b)의 장벽이론에서는 하위인접조건을 상대적인 개념으로 해석한다. 즉, 이동한 요소와 그의 흔적 사이에 장벽이 존재하지 않으면 영-하위인접으로 문법적인 문장이 되나, 장벽이 하나 이상 존재하면 장벽의 숫자에 따라 문법성이 점차 낮아진다는 것이다.

양도(TRANSFER)의 연산에 의해 국면(phase) 단위로 음운부(phonological component)와 의미부(semantic component)로 사상(mapping)된다고 주장함으로써 문장 전체의 논리형태표상(LF-representation)에 적용되는 (2)의 조건들은 더 이상 최소주의 이론 내에서 연산을 통제하는 원리로 유지될 수가 없다.

이러한 이론적인 문제점 이외에도 (2)의 조건들은 다음과 같은 경험적 문제점을 지닌다.

(3) a. of which car was [[the picture $t_{\text{of which car}}$] found]?
 b. of which car is [[the picture $t_{\text{of which car}}$] likely [to [cause a scandal]]]?

즉, (3)의 예문들을 (1b)와 비교해 보면, 이들 예문들은 모두 주어 DP 내부로부터 *wh*-구의 적출이 일어난 경우로 (2)의 적출영역조건과 하위인접조건에 의해 모두 비문법적인 문장으로 처리되어야 하나, 예상과 달리 (3)의 예문들은 모두 문법적인 문장으로 판정된다.

따라서 본장에서는 (1)과 (3)의 예문들에 관련되는 이러한 섬효과 현상들이 최근 Chomsky(2005a, 2005b, 2006)의 강력 최소주의 이론(strong minimalist thesis: SMT)에서 제안되는 '수정 탐침자-목표물 문법체계(Revised Probe-Goal Framework)' 하에서 어떻게 포착될 수 있는지 그 방안을 강구해 보고자 한다.

3.2 연산: 일치와 병합

최소주의 이론에 의하면, 연산은 연산의 효율성 원리(principles of computational efficiency)를 준수해야 하며, 병합(Merge)의 연산이 준수해야 하는 중요한 연산의 효율성 원리가 바로 불변경조건(no-tampering condition)이다. 불변경조건에 의하면, X와 Y가 병합에 의해 결합될 때에는 새로운 자질이 첨가될 수 없음은 물론이고, X나 Y가 파편(segments)으로 나누어지는 일도 없어야 한다. 그러므로 병합은 항상 외곽(edge)에 이루어져야 하는데, Chomsky(2005b)에서는 한 어휘항목 LI가 병합에 의해 통사대상 SO의 외곽에 병합되기 위해서는 병합을 유발하는 자질을 가지고 있어야 한다고 본다. 바로 이 자질이 이른바 '외곽자질(*edge feature*: EF)'이다.

(4) 간투사를 제외한 모든 어휘항목이 외곽자질을 갖는다.
(All LI's except for interjections have EF.)[3]

한편, 무한계병합(unbounded Merge)의 가정에 따르면,[4] 병합은 반복적으로 적용되는데, Chomsky(2005b)에서는 이러한 반복적 병합(iterative Merge)이 바로 어휘항목의 외곽자질에 기인하는 것으로 본다.

(5) 외곽자질은 비한정적으로 외곽에 자유병합을 허용한다.
(EF permits free Merge to the edge, indefinitely.)

즉, 어휘항목의 외곽자질은 한 번의 병합작용으로 사라지지 않고 여러 번 병합작용을 반복적으로 일으킬 수 있는데, 이때 아래 정의 (6)에서와 같이 어휘항목과 처음으로 이루어지는 통사대상을 그 어휘의 보충어(complement)라 하고, 그 이후에 병합되는 통사대상들을 지정어(specifier: Spec)라 한다. 따라서 (6)의 정의에 의하면 한 어휘항목에 여러 개의 지정어가 허용되는 다중지정어구문(multiple Spec construction:

3) 간투사(interjection)는 결합을 이루지 않고 혼자서 완전한 표현을 만들 수 있기 때문에 외곽자질을 갖지 않는다고 가정한다.

4) Chomsky(2005b)의 문법체계에서는 무한계병합이론이 자유병합체계(free Merge system)와 표찰자유체계(label-free system)에 기초하고 있다고 본다.

MSC)이 생성된다.

(6) 지정어의 수는 무제한적이며, 지정어-보충어 구별은 첫째 병합, 둘째 병합 등등의 병합순서의 개념으로 축소된다.
(The number of specifiers is unlimited, and the specifier-complement distinction itself reduces to first-Merge, second-Merge, etc.)

(5)~(6)의 가정은 기술적 문법장치(descriptive technology)를 축소함으로써 연산의 효율성과 문법체계의 완벽성에 더욱 근접하게 한다.

한편, Chomsky(2005b)의 수정 탐침자-목표물 문법체계에 의하면 개념의도체계의 요구를 충족하기 위해서는 병합은 다양한 의미의 통사구조를 만들어 내어야 하는데, 이를 위해 병합은 외부병합(external Merge: EM)와 내부병합(internal Merge: IM)의 두 장치로 이루어져야 한다고 본다. 즉, 이 두 유형의 병합은 의미의 이중성(duality of semantics)에 부합되는 장치들로, 외부병합은 계층적 구조형상(cartographic hierarchies)을 구축함으로써 의미역을 할당을 위한 논항구조(argument structure)를 생성하며, 내부병합은 전위(displacement)를 유발함으로써 작용역 효과(scopal effects)와 함께 구정보(old information), 특정성(specificity) 등과 같은 담화관련 특성(discourse-related properties)을 만들어 낸다고 본다.

또한, 병합에 의해 도출된 통사대상이 계속되는 협소통사부의 연산에 참여하기 위해서는 표찰이 결정되어야 하는데, 표찰의 결정은 다음과 같은 표찰연산공식(labelling algorithm)에 의해 이루어진다.

(7) 통사대상 {H, α}에서 H가 어휘항목이라면, H가 표찰이 된다.
(In {H, α}, H an LI, H is the label.)

(8) 만약 α가 β에 내부적으로 병합되어 {α, β}의 통사대상을 형성하면, β의 표찰이 {α, β}의 표찰이 된다.

(If α is internally merged to β, forming {α, β} then the label of β is the label of {α, β}.)

(7)에서는 연산공식의 결과로 α가 H의 보충어(complement)가 되며, (8)에서는 α가 β의 지정어(Spec)가 됨을 의미한다.[5] 위의 두 표찰 연산공식은 모든 경우의 통사대상에 대해 표찰을 결정한다.

한편, Chomsky(2005b)에서는 국면(phase)을 다음과 같이 정의한다.[6]

(9) 오직 CP와 v*P만이 국면이다. (Only CP and v*P are phases.)

Chomsky(2005b)에 의하면, 국면이 양도(TRANSFER), 문자화(Spell-Out), 일치(Agree), 내부병합(IM) 등의 연산이 적용되는 문법작용의 최소단위가 된다. 이러한 주장에 따르면, Chomsky(2001, 2004)에서 파이자질(ϕ-feature)의 특구(locus)로 취급했던 T까지도 국면을 이룰 수 없기 때문에 양도나 문자화는 물론 일치나 내부병합의 단위가 될 수 없다. Chomsky(2005b)의 수정 탐침자-목표물 문법체계의 중요한 주장이 바로 이러한 점에 기인한다. 즉, T가 국면을 이룰 수 없다면, 외재논항 주어(external argument subject)나 비대격/수동태 목적어(unaccusative/passive object) 등이 T의 지정어(Spec-T)로 인상되는 EPP 현상은 어떻게 포착되는가? 바로 이러한 점을 포착하기 위해서 Chomsky(2005b)에서는 다음과 같은 가정을 제시한다.[7]

---

5) 이러한 표찰연산공식의 결과를 도식으로 살펴보면 다음과 같다.

(i) (7)의 결과: {H, α} ⇒ {H, {H, α}}

(ii) (8)의 결과: {α, {β, {β, XP}}} ⇒ {β, {α, {β, {β, XP}}}}

6) Chomsky(2005b)의 수정 탐침자-목표물 문법체계에서는 더 이상 강국면(strong phase)과 약국면(weak phase)의 구분을 필요로 하지 않는다. 한편, DP의 경우도 구조적으로 CP와 유사하다는 측면에서 국면으로 취급해야 한다는 주장이 있는데, 이러한 주장에 대해서는 Svenonius(2003)과 Hiraiwa(2005)를 참조하기 바란다.

7) (10)의 가정은 차후 더욱 일반화되어 다음 (i)과 같이 정의된다.

(i) C와 v*는 국면의 핵이며, 그들의 일치자질은 그들이 선택하는 어휘항목에 의해 계승된다.

(10) T가 C에 의해 선택된다면, T는 C로부터 일치자질과 시제를 계승받는다.
(T inherits Agree- and Tense-features from C iff it is selected by C.)

위의 가정에 의하면, T는 C에 의해 선택될 때까지는 도출상에서 일치(Agree)나 일치를 통한 내부병합의 연산에 참여할 수 없게 된다. T가 C에 의해 선택되지 않을 경우는 시제나 파이자질을 갖지 않는 소위 인상구문(raising construction)이나 예외격표시구문(ECM construction)과 같은 부정사구문을 이룬다. 따라서 T는 C에 의해 선택될 때만 CP의 국면 단위에서 C-T의 연합체를 이루어 C와 함께 연산에 참여하게 된다. 또한, C-T가 목표물 DP와 일치를 이룰 때, 목표물 DP는 장거리일치(long-distance agreement) 하에서 제자리(in-situ)에 남거나, 아니면 T의 지정어(Spec-T)로 인상된다. 이때 일치를 이룬 DP는 모든 자질이 값을 부여받아 비활성화(inactivated)되었으므로 더 이상 C의 지정어(Spec-C)로 이동되지 않는다.

이러한 점을 포착하기 위해서 Chomsky(2005b)에서는 다음과 같은 비활동성 조건(inactivity condition)을 제안한다.[8]

(11) 명사적 요소 DP나 NP가 그것의 모든 비해석성 자질이 일치에 의해 값을 부여받아 비활성화되면, 더 이상의 연산에 참여하지 못한다.

(C and v* are the phase-heads, and their Agree-feature is inherited bythe LI they select.)

(i)의 가정에 의하면 C뿐만 아니라 v*의 경우도 일치자질(Agree-feature)을 그가 선택하는 어휘항목(LI)에게 물려준다.

8) 이 조건은 사실상 Chomsky(2001, 2004)에서 제안하고 있는 다음과 같은 활동성 조건(activity condition)의 새로운 표현에 지나지 않는다.

(i) 일치의 연산이 적용되기 위해서는 탐침자와 목표물이 모두 활동적이어야 한다.
(Probe and Goal must both be active for Agree to apply.)

'활동적(active)'이라는 개념은 탐침자와 목표물이 되는 범주가 그들의 자질구성에서 비해석성 자질(uninterpretable feature)을 하나 이상 포함하고 있다는 것이다.

(A nominal element DP or NP is inactivated, with all its uninterpretable features valued by Agree, then it cannot enter into further computations.)

한편, Chomsky(2005b)의 문법체계에서는 (7)~(8)의 표찰연산공식에 의해 결정되는 표찰이 곧 그 통사대상의 내부에서 목표물을 탐색하는 탐침자가 된다고 가정하며 탐침자를 다음과 같이 정의한다.9)

(12) 표찰이 통사대상 내부에서 일치와 내부병합의 연산이 적용될 때 목표물을 찾는 탐침자가 된다.
(The label is the probe that seeks a goal for operations internal to the SO: Agree or IM.)

또한, 연산의 최소화에 의하면 탐침자는 가장 작은 영역 내에서 목표물을 탐색해야 하므로 다음과 같은 최소탐색조건(minimal search condition)이 도출된다.

(13) 탐침자는 그것의 최소탐색영역에서 목표물을 찾아야 한다.
(The probe must seek its goal in the minimal search domain.)

사실, Chomsky(2005b)의 수정 탐침자-목표물 문법체계에서는 위의 (5)의 가정에 기인하는 자유병합가설과 무한계병합이론을 채택하고 있으므로 병합에 의해 이루어지는 통사대상은 {α, {β, γ}} 등과 같이 표현되는 조병합(set-Merge)의 구조만을 갖게 되는데,10) 이

9) 참고로 표찰자유체계(label-free system)에서는 표찰이 결정되지 않으므로 (국면을 이루는) 통사대상의 핵이 탐침자(Probe)가 된다. 이 경우는 탐침자의 '탐색영역'을 정의하기 위해 성분통어(c-command)의 개념이 적용되어야 한다.

10) Chomsky(2005b)의 문법체계에서는 〈α, β〉의 쌍병합(pair-Merge)으로 표현되는 부착구조(adjunction structure)는 더 이상 협소통사부에서 허용되지 않는다.

러한 구조 속에서 도출되는 통사관계는 다음의 정의에서와 같이 조원소관계(set-membership relation)와 탐침자-목표물 관계(probe-goal relation)의 두 가지밖에 없다.11)

(14) {α, {β, γ}}와 같은 조병합구조에서는 조원소 관계와 탐침자-목표물 관계의 두 가지 통사관계만 존재한다.
(There exist two syntactic relations in the set-Merge structure such as {α, {β, γ}}: (A) set-membership and (B) probe-goal relations.)

3.3 주어섬 효과

본절에서는 3.1절에서 (1b)와 (3)의 예문과 관련하여 살펴본 주어섬 효과(subject island effect)에 대한 문제가 앞에서 고찰한 Chomsky (2005b)의 문법체계 하에서 어떻게 포착될 수 있는지 검토해 보자. 먼저 (1b)와 (3b)의 대조와 관련하여 다음 (15)와 (16)의 예문을 살펴보자.

(15) of which car did [they find the driver]?

(16) *of which car did [the driver cause a scandal]?

위의 (15)와 (16)의 대조는 *Wh*-이동(*of which car*의 이동)이 보충어 내부로부터는 가능하나 주어 내부로부터는 불가능하다는 소위 주어섬 효과(subject island effect)를 잘 나타내어 주고 있다. 이러한 주어섬

11) (14)의 정의에서 조원소 관계는 항 관계(*terms-of*)와 관할(*dominate*)의 개념만을 가지고 있으므로, 사실상 Chomsky(2005b)의 문법체계에서는 핵-지정어 관계(head-Spec relation)인 최대투사통어(m-command)의 통사관계는 허용되지 않는다.

효과는 위에서 제시한 (11)의 비활동성 조건에 의해 쉽게 포착된다. 아래 (17a-b)의 구조표현은 각기 (15)와 (16)의 문장이 도출되는 중간단계의 통사대상이다.

(17) a. C [$_{TP}$ [they$_i$ [T [$_{v*}$ t$_i$ [v* [found [$_{DP}$ the driver of which car]]]]]]]
b. C [$_{TP}$ [the driver of which car]$_i$ [T [$_{v*}$ t$_i$ [v* [caused a scandal]]]]]]

위의 구조표현을 살펴보면, 그 내부로부터 *Wh*-이동이 일어날 DP인 *{the driver of which car}*가 (17a)의 경우에서는 동사의 목적어 위치에 나타나 있어 활동적(active)이지만, (17b)에서는 일치자질(Agree-feature)을 갖는 탐침자인 T와의 일치를 통해 그것의 비해석성 자질인 격자질이 값을 부여받고 문장의 주어(즉, T의 지정어) 위치로 인상되었으므로 비활동적이다. 따라서 (17b)에서 주어위치에 나타나는 DP는 비활동성 조건 (11)의 정의에 따라 더 이상의 연산에 참여하지 못한다.

(11)의 정의에 의해 비활동적인 통사대상은 탐침자에 비가시적(invisible)이기 때문에 그 자신이 탐침자의 탐색을 받을 수 없음은 물론이고, 그 내부에 나타나는 요소들까지도 탐침자의 탐색을 받을 수 없게 된다. 이러한 관계를 포착하기 위해서 Chomsky(2005b)에서는 (11)의 대안으로 다음과 같은 일반 주어섬 효과(generalized subject island effect)를 제시하고 있다.

(18) PH가 PH$_s$를 선택하는 국면의 핵일 경우, PH$_s$에 의해 계승된 PH의 일치자질이 XP를 PH$_s$의 지정어위치로 인상시키면, XP는 비가시적이 되어 더 이상 인상될 수 없으며, 또한 그것의 내부로부터 어떤 것도 적출될 수 없다.
(If the Agree featue of PH inherited by PH$_s$ has raised XP to Spec-

PH$_s$, then XP is invisible; it cannot be raised and nothing can be extracted from it.)

이제, (15)~(16)에서 보여주는 주어섬 효과는 근원적으로 (11)의 비활동성 조건에 기인하는 (18)의 일반 주어섬 효과에 의해 포착된다. 그러면 이러한 점에 유의하며 (3a)와 관련하여 다음 예문을 살펴보자.

(19) of which car was [the driver found]?

(19)의 예문들도 (16)과 마찬가지로 주어위치로 인상된(즉, 비활성화된) DP 내부로부터 *Wh*-이동(*of which car*의 이동)이 일어난 경우이나 (16)과는 달리 문법적인 문장으로 판정된다. 즉, (19)는 주어섬 효과의 측면에서 보면 (16)보다 오히려 (15)와 대등한 문법성을 갖는다. (16)과 (19)의 비교에서 확인되는 차이점은 (16)은 그 내부로부터 *Wh*-이동이 일어난 주어 DP가 능동태의 주어이고, (19)에서는 수동태의 주어라는 점이다. 바로 이러한 관점에서 Chomsky(2005b)의 문법체계에서는 주어섬 효과가 나타나지 않는 (19)와 같은 수동태구조에서는 *Wh*-이동의 적용시점이 주어 DP가 문장의 주어(T의 지정어) 위치로 인상된 후가 아니라 동사의 목적어로 기저위치에 남아 있을 때라고 주장한다. 즉, Chomsky(2005b)의 문법체계에 의하면 아래 구조분석 (20)을 통해 확인되는 바와 같이[12] (15)와 (19)의 경우는 모두 DP인 *{the driver of which car}*가 동사의 목적어 위치에 있는 (20)의 구조에서 *of which car*가 C의 탐색에 의해 C의 지정어(Spec-C) 위치로 인상된 경우이므로,[13] (19)는 (16)과 달리 (18)에서 기술하고 있는 주

12) (20)의 v는 비대격/수동태의 동사성 형태소(기능범주)이다. 대격의 동사성 형태소 v*를 갖는 경우에만 독립적인 내부국면(internal phase)인 v*P를 형성한다.

어섬 효과가 전혀 나타나지 않는다는 것이다.

(20) C [T [v [V [the driver of which car]]]]

그렇다면, 이제 (16)의 경우에 있어서도, 만약 *of which car*의 *Wh*-이동이 DP *{the driver of which car}*가 T와의 일치에 의해 주어위치로 인상되기 전 다음의 구조와 같은 기저위치에서 적용된다면 어떠한가?

(21) C [T [$_{v^*P}$ [the driver of which car] [v* [V XP]]]]

즉, (16)이 (21)의 구조에서 *of which car*가 C의 탐색에 의해 C의 지정어(Spec-C) 위치로 인상된 경우라면, (18)의 정의에 비추어 (16)도 실제의 경험적 현상과는 달리 주어섬 효과가 나타나지 않아야 한다. 그럼에도 불구하고 실상 (16)은 비문법적인 문장으로 판정된다.

Chomsky(2005b)에 의하면, 바로 이러한 문제는 위의 (13)~(19)와 관련한 논의에서 살펴본 최소탐색영역(minimal search domain)에 의해 설명된다고 주장한다. 즉, 위의 (16)이 (21)의 기저구조에서 직접 C의 탐색에 의한 *of which car*의 적출로 도출된 문장이라 하더라도, 위의 논의에 의하면 하위국면의 지정어 내부에 나타나는 요소는 어떤 것이라도 상위국면 탐침자의 최소탐색영역에 포함되지 못하므로 (요컨대, 이미 지나간 국면 v*P에 깊게 매입(deeply embedded)되어 있으므로) 그 지정어로부터 상위국면으로 적출될 수 없다. 따라서 (16)의 경우는 여전히 비문법적인 문장으로 판정된다. 이러한 섬효과(island effect)를

13) 이 경우를 좀 더 섬세히 기술한다면, (19)의 수동태구문에서는 *of which car*가 C의 지정어 위치로 직접 인상되지만, (15)의 타동사구문의 경우는 국면불가침조건(PIC)의 효과에 의해 중간 국면인 v*P의 지정어를 경유해 C의 지정어로 인상된다.

주어섬 효과와 구분하여 소위 '외재논항섬 효과(external argument island effect)'라 한다.

따라서 Chomsky(2005b)에서는 (11)의 일반 주어섬 효과를 포기하고 그 대안으로 외재논항섬 효과와 국면불가침조건(PIC)[14]을 묶어 다음 (22)와 같은 소위 '국면국부성 조건(phase locality condition)'을 제안하고 있다.

(22) 하위국면에 매입되어 있는 α 내부에 나타나는 요소는 이미 도출과정을 통과하였기 때문에 더 이상 상위국면의 연산에 접근할 수 없다. (The elements in α embedded in the lower phase, which has already been passed in the derivation, cannot be accessed in the next higher phase.)

위와 같은 분석을 받아들인다면, 이제 (15)~(16)의 대조는 물론 (19)의 현상까지도 (22)의 국면국부성 조건에 의해 설명될 수 있다.

그러나 (20)~(21)의 구조분석 하에서는 엄밀순환조건(strict cycle condition)과 관련되는 다음과 같은 중요한 문제가 제기된다.

(23) (i) T의 지정어(Spec-T) 위치로의 주어인상은 언제 일어나는가?
(ii) 국면의 외재논항(혹은 지정어)에 내포되는 요소는 그 국면의 외곽지정어를 경유해 상위 국면의 지정어로 인상될 수 없는가?

---

14) Chomsky(2001, 2004)에서는 다음과 같은 국면불가침조건(phase impenetrability condition: PIC)을 제안하고 있다.

(i) H가 강국면 HP의 핵이고, ZP는 차상위의 강국면일 때, H의 영역은 ZP의 순환단계에서 적용되는 연산작용에 참여할 수 없지만, H와 그것의 외곽 요소는 참여할 수 있다. (The domain of H is not accessible to operations at ZP, but only H and its edge, where H is the head of strong phase HP, and ZP is the next strong phase).

(i)의 국면불가침조건에 의하면, 강국면 HP의 핵(head)인 H와 그것의 외곽(edge)에 해당되는 지정어(Spec)와 부착요소(adjoined element)만이 차상위 강국면(the next strong phase) ZP의 연산작용(operation)에 참여할 수 있게 된다.

우선, 위의 논의와 직접 관련되는 (23ii)의 문제를 먼저 고려해 보자. (23ii)의 문제제기는 '(21)과 같은 구조에서 v*의 외재논항 내부에 나타나는 *of which car*가 v*의 외곽지정어(outer Spec)를 경유해 순환적으로 C의 지정어 위치로 인상될 수는 없는가?'로 구체화할 수 있다. 위에서 확인한 바와 같이, (21)의 구조에서 v*의 외재논항의 내부요소인 *of which car*는 상위국면의 탐침자의 최소탐색영역 내에 있지 않으므로 (22)의 국면국부성 조건에 의해 상위국면의 연산에 참여할 수 없다. 그러나 외재논항 내부에 있는 *of which car*가 v*의 외곽지정어(outer Spec)로 먼저 이동할 수 있다면, *of which car*는 국면불가침조건(PIC)의 정의에 따라 상위국면의 탐침자인 C의 최소탐색영역 내에 있게 되므로 (22)와 상관없이 C의 지정어 위치로 인상할 수 있게 된다. 그러나 이러한 문제는 β가 국면의 핵일 경우 β의 지정어 위치에 나타나는 γ는 β의 탐색영역에 속하지 않는다고 주장함(각주 11 참조)으로써 해결될 수 있다. 즉, 위의 (21)에서 v*의 지정어 위치에 나타나는 DP {*the driver of which car*} 자체가 v*의 탐색영역에 있지 않으므로 그 내부에 나타나는 *of which car*가 v*의 탐색에 의해 v*의 외곽지정어(outer Spec)로 내부병합된다는 것은 불가능하다. 사실상 국면의 핵이 탐침자로 목표물을 탐색하는 그것의 최소탐색영역은 그것의 보충어와 그 보충어의 모든 항이 되며, 그 보충어가 또 다른 국면을 이루면 국면불가침조건(PIC)의 정의에 의해 그 보충어의 지정어로 국한된다. 즉, 한 통사대상이 국면을 이룰 때 그것의 지정어는 그 핵의 최소탐색영역에 속하지 않고 오히려 상위국면에 있는 탐침자의 최소탐색영역에 속하게 된다. 그러므로 위의 (21)에서 *of which car*는 결코 v*의 탐색에 의해 v*의 외곽지정어로 인상되지 못한다.

이제 (23i)의 문제를 살펴보자. 위의 (10)의 정의에 의하면 T는 그것을 선택하는 C에 의해 비해석성 자질(uninterpretable feature)인 일치자질(Agree-feature)을 물려받는다. 따라서 T는 C에 의해 선택될 때까지는 일치의 연산에 참여할 수 없게 되며, T는 오로지 C에 의해 선택되어 C로부터 일치자질을 계승받은 이후의 CP의 국면에서만 일치자질에 대한 값을 부여받기 위해 일치의 연산에 참여하게 된다. 이러한 관점에서 Chomsky(2005b)의 수정 탐침자-목표물 문법체계에서는 C와 T는 T가 일치자질을 계승한 이후에 C-T의 연합체를 이루어 동시에 CP 국면의 연산에 참여한다고 본다. 따라서 Chomsky(2005b)의 수정 탐침자-목표물 문법체계에 의하면, (19)의 문장은 (20)의 구조에서 C의 외곽자질(EF)의 의한 *of which car*의 인상과 T의 일치자질(Agree feature)에 의한 {$_{DP}$ *the driver of which car*}의 인상이 동시에 나란히 일어난다고 본다. 그 결과 다음과 같은 통사대상이 도출된다(아래 구조는 복사이론에 입각해 흔적을 이동한 요소의 완전한 복사로 나타내고 있다. 복사는 음운부의 문자화 과정에서 삭제됨에 유의하라).

(24) [$_{CP}$ of which car [C [$_{TP}$ [$_{DP}$ the driver *of which car*] [T [$_{vP}$ [v [was found [$_{DP}$ *the driver of which car*]]]]]]]

이렇게 볼 때, (16)의 경우도 (21)의 구조에서 C-T 연합체의 탐색에 의해 C의 지정어 위치로의 *of which car*의 인상과 T의 지정어 위치로의 {$_{DP}$ *the driver of which car*}의 인상이 동시에 나란히 일어나지만, 이 경우는 위의 논의에서처럼 C의 지정어 위치로 인상되는 *of which car*의 적출이 (22)의 국면국부성 조건을 위반함으로써 비문법적인 문장으로 처리된다.

이제 앞서 3.1절에서 살펴본 (1b)와 (3b)의 대조에서 제기된 주어섬 효과의 문제가 Chomsky(2005b)의 문법체계 하에서 어떻게 설명되는지 살펴보자. 먼저 아래 예문들을 고려해 보자. ((25)=(16))

(25) *of which car did [the driver [*t* [cause a scandal]]?
(26) of which car is [the driver likely [*t* to [*t* cause a scandal]]]?

위에서 논의한 바에 따르면, (25)의 예문에 나타나는 비문법성은 국면국부성 조건 (22)에 의해 포착될 수 있다. 즉, (25)에서 종속절 CP 내에서 C의 탐색에 의해 C의 지정어(Spec-C) 위치로 인상된 *of which car*는 DP *{the driver of which car}*가 기저위치(즉, v*의 외재논항위치)에 있을 때 그 DP 내부로부터 적출된 것이라고 주장함으로써 (25)의 비문법성이 외재논항섬 효과(external argument island effect)를 내포하는 (22)의 국면국부성 조건에 의해 포착된다.

이러한 주장에 비추어보면, (26)의 경우에도 C의 지정어(Spec-C)로 인상된 *of which car*는 DP *{the driver of which car}*가 그것의 기저위치인 종속절 v*의 외재논항위치에 있을 때 그 내부로부터 적출된 것이므로 (26)도 역시 (22)의 국면국부성 조건에 따라 비문법적인 문장으로 판정되어야 하지만, 이러한 예상과는 달리 (26)의 경우는 실제로 문법적인 문장이다. 그러나 이 문제는 Chomsky(2005b)의 연속적 순환 논항이동(successive cyclic A-movement)의 가정에 의해 잘 설명될 수 있다.

Chomsky(2005b)에서는 앞선 (10)의 자질계승과 관련하여 다음과 같은 추가가정을 제시하고 있다.

(27) (i) 내부병합에 의한 이차병합을 유발하는 외곽자질은 오직 C와 v*의 외곽자질이다.
(Only C and v* have EF that can trigger second-Merge by IM.)
(ii) 이차병합을 유발하는 외곽자질은 국면의 핵으로부터 일치자질이 계승될 때 함께 계승될 수 있다.
(The second-Merge triggering EF can be inherited from the phase head along with the Agree-feature.)

(iii) 계승된 외곽자질은 일종의 자질확산작용에 의해 그 국면에 나타나는 모든 T에게 전달된다.
(The inherited EF extends, by some kind of feature-spread, to all T's in the phase.)

(27ii)의 가정에 의하면, C-T의 일치자질에 의해 T의 지정어 위치로 인상되는 내부병합은 바로 C로부터 계승된 T의 외곽자질에 기인한다는 사실을 알 수 있다. 이러한 가정을 채택하면, 이제 EPP-자질을 설정하지 않고도 T의 지정어 위치로 주어 명사구가 인상되는 EPP 현상을 포착할 수 있다. 또한, (27iii)에 의하면, 한 국면 속에 나타나는 모든 T가 자질확산작용에 의해 외곽자질을 갖기 때문에, 주절의 T나 V의 일치자질에 의해 야기되는 논항이동의 경우, 종속절이 인상구문(raising construction)이나 예외격표시구문(ECM construction)이면 이동요소가 종속절 T의 지정어를 경유하는 소위 연속적 순환 논항이동(successive cyclic A-movement)을 수행하게 된다. 즉, Chomsky (2005b)에서는 국면핵(C와 v*)으로부터 일치자질과 함께 외곽자질을 계승받은 어휘범주(T와 V)에 의해 그것의 지정어로 유인되는 논항이동(A-movement)은, (27iii)의 자질확산의 결과로, 유인 과정에 나타나는 모든 논항위치(A-position)를 순차적으로 경유한다고 가정한다.[15)]

이제, 이러한 연속적 순환 논항이동의 가정에 따르면, 위의 (25)와 (26)의 예문 사이에 나타나는 차이는 (26)에서는 (25)에서와 달리 주절의 C-T 연합체가 CP의 국면에서 v*의 외재논항인 *{the driver of which car}*과 의문사 *of which car*를 유인하는 도중에 *{the driver of*

15) Chomsky(2005b)는 논항/비논항 위치의 구분을 다음과 같이 정의하고 있다.
(i) 비논항위치는 국면핵의 외곽자질에 의해 인상되는 위치로서 C의 지정어와 v*의 지정어 위치이고, 그 이외의 위치는 논항위치이다.
(The A'-position is defined as one that is attracted by an edge feature of a phase head; hence typically in Spec-C or outer Spec-v*; Others are A-position.)

which car}가 먼저 논항위치인 종속절 T의 지정어 위치를 경유하게 된다는 점이다. 이 경우 {*the driver of which car*}의 이동이 종속절 T의 지정어 위치에 당도했을 때, 바로 주절 C의 외곽자질이 C-T의 연합체로서 의문사 *of which car*를 탐색하여 그것의 지정어로 유인하는 것이라면, 종속절 T의 지정어 위치는 비활성화된 논항연쇄의 머리도 아니며 v*의 외재논항과 같은 하위국면의 지정어도 아니기 때문에, 위의 일반 주어섬 효과 (18)이나 국면국부성 조건 (22) 등에 저촉됨이 없이 문법적인 문장이 된다.

사실상 국면을 형성하지 않는(즉, C에 의해 선택되지 않는) T는 일치자질을 물려받지 않으므로 그것의 지정어 위치를 경유하는 통사대상에게 값을 부여하지 않는다. 따라서 그 통사대상은 (11)의 비활동성 조건에 영향을 받지 않으며 (18)의 일반 주어섬 효과로부터도 자유롭다. 요컨대, 국면을 형성하지 않는 종속절 TP의 지정어 위치는 상위 주절국면의 입장에서 보면 마치 목적어 논항위치와 같은 효력을 나타낸다. 그러므로 C에 의해 선택되지 않는 T를 갖는 구문, 즉 위의 (26)과 같은 인상구문(raising construction)과 아래 (28)과 같은 예외격표시구문(ECM construction) 등에서는 일반적으로 (22)의 국면국부성 조건에 기인하는 외재논항섬 효과가 나타나지 않는다.

(28) of which car did they believe the driver to have caused a scandal?

위의 예문에서 {*the driver of which car*}의 이동 경로는 종속절 v*의 지정어 위치에서 시작하여, 종속절 T의 지정어를 거쳐 주절동사 *believe*의 지정어 위치까지이다.[16] 이 경우 {*the driver of which car*}가

16) Chomsky(2005b)에 의하면, C뿐만 아니라 v*의 경우도 일치자질과 외곽자질을 그가 선택하는 어휘항목(LI)에게 물려준다(각주 7참조). 따라서 v*의 경우도 v*-V의 연합체를 이루어 격자질을 갖는 목적어 DP를 연산을 통해 동사의 지정어(Spec-V) 위치로 인상한다. Chomsky(2005b)의 수정 탐침자-목표물 문법체계에서는 타동사구문에서 목적어 DP가

종속절 T의 지정어 위치에 당도했을 때 그 내부에 나타나는 의문사 *of which car*가 주절 v*의 외곽자질에 의해 v*의 지정어로 유인되고, 다시 그곳에서 주절 C의 유인에 의해 그것의 지정어 위치로 인상된다.

위와 같은 주어섬 효과의 논의에 비추어, 주어 DP 내부로부터 일어나는 외치(extraposition)의 경우는 Chomsky(2005b)의 수정 탐침자-목표물 문법체계에서 어떻게 설명될 수 있는지 살펴보자.

아래 문장을 고려해 보자.

(29) a. *the driver [*t* caused a scandal] *of the car*

b. *the driver is likely [*t* to [*t* cause a scandal] *of the car*

위의 (29)의 경우는 *of the car*가 주어 DP인 *{the driver of the car}*의 내부로부터 적출되어 문장의 후미로 이동한 소위 외치구문이다. 이러한 외치구문의 경우는 (29)의 예문에서 보여주듯이 'C에 의해 선택되지 않는 T를 갖는 연속적 순환 논항이동의 구문'이냐 아니냐에 상관없이 일률적으로 주어섬 효과가 나타난다. 이러한 점에서 Chomsky(2005b)에서는 외치는 협소통사부의 작용이 아니라 협소통사부의 작용이 완료된 후 국면이 감각운동접합부(SM interface)로 양도(TRANSFER)되는 과정에서 일어나는 문자화(Spell-Out)의 한 부분으로 본다. 즉, 외치가 협소통사부의 작용이라면 C에 의해 선택되지 않는 T를 갖는 인상구문인 (29b)의 경우가 (26)~(28)의 경우와 동일한 이유로 문법적이어야 하나, 오히려 주어섬 효과(subject island effect)를 나타내는 (25)와 (29a) 등의 일반타동사구문과 마찬가지로 비문법적인 문장으로 판정된다. 따라서 Chomsky(2005b)에서는 외치를 문자화의 한 부분으로 규정함으로써, (29)의 두 예문에서 *of the car*가

다음 (i)의 구조에서처럼 언제나 동사의 지정어 위치로 인상하게 된다.

(i) [$_{v^*P}$ they [v* [$_{VP}$ [$_{DP}$ a picture of John] [bought $t_{\text{a picture of John}}$]]]]

이미 협소통사부의 연산에 의해 문장의 주어위치(즉, T의 지정어)로 인상된 DP 내부로부터 적출되어 문미로 이동한 것으로 볼 수 있기 때문에, 이들 문장의 비문법성이 단순히 일반적인 주어섬 효과에 기인하는 것으로 본다.[17]

3.4 부가어섬 효과

이제 앞선 3.1절의 예문 (1c)을 통해 확인한 부가어섬 효과의 문제가 Chomsky(2005b)의 수정 탐침자-목표물 문법체계에서 어떻게 해결될 수 있는지 고려해 보자.

먼저 Chomsky(2004)에 의하면, 병합(Merge)은 자질일치(feature agreement)를 위한 병합과 술어합성(predicate composition)을 위한 병합으로 나누어지며, 전자를 조병합(set-Merge)이라 하고 후자를 쌍병합(pair-Merge)이라 한다. 조병합에는 의미역이론적 논항구조(θ-theoretic argument structure)를 구성하는 외부병합(external Merge)과 이동(Move-α)에 의한 내부병합(internal Merge)이 있다.[18] 기존의 탐침자-목표물 문법체계에서는, α가 β에 병합될 때, 조병합은 $\{\alpha, \beta\}$로 표시하고 쌍병합은 $\langle\alpha, \beta\rangle$으로 표시한다. 또한 Chomsky(2004)에서는 병합은 언제나 자유롭게 이루어진다는 자유병합(free Merge) 이론을 채택하며, 어떠한 병합도 모두 각 순환단계에서 이루어진다는 소위 순환병합(cyclic Merge) 이론을 채택한다.[19]

---

17) 이때의 주어섬 효과는 위의 예문 (25)와 관련되는 외재논항섬 효과와도 구분이 되며, 외치가 외곽자질(EF)의 탐색에 의한 이동이 아니라면 (11)의 비활동성 조건과도 무관한 현상이다. 그러나 만약 외치가 C나 v*의 외곽자질의 유인에 의한 것이라면 외치의 경우에 나타나는 주어섬 효과는 (11)의 비활동성 조건에 기인하는 (18)의 일반 주어섬 효과에 의해 설명할 수 있다.

18) 지배-결속 이론 등 최소주의 이전의 언어이론에서는 조병합을 대체(substitution)라 하고, 쌍병합을 부착(adjunction)이라 했다.

그러면 다음 예문을 고려해 보자.

(30) [$_{wh-}$ which [$_{\alpha}$ [$_{NP}$ picture [$_{\beta}$ of Bill]] [$_{ADJ}$ that John liked]]] did he buy t_{wh-}

위의 문장에서 문두로 이동된 의문사구 속에 나타나는 *Bill*은 주절의 주어인 *he*와 동일인물(즉, 연결)이 될 수 없으나, *John*은 같은 의문사구 속에 나타남에도 불구하고 *he*와 동일인물이 될 수 있다. Chomsky(2004)의 순환병합이론에 따르면 *picture*의 논항(argument)인 β와 부가어(adjunct)인 ADJ가 모두 α의 순환단계에서 병합되므로, *Bill*뿐만 아니라 *John*까지도 *he*에 연결된다면 모두 결속조건 (C)의 위반이 초래되어 어떤 경우라도 당연히 비문법적인 문장으로 처리되어야 한다. 왜냐하면, 탐침자-목표물 문법체계에서는 의문사구의 이동으로 남는 흔적은 바로 그 의문사구의 복사(copy)로서 의문사구와 동일한 내면구조를 갖는다고 가정하기 때문이다.[20)]

이러한 문제를 해결하기 위해서 Chomsky(2004)는 다음과 같은 부가어성분통어회피제약(adjunct c-command avoidance constraint)을 제안하고 있다.

(31) α가 β에 부착하여 쌍병합 〈α, β〉를 이룰 때, X가 β를 성분통어하는 관계는 〈α, β〉에서 계속 유지되지만, 이러한 성분통어관계가 부착요소인 α에까지 확장되지 않는다.
(When α is adjoined to β, the relation c-command (X, β) is still kept in 〈α, β〉, but extension of c-command to the adjoined element

19) 이러한 주장은 부착의 경우에는 후삽입(late insertion)에 의해 역순환적으로(counter-cyclically) 병합된다는 Lebeaux(1988)의 주장에 반론이 된다.

20) 이러한 문제점을 해결하기 위해 Lebeaux(1988)은 논항의 병합은 순환적(cyclic)이나, 부가어의 병합은 역순환적(counter-cyclic)인 것으로, (30)에서 ADJ는 의문사구가 문두로 이동한 후에 다시 의문사구 내부에 삽입된다는 것이다.

α must be avoided.)

위의 제약이 주어지면, 부착구조(adjunction structure)를 이루는 부가어(adjunct)는 그 외부로부터 어떠한 성분통어관계도 유지할 수 없으므로, 이제 (30)에서 부가어 ADJ 속에 나타나는 *John*이 비록 *he*와 동일인물을 지시한다고 해도 결코 결속원리 (C)의 위반이 일어나지 않는다.

그러나 다음의 예문을 고려해보자.

(32) he asked $[_{wh-}$ which $[_{\alpha}$ $[_{NP}$ picture $[_{\beta}$ of Bill]] $[_{ADJ}$ that John liked]]] did he buy t_{wh-}

위의 예문 (32)는 (30)의 예문이 "he asked…"라는 문맥 속에 종속절로 매입되어 있는 경우인데, 이 예문에서는 *John*은 결코 주절의 *he*와는 동일지시를 가질 수 없다. 이러한 지시현상은 이 예문에서 주절의 주어 *he*가, 부가어성분통어회피제약 (31)의 예측과 달리, 부가어 ADJ뿐만 아니라 ADJ의 구성요소들을 모두 성분통어고 있음을 말해준다. 따라서 Chomsky(2004)에서는 이러한 문제를 해결하기 위해서 다음과 같은 단순화(simplification) 작용 SIMPL을 제안하고 있다.

(33) 단순화 SIMPL은 문자화가 적용되는 국면에서 쌍병합 $\langle\alpha, \beta\rangle$을 조병합 $\{\alpha, \beta\}$으로 변환한다.
(SIMPL converts $\langle\alpha, \beta\rangle$ to $\{\alpha, \beta\}$ at the phase where Spell-Out applies.)

(33)에 의하면 쌍병합은 그것에 문자화가 적용되는 국면에서 조병합으로 변환되고, 따라서 그 이후에는 그 병합구조에 (31)의 제약이 적용되지 않으므로 병합구조 속에 내포되는 부가어뿐만 아니라 그 부가어의 구성소들도 외부로부터 얼마든지 성분통어를 받을 수 있게 된다.

본장에서는 바로 이러한 (31)과 (33)으로 구성되는 부가어의 부착 구조에 대한 문법장치들이 (1c)와 관계되는 소위 부가어섬 효과 현상을 포착할 수 있다. 즉, Chomsky(2001, 2004)에 의하면, 이동(Move)은 일치(Agree)/수반(Pied-Pipe)/병합(Merge)의 연합 작용인데, 이중 일치(Agree)는 반드시 탐침자(Probe)가 목표물(Goal)를 성분통어할 경우에만 적용되는 연산이다. 따라서 이동을 수행하는 요소는 일치(Agree)의 연산을 위해 반드시 그 탐침자로부터 성분통어되어야 한다. 따라서 명시적 이동(overt movement)이 일어나는 협소통사부의 도출단계에서는 아직 (33)의 SIMPL이 적용되지 않으므로 외부의 탐침자가 결코 부가어 내부의 목표물을 성분통어하지 못하게 되고, 그 결과 부가어 내부로부터는 어떠한 요소도 이동에 의해 적출될 수 없다. 바로 이러한 부가어 내부로부터의 적출 불가능성이 바로 부가어섬 효과이며, 따라서 부가어섬 효과는 근원적으로 (31)의 부가어 성분통어 회피제약에 기인하는 것임을 알 수 있다.

그러나 Chomsky(2001, 2004)에 의하면 명시적 이동과 달리 비명시적 이동의 경우는 양도(문자화)와 SIMPL이 적용된 이후의 도출에 적용되므로,[21] 비명시적 이동의 경우는 탐침자가 성분통어를 통해 부가어 내부의 목표물과 일치를 이룰 수 있게 되고, 따라서 비명시적 이동의 경우는 결코 부가어섬 효과를 야기하지 않고 자유롭게 그 부가어 바깥으로 내부의 목표물을 적출할 수 있게 된다.

아래 (34)의 비교를 고려해보자.

(34) a. ***where** does you like the picture of John that Mary bought *where*?
b. *where* who like the picture of John that Mary bought **where**?

---

21) Chomsky(2001, 2004)에서는 이동에는 양도(문자화)의 연산이 적용되기 전에 적용되는 명시적 이동(overt movement)과 그 후에 적용되는 비명시적 이동(covert movement)의 두 가지 이동이 있다고 본다.

즉, 위의 예문에서 where가 양도 후 문자판독된 의문사인데, (34a)는 'where'가 명시적 이동을 한 경우로 기저위치에 복사(copy) *where*가 나타나고, (34b)는 비명시적 이동의 경우로 이동한 문두의 위치에 복사 *where*가 나타난다. 'where'가 명시적 이동을 한 (34a)는 비문법적이나, 비명시적 이동을 한 (34b)의 경우는 문법적이다.

그러나 Chomsky(2005b)의 무한계병합(unbounded Merge)에 기인하는 (5)~(6)의 문법체계 하에서는 오로지 {α, β}로 이루어지는 조병합(set-Merge)만 존재하며, 〈α, β〉로 표현되는 쌍병합(pair-Merge)은 더 이상 협소통사부에서 허용되지 않는다(각주 10참조). 따라서 Chomsky(2004)의 문법체계 하에서 쌍병합 구조에 의존하여 주장되었던 (31)과 (33)의 작용도 제거된다.

그렇다면 Chomsky(2005b)의 문법체계 하에서는 어떻게 부가어섬 효과를 포착할 수 있는가?

Chomsky(2005b)에 의하면, 이러한 문제는 바로 위 3.2절에서 고찰한 표찰연산공식 (7)~(8)에 의해 해결될 수 있다고 주장한다. 즉, 협소통사부에서 부가어처럼 {XP, YP}의 부착 구조를 갖는 통사대상은 XP와 YP 중에 어느 것도 핵이 될 수 없으므로 위에서 제시한 (7)~(8)의 표찰연산공식에 의해 표찰이 결정될 수 없으며, 따라서 다음의 정의에서와 같이 부가어 내부로는 탐침자(즉, 표찰)의 최소탐색영역이 "잘못된 선택"에 의해 결정될 수 없기 때문에 부가어섬 효과가 발생한다고 본다.[22]

(35) XP와 YP 중에 어느 것도 핵이 될 수 없는 XP-YP 구조에서는 최소탐색이 한 가지 방법으로 정의될 수 없는 "잘못된 선택"이 발생하므로 섬효과를 낳는다.[23]

22) Chomsky(2005b)에서는 최소탐색영역은 Kayne의 '연결성(connectedness)'과 Huang의 '적출영역조건(CED)'의 개념에 입각해 결정될 수 있다고 본다.

(Minimal seach is not uniquely defined in XP-YP structure where XP nor YP is a head: the "wrong choice" yields island effects.)

그러나 (35)의 "잘못된 선택"이란 개념에 의존한 부가어섬 효과의 설명은 다음과 같은 반증에 직면하게 된다.

(36) a. who did John [[[talk to t_{who}] in the church] yesterday]?
b. where did John [[[talk to Mary] t_{where}] yesterday]?
c. when did John [[[talk to Mary] in the church] t_{when}]?

위의 예문들은 모두 {XP, YP}의 부착구조를 갖는 각괄호(bracket)로 표현된 구성소 속에서 의문사들이 문두로 이동한 의문문들이다. (35)의 정의에 의하면, 이러한 부착구조 속으로는 "잘못된 선택"이 야기되므로 어떠한 탐침자의 탐색도 이루어질 수 없고, 따라서 결코 부착구조 바깥으로는 어떠한 이동도 일어날 수 없게 된다. 그러나 이러한 예측과는 달리 (35)의 예문은 모두 문법적이다. 그러므로 (35)의 정의는 결코 타당한 제약조건으로 인정될 수 없고, 또한 (36)에 의존해 부가어섬 효과를 포착하려는 Chomsky(2005b)의 시도도 적절한 설명이 될 수 없다.

그러나 부가어섬 효과에 관한 한, (35)와 같은 주장에 의존하지 않고도, 또 다른 설명이 Chomsky(2005b)의 문법체계 하에서 강구될 수 있다. 즉, 위 3.2절에서 논의한 (5)~(6)의 정의에 의하면, 무한계 병합(unbounded Merge) 이론을 채택하는 수정 탐침자-목표물 문법체계에서는 오로지 비한정적인 자유병합(free Merge)에 의한 조병합만

23) Chomsky(2005b)에서는 부가어섬 효과를 다음과 같이 표현하기도 한다.
(i) 부가어는 탐침자의 탐색영역에 있지 않으므로 부가어섬 효과가 발생한다.
(The adjunct-island subcase follows if an adjunct is not in the search domain of the probe.)

존재하며, 또한 병합에 의해 도입되는 요소는 그 병합의 순서에 따라 지정어-보충어 구별(specifier-complement distinction)이 이루어진다. 즉, 첫 번째 병합에 의해 핵과 결합하는 요소는 보충어이나 두 번째 이상의 병합에 의해 도입되는 요소는 모두 지정어로 규정된다. 따라서 사실상 지정어(specifier)와 부가어(adjunct)의 구분이 없어지며, 부가어도 정의에 의해 지정어로 분류된다. 이 경우, 만약 Chomsky(1995)의 주장에서처럼 부가어가 의미역적 효과를 갖지 않는 기능범주에 부착하는 요소라면,[24] 부가어는 CP나 v*P의 지정어로 분류될 수 있다.[25] 이와 같이, 부가어가 외재논항과 같이 국면을 이루는 기능범주의 지정어라면, 이제 부가어섬 효과는 외재논항섬 효과와 동일한 섬효과로 볼 수 있다.

또한 위 3.2절에서 논의한 바와 같이 외재논항섬 효과는 국면국부성 조건(phase locality condition) (22)에 내포되는 것이므로, 결과적으로 부가어섬 효과도 주어섬 효과와 마찬가지로 Chomsky(2005b)의 문법체계 내에서 국면국부성 조건 (22)에 의해 포착된다.

3.5 맺음말

이상의 논의에서와 같이 본장에서는 영어에 나타나는 주어섬(subject island)과 부가어섬(adjunct island) 등의 섬효과(island effects) 현상이 최근

---

24) Chomsky(1995)에서는 외현통사부에서 부착이 허용되는 경우는 다음과 같다고 본다.
(i) a. 어형성(word formation)을 이루어 논리형태에서 단어해석(WI)을 받을 때
b. 의미적으로 공허한 표적(semantically vacuous target)일 때
c. 논리형태에서 부가어가 삭제될 때
위의 정의 중 (ib)가 바로 의미역할당과 무관한 기능범주에는 부가어의 부착이 허용되나 의미역할당에 관여하는 동사구 등의 범주에는 부가어의 부착이 허용되지 않는다는 것을 의미한다.

25) 각주 6)에서 언급하고 있는 바와 같이 DP도 국면을 이룬다면, 명사구를 수식하는 부가어의 경우는 DP의 지정어로 분류된다.

Chomsky(2005b)에서 주장되고 있는 수정 탐침자-목표물 문법체계(Revised Probe-Goal Framework) 내에서 어떻게 포착될 수 있는지 검토해 보았다.

본장의 검토에 의하면, 먼저 (15)~(17)의 대조에서 나타나는 주어섬 효과의 문제는 탐침자의 최소탐색영역의 결정에 적용되는 (22)의 국면국부성 조건에 의해 설명될 수 있음이 밝혀졌고, 또한 (27)에 기인하는 연속적 순환 논항이동의 가정에 입각하면, (25), (26), (28)의 예문 사이에 나타나는 주어섬 효과상의 차이는 인상구문과 예외격표시구문에 내포되는 종속절 T의 지정어 위치가 비활성화된 논항연쇄의 머리도 아니며 v*의 외재논항과 같은 하위국면의 지정어도 아니기 때문에, 결과적으로 일반 주어섬 효과 (18)이나 국면국부성 조건 (22) 등에 저촉되지 않는다는 주장에 의해 포착되었다. 한편, 본장에서는 (5)~(6)의 정의에 입각해 부가어를 일종의 지정어로 분류함으로써 부가어섬 효과까지도 (22)의 국면국부성 조건에 의해서 포착될 수 있음을 밝히고 있다.

결론적으로 본장을 통해 우리는 영어에 나타나는 주어섬 효과와 부가어섬 효과 등의 섬효과 현상은 모두 Chomsky(2005b)의 수정 탐침자-목표물 문법체계에서 제안하고 있는 소위 국면국부성 조건에 의해 포착될 수 있음을 확인하였다.

4장
that-절의 섬효과 현상

4.1 머리말

전통문법(Traditional Grammar)에서는 영어에서 문장의 주어나 술어의 보충어 위치에 나타나는 *that*-절을 소위 명사절(noun clause)로 분류한다. 그러나 Chomsky(1986a, b) 이후 생성문법(Generative Grammar)에서는 영어의 *that*-절을 포함하여 자연언어에 나타나는 모든 절을 획일적으로 CP로 규정해왔다. 본장에서는 영어의 *that*-절에 초점을 맞추어, 이 *that*-절이 갖는 다양한 문법적 특성을 최근 Chomsky(2005a, 2005b, 2006)에서 제시되고 있는 강력 최소주의적 관점(strong minimalist perspective)에서 분석함으로써 *that*-절에 대한 새로운 통사적 분류를 시도하며, 이러한 시도를 근거로 영어의 *that*-절이 나타내는 다양한 섬효과(island effect) 현상이 본장에서 제안하는 새로운 최소주의적 문법체계 하에서 효과적으로 포착될 수 있음을 입증하고자 한다.

4.2 *that*-절의 섬효과

먼저, 아래 예문들을 고려해 보자.

(1) a. What$_i$ did he think [that John read t$_i$]?
b. Who$_i$ does he know [that John doesn't like t$_i$]?
c. Which helicopter$_i$ does Jeff believe [that Heinrich bought t$_i$]?
d. Who$_i$ did she say [that she met t$_i$ in Oswego]?
e. What$_i$ will you deny [that they said t$_i$]?
f. What kind of progress$_i$ does it appear [that they are making t$_i$]?
g. Who$_i$ does it seem [that John loves t$_i$]?

위 (1)의 예문들이 보여주는 바는 영어에서는 동사의 보문(complement clause), 즉 동사의 보충어 위치에 나타나는 *that*-절은 대부분 *wh*-이동에 대해 섬효과(island effect)를 나타내지 않는다는 것이다.

이러한 *that*-절의 무섬효과(no island effect) 현상은 최근 Chomsky(2005a, 2005b, 2006)의 수정 탐침자-목표물 문법체계(Revised Probe-Goal Framework)에서 제안하는 다음과 같은 강력 최소주의적 가정(Strong minimalist assumptions)에 의해 잘 포착된다.

(2) (i) Only CP and v*P are strong phases.
(ii) C and v* are the strong phase-heads, and their Agree-feature is inherited by the LI they select.
(iii) The second-Merge triggering EF can be inherited from the strong phase head along with the Agree-feature.
(iv) Only C and v* have EF that can trigger second-Merge by IM.
(v) The domain of H is not accessible to operations at ZP, but only H and its edge, (where H is the head of strong phase HP, and ZP is the next strong phase).

위 (2i)는 강국면(strong phase)의 정의이고, (2ii-iv)는 이동을 유발하는 동인인 외곽자질(edge feature: EF)의 특성에 관한 가정이며, (2v)는 이동을 통제하는 소위 국면불가침조건(phase impenetrability condition: PIC)의 정의이다. (2)의 가정에 의하면 최소주의 문법체계에서는 이동은 강국면 단위로 순환적으로 일어나야 한다.

이러한 최소주의적 가정에 의하면, (1)의 예문들은 다음 (3)과 같은 과정으로 도출된다. 편의상 (1a)의 도출 과정을 대표적인 사례로 든다.

(3)

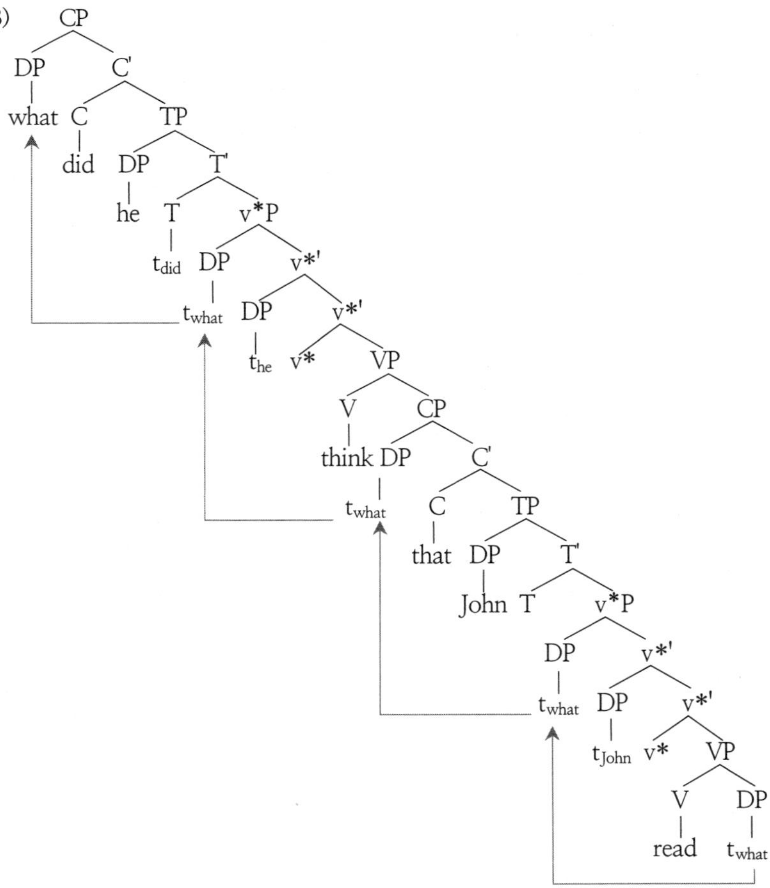

즉, 위의 도출에서 *what*은 (2iii)의 국면불가침조건(PIC)에 의해 각 강국면의 순환마다 그 강국면의 (외곽)지정어((outer) Spec) 위치를 경유하여 상위 강국면의 (외곽)지정어 위치로 이동함을 알 수 있다. 이러한 *what*의 이동 과정에서 보문인 *that*-절은 강국면을 이루는 CP로서 그것의 핵인 [$_C$ that]은 (2ii)의 가정에 의해 외곽자질(EF)을 가지며, 이 외곽자질의 효과에 의해 *what*은 *that*-절인 CP의 지정어 위치를 경유하여 상위의 강국면인 v*P의 외곽지정어 위치로 이동할 수 있다. 따라서 *what*의 이동은 *that*-절을 건넘에 있어서 국면불가침조건(PIC)을 위반하지 않으므로 (1)의 모든 예문에서 보문인 *that*-절이 전혀 섬효과를 나타내지 않는 *that*-절의 무섬효과(no island effect) 현상이 설명된다.

이러한 최소주의적 주장에 따르면, 영어에서 *that*-절은 언제나 강국면 CP를 이루므로 그 내부에 나타나는 *wh*-요소는 그것의 지정어 위치를 경유하여 상위 강국면의 (외곽) 지정어 위치로 이동할 수 있어야 하며, 따라서 언제나 *that*-절은 무섬효과 현상을 나타내어야 한다.

그러나 이러한 예상은 다음 (4)~(6)의 예문들을 고려하면 사실이 아님이 확인된다.

(4) a. *Who$_i$ did she snap [that she met t$_i$ in Oswego]?
 b. *Who$_i$ did she cackle [that she met t$_i$ in Oswego]?
 c. *Who$_i$ did she pipe up [that she met t$_i$ in Oswego]?

(5) a. *What$_i$ did John complain [that he had to do t$_i$ this morning]?
 b. *What$_i$ did John regret [that he had to do t$_i$ this morning]?

(6) a. The helicopter which$_i$ Jeff believes [that Heinrich bought t$_i$] does not exist.

b. *The helicopter which$_i$ Jeff believes [that Heinrich bought t$_i$] does not exist, but Sandra believes it anyway.

즉, (4)의 경우는, Ross(1967)에 의하면, *that*-절을 보문으로 취하는 주절 동사(matrix verb)가 발화양태동사(manner-of-speaking verb)인 경우이며, 발화양태동사가 취하는 *that*-절 보문을 특히 '*Krispy Klauses*'라 부르는데, 이들 *that*-절은 언제나 섬효과를 나타낸다는 것이다.1)

또한, (5)의 경우는, Kiparsky and Kiparsky(1970)에 의하면, *that*-절을 보문으로 취하는 주절 동사가 *complain*, *regret*, *resent*, *ignore* 등과 같은 사실성 동사(factive verb)인 경우에도 *that*-절은 언제나 섬효과를 나타낸다는 것이다.

그리고 (6)의 예문들은 *that*-절이 모두 *believe*의 보문으로 나타나는 경우이지만, (a)의 경우는 섬효과를 나타내지 않으나 (b)의 경우는 섬효과를 나타낸다. (a)와 (b)의 외견상 차이점은 (a)와 달리 (b)의 경우에는 보문인 *that*-절을 지칭하는 대명사 *it*이 후속하는 절 내에 존재한다는 것인데, Williams(1972)는 이와 같이 *that*-절이 자신을 지칭하는 대명사 *it*가 존재하는 경우는 내부구조제약(Internal Structure Constraint)의 통제를 받는 경우로 언제나 섬효과를 나타낸다고 주장하고 있다.2)

아무튼, 현재로서는 (4)~(6)에 제시되는 예문들은 모두 (2)의 가정에 기초한 (3)과 같은 최소주의적 주장에 심각한 반증이 된다.

---

1) 이러한 발화양태동사들의 보문이 '섬(island)'이 된다는 것은 Foder(1967)에 의해 처음으로 언급이 되었다. 발화양태동사에는 (4)의 예문들에 제시되는 동사 이외에도 *snort, chortle, guffaw, mumble, grumble, moan, shiek, litter* 등 많은 동사들이 있으며, Zwicky(1971)에서는 이러한 동사의 특성에 대해 더욱 자세히 언급하고 있다.

2) G. Williams(1972)는 이와 같은 *that*-절의 섬효과를 다음 (i)와 같은 소위 내부구조제약(Internal Structure Constraint)로 설명하고 있다.

(i) *Internal Structure Constraint*: A constituent may not serve as an antecedent if any node properly contained within it has been moved outside of it by a chopping transformation.

본장에서는 최근 Chomsky(2005b)에서 제안하는 표찰연산공식(labelling algorithm)에 입각하여, 영어의 *that*-절에 대한 새로운 통사적 분석을 제시함으로써, (4)~(6)의 예문에 나타나는 *that*-절의 섬효과 현상이 각기 다른 요인에 기인하는 별개의 현상들이 아니라, 하나의 동일한 통사적 근거에 기인하는 현상이며, 모두 최소주의적 가정 하에서 (2v)의 국면불가침조건(PIC)에 의해 포착되는 섬효과 현상임을 밝히고자 한다.

4.3 *that*-절의 통사적 분석

Chomsky(2005b)에서 제시하는 수정 탐침자-목표물 문법체계(Revised Probe-Goal Framework)에 의하면 개념의도체계의 요구를 충족하기 위해서는 병합(Merge)은 다양한 의미의 통사구조를 만들어 내어야 하는데, 이를 위해 병합은 외부병합(external Merge: EM)와 내부병합(internal Merge: IM)의 두 장치로 이루어져야 한다고 본다. 즉, 이들 두 유형의 병합은 의미의 이중성(duality of semantics)에 부합되는 장치들로, 외부병합은 계층적 구조형상(cartographic hierarchies)을 구축함으로써 의미역을 할당을 위한 논항구조(argument structure)를 생성하며, 내부병합은 전위(displacement)를 유발함으로써 작용역 효과(scopal effects)와 함께 구정보(old information), 특정성(specificity) 등과 같은 담화관련 특성(discourse-related properties)을 만들어 낸다고 본다.

한편, 병합에 의해 도출된 통사대상이 계속되는 협소통사부의 연산에 참여하기 위해서는 표찰이 결정되어야 하는데, 표찰의 결정은 다음 (7)과 같은 표찰연산공식(labelling algorithm)에 의해 이루어진다.

(7) (i) In {H, α}, H an LI, H is the label.
(ii) If α is internally merged to β, forming {α, β} then the label of

β is the label of {α, β}.)

(7i)에서는 연산공식의 결과로 α가 H의 보충어(complement)가 되며, (7ii)에서는 α가 β의 지정어(Spec)가 됨을 의미한다.3) 위의 두 표찰연산공식은 모든 경우의 통사대상에 대해 표찰을 결정하지만, 경우에 따라서는 두 공식이 상충되기도 한다. 예컨대, 모든 도출의 첫 단계에서는 항상 두 어휘항목이 병합되는데, 이 경우 (7i)에 의하면 두 항목 중에 어느 것이라도 그 통사대상의 표찰이 될 수 있다. 또한, 내부병합의 경우에 있어서도, 만약 이동을 통해 비어휘범주 β에 내부병합되는 요소가 어휘범주 α라면, 이 경우에도 (7i)에 의하면 α가 표찰이 되어야 하며, (7ii)에 의하면 β의 표찰이 되어야 한다. 두 번째 경우의 예를 살펴보자.

(8) what [C [$_{TP}$ you wrote t]]

위의 예문은 *what*이 CP에 내부병합을 이룬 경우로서, 사실상 최소주의 이전의 생성문법에서는 획일적으로 CP의 구조로 분석되어 왔다. 그러나 이제 (7ii)에 의하면 C가 표찰로 투사될 수 있으므로 (8)은 의문문 CP로서 *wonder*와 같은 동사의 보충어로 사용되지만, 내부병합된 *what*이 또한 어휘범주이므로 (7i)에 의해 *what*이 표찰이

---

3) 이러한 표찰연산공식의 결과를 도식으로 살펴보면 다음과 같다.

(i) (7i)의 결과: a. {H, α} ⇒ {H, {H, α}}

b.

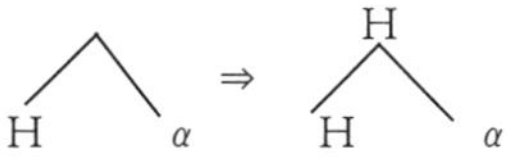

(ii) (7ii)의 결과: a. {α, {β, {β, XP}}} ⇒ {β, {α, {β, {β, XP}}}}

b.

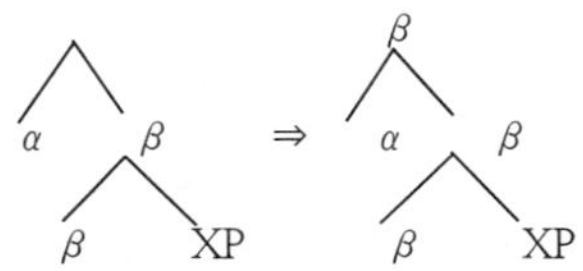

될 수도 있고, 이 경우는 (8)이 자유관계절(free relative)로서 *what*을 핵으로 갖는 DP가 되므로 *read*와 같은 동사의 목적어로 사용될 수도 있다.[4)]

(9) a. I wonder [$_{CP}$ *what* [$_{C'}$ C [$_{TP}$ *you wrote*]]].
  b. I read [$_{DP}$ *what* [$_{CP}$ C [$_{TP}$ *you wrote*]]].

즉, 표찰연산공식 (7)에 의하면, (8)의 도출은 CP로 분석될 수도 있으며 동시에 DP로도 분석될 수 있다. CP로 분석될 경우에는 *know*, *ask*, *inquire*, *wonder* 등과 같이 [+ ______ CP[+WH]]의 하위범주화자질(subcategorization feature)을 갖는 동사들의 보충어(complement)가 될 수 있으며, DP로 분석될 경우에는 *want*, *read*, *get*, *deny* 등과 같이 [+ ______ DP]의 하위범주화자질을 갖는 동사들의 보충어가 될 수 있다.

이와 같이 외견상 동일한 하나의 표현이 표찰연산공식 (7)의 효과에 의해 두 가지의 다른 구조로 표현되고, 그 구조 표현에 따라 각기 상이한 동사들에 의해 선택(selection)될 수 있다면, 본장에서는 표찰연산공식 (7) 하에서 *that*가 갖는 범주적 속성에 따라 영어의 *that*-절에 대해 다음과 같이 두 가지 상이한 구조로 분석하고자 한다.

(10) a. b.

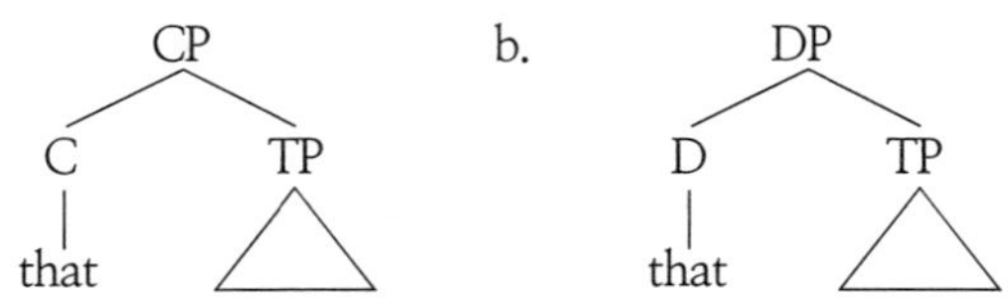

4) 사실상 위의 (7)의 표찰연산공식은 통사대상의 도출과정에서 아무런 조건 없이 자유롭게 적용된다. 이 경우 위의 (9)에서 보충어가 서로 뒤바뀌어 나타날 수 있지만, 이러한 경우도 연산의 효율성 원리를 위반하는 경우가 아니기 때문에 의미접합부에서 수렴(converge)되어 개념의도체계에 의해 괴짜표현(deviant)으로 해석될 수 있다.

즉, 영어에서 어휘항목(lexical item) *that*는 범주적으로 보문소(complementizer: C)이기도 하지만, 동시에 한정사(determiner: D)이기도 하다. (7)의 표찰연산공식 하에서 *that*이 TP와 병합될 때 그것의 어휘적 범주 속성에 따라 그것의 표찰(혹은 투사(projection))이 C(P)가 되기도 하고, 또는 D(P)가 되기도 한다.[5] 따라서 이들의 차이는 *that*-절이 CP로 분석될 때는 [+ ______ CP]의 하위범주화자질을 갖는 동사들의 보충어로 선택될 수 있고, DP로 분석될 경우에는 당연히 [+ ______ DP]의 하위범주화자질을 갖는 동사들의 보충어로 선택되어야 한다. 또한, 전통적인 생성문법(generative grammar)적 관점에서는 CP로 분석되는 *that*-절의 외연적 의미(denotation)가 때로는 순수주술관계(pure subject-predicate relation)인 명제(proposition)를, 때로는 존재하는 대상(existent object)인 사건(event)을 나타낸다고 보았지만, 이제 (10)의 분석 하에서는 *that*-절이 CP일 경우는 명제(proposition)를, DP일 경우는(일반적으로 DP는 지시성(referentiality)을 갖는 표현이므로) 사건(event)을 나타내는 것으로 자연히 구분된다.[6]

---

5) *that*이 보문소(complementizer: C)일 때는 TP만을 보충어로 선택하지만, 한정사(determiner: D)일 경우에는 아래 (i)에서와 같이 사실상 NP뿐만 모든 구범주(XP)들을 보충어로 취할 수 있음이 확인된다.

(i) a. John doesn't like [$_{DP}$ that [$_{NP}$ girl]].
b. John isn't [$_{DP}$ that [$_{AP}$ fond of Mary]].
c. I can't go [$_{DP}$ that [$_{AdvP}$ far]].
d. He couldn't get [$_{DP}$ that [$_{VP}$ drunk]] in two hours.

6) Bolinger(1972)는 (i)의 예문들에서와 같이 *that*-절의 *that*도 경우에 따라서는 *the*와 *so*와 같은 지시적 요소(deictic element)가 될 수 있음을 확인하여 주고 있다.

(i) a. ??I'm sorry time is short.
b. I'm sorry *the* time is short.
c. I'm sorry time is *so* short.
d. I'm sorry *that* time is short.

4.4 동사의 유형 분류

기존의 생성문법에서는 *that*-절을 보문을 취하는 주절 동사들을 일률적으로 [+ ______ CP]의 하위범주화 자질을 갖는 동사로 분류하였지만, 이제 *that*-절의 구조가 위 (10)의 분석에서처럼 CP와 DP의 두 가지로 분석된다면 이러한 유형 분류는 더 이상 유지될 수 없다. 본절에서는 *that*-절을 보문으로 취하는 동사들의 문법적 특성을 자세히 관찰하고, 이러한 관찰을 토대로 위 (10)의 분석 하에서 이들 동사들에 대한 새로운 유형 분류를 시도하고자 한다.

먼저, Kayne(1981)과 Stowell(1981)의 관찰에 의하면 *that*-절을 보문으로 취하는 동사들은 크게 교량동사(bridge verbs)와 비교량동사(non-bridge verbs)로 구분되는데, 교량동사는 *that*-절의 보문소인 *that*의 생략이 가능하나 비교량동사는 *that*의 생략이 불가능하다는 것이다.

(11) a. He pretended (that) he was a friend of mine.
b. John supposes (that) she is going to be married in this gown.
c. I hope (that) you will meet your parents in Paris.
d. He thinks (that) you have to put up with so much.

(12) a. We managed to detect *(that) there were two coaches.
b. We could discern *(that) they were running.
c. She snapped *(that) she met someone in Oswego.
d. She cackled *(that) she bought something in Seoul.

이러한 교량/비교량 동사의 구분에 의한 *that*의 생략 가능성을 위 (10)의 분석에 입각해 재해석 해보면, (10a)의 분석에서처럼 *that*-절이 CP인 경우는 CP의 핵이 되는 *that*가 보문소(complementizer: C)로서 문장 내에서 아무런 의미적 기여가 없으므로 자유롭게 생략될 수 있으나, (10b)에서처럼 *that*-절이 DP로 분석될 경우에는 DP의 핵이 되는 *that*가 한정사(determiner: D)로서 지시적 의미(deictic meaning)를 갖기 때문에 결코 생략될 수 없는 것이라고 볼 수 있다.[7] 이러한 해석이 가능하다면, 교량/비교량 동사의 구분은 다음과 같이 하위범주화자질(subcategorization feature)로 유형 분류될 수 있다.

(13) (i) [+ ______ CP] (교량동사의 경우)
  (ii) [+ ______ DP] (비교량동사의 경우)

즉, [+ ______ CP]의 하위범주화자질을 갖는 동사들은 *that*가 Chomsky & Lasnik(1977)의 주장에서처럼[8] 자유롭게 생략될 수 있으나, [+ ______ DP]의 하위범주화자질을 갖는 동사들은 *that*가 결코 생략될 수 없음이 확인된다.

그러면, 다음 예문들을 고려해 보자.

(14) a. A: "What's new?."
  B: "I learned (that) we were getting a new chairman."

 b. A: "What did you learn in school today?"
  B: "I learned *(that) Johnson was president 1963-68."

(15) a. Jeff believes (that) John will paint the car.
 b. Jeff believes *(that) John will paint the car if you don't do it.

---

7) Chomsky(1965)의 복원가능성 조건(recoverability condition)에 의하면, 제거변형(Deletion)에 의해 문장에서 생략될 수 있는 요소는 언제나 복원이 가능한 요소에 한정된다는 것이다. 따라서 의미적 기여가 없는 요소는 복원이 가능하지만, 의미적 기여가 있는 요소는 복원이 불가능하므로 제거변형에 의해 생략될 수 없다.

8) Chomsky & Lasnik(1977)에서는 자유보문소삭제(Free COMP Deletion) 규칙을 제안함으로써 동사의 보충어로 나타나는 *that*-절의 *that*는 언제나 자유롭게 생략될 수 있음을 암시하고 있다.

(16)[9] a. I observed (that) he was ready.

b. I suddenly observed *(that) he was ready.

위 (14)~(16)의 예문들을 관찰해 보면, 동사 *learn/believe/observe* 등은 그들의 보문인 *that*-절의 *that*가 문맥이나 상황에 따라서 생략 가능한 경우와 그렇지 않은 경우로 구분된다. 즉, 위의 예문들에서 (a)의 경우는 *that*가 자유롭게 생략될 수 있으나 (b)의 경우는 그렇지 않다. 이러한 현상은 *that*-절을 보문으로 취하는 주절 동사의 유형 분류를 단순히 (13)에만 의존할 수 없음을 의미한다.

위 (10)의 분석에 입각해서 (14)~(16)의 현상을 해석해 본다면, 각 예문에서 (a)의 경우는 *that*-절이 CP이지만 (b)의 경우는 DP임을 말해준다고 볼 수 있다. 즉, 위의 예문 (14)~(16)에서 (a)와 (b)의 차이는 (a)에서는 *that*-절이 의미적으로 순수 주술관계인 명제(proposition)를 나타내지만, (b)의 경우는 주어진 상황과 문맥 하에서 *that*-절이 모두 이미 존재하는 정보(piece of information)를 나타내는 사건(event)이 된다는 것이다. 본장의 주장 하에서는 명제는 생성문법의 전통적인 관점에서와 같이 단순히 CP로 나타나지만, 이미 존재하는 정보는 지시성을 가지므로 DP로 나타나야 한다는 것이다.

따라서 (14)~(16)의 예문들에서 관찰되는 바에 의하면, *that*-절을 보문으로 취하는 동사 중에서는 위 (13)의 유형에 속하는 동사 이외에 *learn/believe/observe* 등과 같이 다음 (17)의 하위범주화자질을 갖는 동사류도 존재한다는 사실이 확인된다.

(17) [+ ______ $\begin{Bmatrix} CP \\ DP \end{Bmatrix}$]

9) "*He suddenly understood that they had done it*" is viewed as an acquired piece of information. "*He suddenly understood it was true*" is acceptable because the speaker's viewpoint intervenes : it was true all along.

또한, 다음 (18)~(20)의 예문을 관찰해 보자.

(18) I *suppose/think/guess/hope/pretend* so/*it.

(19) I *believe/expect/wish/imagine/understand/deny* so/it.

(20) I *complain/regret/resent/snap/cackle/snort/mumble/grumble* *so/it.

위 (18)~(20)의 예문은 동사의 보문으로 나타나는 *that*-절의 대체형(pro-form)이 주절동사의 종류에 따라서 *so*나 *it*, 혹은 둘 다로 나타나고 있음을 보여주고 있다. Anderson(1968)에서는 (18)에서와 같이 *that*-절의 대체형으로 *so*만 취하는 *suppose/think/guess/hope/pretend*와 같은 동사들을 '취지성 동사(contentive verbs)'라 하고, (19)에서와 같이 *so*와 *it* 둘 다 취하는 *believe/expect/wish/imagine/understand/deny*와 같은 동사들을 '명제성 동사(propositional verbs)'라 하며, (20)에서와 같이 *it*만을 취하는 *complain/regret/resent/snap/cackle/snort/mumble/grumble* 등의 동사들을 '사실성 동사(factive verbs)'라 구분하여 위 (18)~(20)의 예문에 나타나는 현상을 설명하고자 하고 있다.

이러한 동사류의 분류를 본장의 분석 (10) 하에서 재해석하면, 위에서 언급한 바처럼 *that*-절이 CP로 분석되는 경우는 명제(proposition)이지만 *that*-절이 DP로 분석될 경우는 사건(event)을 나타낸다. 명제는 지시성을 갖지 못하나 사건은 지시성을 갖는다. 따라서 명제인 CP는 그것의 대체형(pro-form)이 *so*가 되어야 하나, 사건인 DP는 그것의 대체형이 지시를 갖는 대명사인 *it*가 되어야 한다. 이러한 분석이 가능하다면, *suppose/think/guess/hope/pretend* 등의 취지성 동사는 (13i)의 하위범주화 유형에, *complain/regret/resent/snap/cackle/snort/mumble/grumble* 등의 사실성 동사는 (13ii)의 하위범주화 유형에, 그리고 *believe*

/*understand*/*wish*/*imagine*/*understand*/*deny* 등과 같은 명제성 동사는 (17)의 하위 범주화 유형에 속하는 것으로 분류할 수 있다.

따라서 본장에서는 *that*-절을 보문으로 취하는 영어의 동사들에 대한 하위범주화를 다음 (21)과 같이 제안하고자 한다.

(21) (i) [+ ______ CP]의 하위범주화자질을 갖는 동사: *suppose*, *think*, *guess*, *hope*, *pretend*, etc.

(ii) [+ ______ {CP / DP}]의 하위범주화자질을 갖는 동사: *believe*, *expect*, *wish*, *imagine*, *understand*, *deny*, *learn*, *say*, *speak*, *tell*, etc.

(iii) [+ ______ DP]의 하위범주화자질을 갖는 동사: *complain*, *regret*, *resent*, *detect*, *discern*, *snap*, *cackle*, *snort*, *chortle*, *guffaw*, *mumble*, *grumble*, etc.

즉, *suppose*, *think*, *guess*, *hope*, *pretend* 등은 CP만을 보충어로 취하는 동사류에 속하며, *believe*, *expect*, *wish*, *imagine*, *understand*, *deny*, *learn*, *say*, *speak*, *tell* 등은 그들의 보충어로 CP뿐만 아니라 DP까지도 취할 수 있는 동사류에 속하고, 그리고 *complain*, *regret*, *resent*, *detect*, *discern* 등의 소위 사실성 동사(factive verbs)와 *snap*, *cackle*, *snort*, *chortle*, *guffaw*, *mumble*, *grumble* 등의 발화양태동사(manner-of-speaking verbs)는 DP만을 그들의 보충어로 취하는 동사류에 속한다.

한편, Bolinger(1970)에서는 아래 예문 (22)~(24)에서 보여주는 바와 같이 동사의 보문으로 나타나는 *that*-절 앞에 모든 경우는 아니지만 선택적으로 대명사 *it*가 나타날 수 있다는 사실을 관찰하면서, *that*-절 앞에 *it*가 허용되는 경우는 그 *it*가 뒤에 오는 *that*-절의 내용이 이미 존재하는(pre-existent) 사실일 뿐 아니라 구체적(concrete) 사실임을 말해 준다고 주장하고 있다.

(22) a. Mary thought (*it) that she met John yesterday.
b. Mary snapped (it) that she met John yesterday.
c. Mary regretted (it) that she met John yesterday.
d. We managed to detect (it) that there were two coaches.

(23) a. A: "What's new?"
B: "I learned (*it) that we were getting a new chairman."
b. A: "What did you learn in school today?"
B: "I learned (it) that Johnson was president 1963-68."

(24) a. I observed (*it) that he was ready.
b. I suddenly observed (it) that he was ready.

위와 같은 Bolinger(1970)의 주장을 본장에서 제안한 *that*-절에 대한 (10)의 분석과 동사에 대한 (21)의 유형 분류에 입각하여 재해석하면, 일반적으로 생성문법에서는 *that*-절은 외치(extraposition)가 가능하다고 보는데, *that*-절이 CP로 분석될 경우에는 그것이 외치될 때 기저위치에 재생대명사를 남길 수 없으나, DP일 경우에는 그것이 지시적 표현이므로 선택적으로 그것의 기저위치에 재생대명사를 남길 수 있는 것이다.[10] 만약, (22)~(24)의 경우가 *that*-절의 외치가 명시적으로 확인되지 않는 일종의 공허한 이동(vacuous movement)을 나타내는 경우라면, (22)~(24)의 예문에서 대조되는 재생대명사 *it*에 관한 Bolinger(1970)의 관찰도 본장에서 제안하는 *that*-절에 대한 (10)의 분석과 *that*-절을 보문으로 취하는 동사들에 대한 (21)의 유형 분류가 언어

10) Ross(1967)은 DP의 이동이 그것의 기저위치에 재생대명사를 남기는 경우를 일반적인 이동(movement)과 구분하여 '전위(Dislocation)'라 하고, 아래 (ib)에서 보여주고 있는 바와 같이 전위는 이동과 달리 섬 제약을 준수하지 않음을 확인하고 있다.

(i) a. *Your father*, everyone thinks (*he*) is a great guy.
b. *Your father*, I will never believe the claim that *(*he*) is guilty.

학적으로 의미 있는 주장임을 다시 한 번 입증해 준다.

또한, (25)의 예문에서 확인되는 바와 같이 *that*-절을 보문으로 취하는 동사 중에는 영어에는 위의 동사의 유형 분류 (21)에서 포함되지 않은 소위 '인상동사(raising verbs)'가 있다.

(25) a. It seems that John will forget the beer.
b. It appears that Mary likes Bill.

일반적으로 생성문법에서는 DP는 격여과장치(Case Filter)의 효과에 의해 반드시 격(Case)을 부여받는 위치에 나타나야 한다고 보는데,[11] 영어에서 인상동사는 대격동사(accusative verb)로 분류되지 않기 때문에 그것의 보충어에게 격(Case)을 부여할 수 없고, 따라서 격을 부여 받아야 할 DP는 그것의 보충어가 될 수 없다면, 인상동사는 (21i)의 [+ ______ CP] 유형에 속하는 동사로 밖에 분류될 수 없다. 다음 (26)~(28)의 예문은 이러한 예측이 사실임을 확인해 준다.

(26) It seems/appears [(*that*) they are making good progress].

(27) A: Are they making good progress?
B: It doesn't seem/appear *so*/**it*.

(28) It seems/appears (*it) [*that* they are making good progress].

즉, (21i)의 유형에 속하는 다른 동사들과 마찬가지로 인상동사의 경우도 보문인 *that*-절이 (26)에서와 같이 *that*의 생략을 허용할 뿐만 아

11) Chomsky(1981)에서는 격여과장치(Case Filter)를 다음 (i)과 같이 설정하고 있다.
(i) $*[_{NP}\ \alpha]$, if α has no Case and α contains a phonetic matrix or a variable.

니라, (27)에서 확인되는 바와 같이 그것의 대체형으로 *so*만을 허용하며, (28)에서 확인되는 바와 같이 지시적 요소(deictic element)도 될 수 없다.

4.5 강력 최소주의적 해결방안

이제, 본장에서 제안하는 위 (10)의 구조분석과 (21)의 유형 분류 하에서, 위 4.1절에서 제기된 *that*-절의 섬효과와 관련되는 문제들이 최근 Chomsky(2005a, 2005b, 2006)의 강력 최소주의 문법체계 하에서 어떻게 해결될 수 있는지 고려해 보자.

이미 앞선 (1)의 예문들에서 관찰된 바와 같이 영어에서 동사의 보충어 위치에 나타나는 소위 보문절인 *that*-절은 *wh*-이동에 아무런 섬효과를 나타내지 않는다. 이러한 *that*-절의 무섬효과(no island effect) 현상은 최근 Chomsky(2005a, 2005b, 2006)의 수정 탐침자-목표물 문법체계(Revised Probe-Goal Framework)에서 제안하는 위 (2)의 강력 최소주의 가정 하에서 국면불가침조건(PIC)에 의해 잘 포착될 수 있음을 (3)의 도출 과정을 통해 확인하였다.

그러나 위 (4)~(6)의 예문들을 통해 제기된 바와 같이, 발화양태동사(manner-of-speaking verb), 사실성 동사(factive verb), 그리고 내부구조제약(Internal Structure Constraint)의 통제를 받는 경우들은 모두 *that*-절이 언제나 *wh*-이동에 대해 섬효과를 나타내고 있음이 확인되었고, 이러한 *that*-절의 섬효과는 현재로서는 (3)의 도출을 보장하는 최소주의 가정 (2)에 직접적인 반증이 된다.

이제, 본장에서 제안하는 위 (10)의 구조분석과 (21)의 유형 분류에 의하면, *that*-절이 *wh*-이동을 허용하는 (1)의 경우는 보충어 위치에 나타나는 *that*-절이 CP로 분석되는 경우이나, *that*-절이 *wh*-이동을 허용하지 않는 (4)~(6)의 경우는 보충어 위치에 나타나는

that-절이 DP로 분석되는 경우임이 확인된다. 요컨대, 본장 (10)과 (21)의 주장 하에서는 (1)과 (4)~(6)의 예문들 사이에 *that*-절이 나타내는 섬효과의 차이는 결국 주절동사의 보문인 *that*-절이 CP로 분석되는지 혹은 DP로 분석되는지에 귀결된다. 따라서 이제 이 시점에서 해결해야 하는 문제는 CP *that*-절은 *wh*-이동을 허용하나 DP *that*-절은 왜 *wh*-이동을 허용하지 않는지의 문제이다. 좀 더 압축해서 말하면, *that*-절이 CP로 분석되는 경우 *that*-절이 그 내부에서 바깥으로 *wh*-이동을 허용하는 현상은 이미 (2)의 최소주의적 가정 하에서 (3)의 도출에 의해 확인되었으므로, 남은 문제는 *that*-절이 DP인 경우는 왜 *that*-절이 *wh*-이동을 허용하지 않는지의 문제이다. 이 문제를 해결하기 위해 본장에서는 위 (2i-iv)에서 제시한 강국면(strong phase)과 외곽자질(edge feature: EF)에 관한 가정을 다소 수정하여 다음 (29i-iv)에서와 같이 제안하고자 한다.

(29) (i) Only CP and v*P are strong phases, but DP is also a strong phase where its head D selects TP.
(ii) If C, v*, and D are the strong phase-heads, their Agree-feature is inherited by the LI they select.
(iii) The second-Merge triggering EF can be inherited from the strong phase head along with the Agree-feature, but the EF of D disappears after inherited to T.
(iv) The EF of strong phase-heads can trigger second-Merge by IM.

위 (29)의 정의에 의하면, 이제 CP와 v*P뿐만 아니라 DP까지도 그것의 핵인 D가 TP를 선택할 경우에는 강국면으로 규정한다.[12)]

12) Svenonius(2003)과 Hiraiwa(2005)에서도 DP가 구조적으로 CP와 유사하다는 점에서 강국면으로 취급해야 한다고 주장하고 있다. 이러한 주장은 자연언어에 나타나는 모든 기능범주(functional categories)가 모두 국면의 핵이 될 수 있다는 점에서 Chomsky(2001, 2004, 2005b)에서보다 더욱 일반성이 있는 주장이 된다.

또한 강국면으로서 DP가 CP와 v*P와 다른 점은 C와 v*의 경우에는 그것의 외곽자질이 각기 자신들이 선택하는 어휘핵인 T와 V에 계승된 후에도 사라지지 않고 자신들에게도 여전히 남아있지만, D의 경우에는 그것의 외곽자질을 T에게 물려주게 되면 자신에게서는 사라진다는 것이다.

가장 최근의 최소주의 문법체계인 Chomsky(2005a, 2005b, 2006)의 수정 탐침자-목표물 문법체계(Revised Probe-Goal Framework)에서는 국면불가침조건(PIC)의 효과에 의해 강국면의 (외곽)지정어 위치는 그 강국면의 내부에서 상위 강국면으로 이차병합(second-Merge)하는 이동에 대한 일종의 탈출구 역할을 하게 되는데, 이러한 탈출구 역할을 하기 위해서는 그 강국면의 핵이 반드시 외곽자질을 가지고 있어야 한다. 왜냐하면, (2iv)와 그것의 수정안인 (29iv)에 의하면, 강국면의 핵이 외곽자질을 가지고 있어야만 그것의 (외곽)지정어 위치에 이차병합을 허용할 수 있기 때문이다. 이러한 점을 고려하면, 이제 DP가 (29i)의 정의에 따라 그것의 핵인 D가 TP를 선택할 경우 강국면이 된다 하더라도, (29iv)의 정의에 의하면 강국면 DP는 그것의 핵인 D가 더 이상 외곽자질을 소유하고 있지 않기 때문에 그 지정어 위치가 상위 강국면으로 이차병합하는 이동에 대해 탈출구의 역할을 할 수 없게 된다. 결과적으로 하위 강국면에서 탈출구를 제공받지 못하는 이러한 이동은 바로 (2v)에서 제안하는 국면불가침조건(PIC)을 위반하게 되어 비문법적인 문장을 도출하게 된다. 따라서 앞선 (4)~(6)의 예문에서 제기되었던 *that*-절의 섬효과 문제는 본장에서 주장하고 있는 (10)과 (21)의 제안과, 그리고 (29)의 새로운 최소주의적 가정 하에서 국면불가침조건 (2v)에 의해 포착된다. *that*-절이 섬효과를 나타내는 (4)~(6)의 예문들이 도출되는 과정은 다음 (30)의 구조표현에서와 같다. (4a)의 경우를 대표적인 사례로 제시해 본다.

(30) $[_{CP}$ who $[_{C'}$ C $[_{TP}$ she $[_{T'}$ T $[_{v*P}$ t_{who} $[_{v*'}$ t_{she} $[_{v*'}$ v* $[_{VP}$ snap $[_{DP}$ that $[_{TP}$ she $[_{T'}$ T $[_{v*P}$ t_{who} $[_{v*'}$ t_{she} $[_{v*'}$ v* $[_{VP}$ $[_{V'}$ met $[_{DP}$ t_{who}]] in Oswego]]]]]]]]]]]]]]]

즉, 위 (30)의 도출 과정을 살펴보면, (30)의 내부에 포함되는 강국면은 모두 $[_{CP}$ $[_{v*P}$ $[_{DP}$ $[_{v*P}$]]]]의 4개이다. 수정 탐침자-목표물 문법체계에 의하면 협소통사부(narrow syntax)에 적용되는 연산(computation)은 강국면 단위로 순환단위(cycle)를 이루므로 위의 (30)은 4 단위의 순환 과정을 거쳐 도출된다. 그 첫 순환단위는 종속절 속에 나타나는 첫 번째 강국면인 v*P인데, 이 v*P 순환의 도출은 다음과 같다.

(31) $[_{v*P}$ who $[_{v*'}$ she $[_{v*'}$ v* $[_{VP}$ $[_{V'}$ met $[_{DP}$ t_{who}]] in Oswego]]]

즉, 위 (31)의 도출 과정에서 종속절의 목적어 *who*는 강국면인 v*P의 외곽 지정어 위치에 이차병합을 이루는데, 이 과정에서 who는 하위 강국면을 건너지 않았을 뿐만 아니라 v*가 강국면의 핵으로 외곽자질을 가지고 있기 때문에 who가 v*P의 외곽 지정어 위치에 이차병합을 이루는 데 아무런 문제가 없다.

(30)에서 두 번째 순환단위는 *that*-종속절인 DP인데, 이 순환단위의 도출과정은 다음과 같다.

(32) $[_{DP}$ that $[_{TP}$ she $[_{T'}$ T $[_{v*P}$ who $[_{v*'}$ t_{she} $[_{v*'}$ v* $[_{VP}$ $[_{V'}$ met $[_{DP}$ t_{who}]] ....

즉, 위의 도출에서 강국면 DP의 핵인 *that*은 (29iii)의 가정에 의해 그것의 외곽자질은 자신이 선택하는 어휘항목인 T에 전달되며, 자신은 외곽자질을 갖지 않는다. 따라서 *that*로부터 외곽자질을 계승받은 T는 (29iv)의 가정에 의해 그것의 지정어 위치로 문장의 주어인 *she*의 이차병합을 허용하나 *that*은 이차병합을 허용하지 않는다. 이 경우 *she*의 이차병합은 강국면인 v*P을 건너 이루어졌지만 그것의 기저위치가 v*P의 외곽인 지정어 위치이므로 (2v)의 국면불가침조건(PIC)을 위반하지 않는다. 따라서 (32)의 도출은 합법적인 도출이 된다.

(30)에서 적용되는 세 번째 순환단위는 주절의 v*P인데, 이 순환단위의 도출과정은 다음과 같다.

(33) $[_{v^*P}$ who $[_{v^{*\prime}}$ she $[_{v^{*\prime}}$ v* $[_{VP}$ snap $[_{DP}$ that $[_{TP}$ she $[_{T'}$ T $[_{v^*P}$ t_{who} $[_{v^{*\prime}}$ t_{she} $[_{v^{*\prime}}$ v*…

즉, (33)의 순환단위에서 주절 v*P는 강국면으로서 그것의 핵인 v*가 외곽자질을 소유하고 있기 때문에 v*P의 외곽 지정어 위치에 이차병합을 허용한다. 따라서 장차 주절 CP의 지정어 위치로 병합되어야 할 *who*가 이미 한 차례 이차병합을 이룬 종속절 v*P의 외곽 지정어 위치로부터 이동하여 주절 v*P의 외곽 지정어 위치로 다시 한 번 이차병합을 이루게 된다. 이 경우, 주절 v*P의 차 하위에 나타나는 강국면은, (29i)의 정의에 의하면, 종속절 v*P가 아니라 *that*-종속절인 DP가 된다. 따라서 위의 도출 (33)에서 주절 v*P의 외곽 지정어 위치로 이차병합하는 *who*의 이동은 차 하위 국면인 *that*-절 DP의 외곽 지정어 위치를 경유하지 않았기 때문에 국면불가침조건(PIC)을 위반하게 된다. 결과적으로 (33)의 도출은 국면불가침조건 (2v)의 위반으로 파산(crash)된다. 이제 아래 (34)의 최종 순환단위에서 보여주는 후속의 연산과 상관없이 (30)의 도출은 비합법적인 도출로 판정된다.[13]

13) 참고로, Chomsky(2005b)의 수정 탐침자-목표물 문법체계에서는 강국면 CP의 순환단위에서 그것의 핵인 C는 자신의 일치자질을 계승할 때 외곽자질까지도 T에게 계승하며, C와 T가 탐침자로서 C-T의 연합체를 이루어 함께 그들의 목표물을 탐색하며, 탐색 과정에서 그들과 일치하는 목표물이 발견되면 평행이동(parallel movement)에 의해 그들의 목표물을 동시에 그들의 지정어 위치로 병합한다고 본다. 이러한 주장에 따르면, (34)의

(34) [$_{CP}$ who [$_{C'}$ C [$_{TP}$ she [$_{T'}$ T [$_{v*P}$ t_{who} [$_{v*'}$ t_{she} [$_{v*'}$ v* [$_{VP}$ snap [$_{DP}$ that [$_{TP}$ ……

4.6 문법체계의 일반화

위에서 우리는 Chomsky(2005b)의 표찰연산공식(labelling algorithm) (7)에 입각하여 영어의 *that*-절은 (10)의 분석에서처럼 CP와 DP 두 가지로 분석될 수 있음을 주장하였고, 이러한 분석을 기초로 주절 동사의 유형에 따라 *that*-절이 나타내는 다양한 섬효과 현상을 최근 최소주의 문법체계 내에서 포착할 수 있음을 보여주고자 하였다. 이러한 논의 과정에 제안된 주장의 핵심은 *that*-절이 CP일 경우는 무섬효과(no island effect) 현상을 나타내지만, *that*-절이 DP로 분석될 경우는 *wh*-이동에 대해 섬효과(island effect)를 나타낸다는 것이다. 또한, *that*-절이 CP와 DP로 분석될 때, 이러한 분석의 타당성을 입증해 주는 많은 경험적 증거를 확인하였다. 이 중 흥미로운 증거는 *that*-절이 CP로 분석될 경우는 그 절의 핵인 *that*가 자유로이 생략될 수 있으며, 또한 *that*-절의 대체형(pro-form)으로 *so*가 사용되지만, *that*-절이 DP로 분석될 경우는 그 절의 핵인 *that*가 결코 생략될 수 없으며, *that*-절의 대체형(pro-form)으로도 *so*가 사용되지 않고 *it*가 사용된다는 사실이다.

그렇다면, 이제 *that*-절과 관련하여 *that*이 생략될 수 있는지와 *that*-절의 대체형으로 so가 사용될 수 있는지의 여부가 바로 *that*-절의 섬효과를 결정하는 중요한 측도가 된다고 볼 수 있다.

아래에서는 (10)의 분석과 (29)의 가정을 채택하고 있는 본장의

도출은 의문사 *who*의 이동과 주어 *she*의 이동이 동시에 일어남으로써 그렇지 않을 경우에 발생할 수 있는 엄밀순환성 조건(strict cycle condition)의 위반을 면하게 된다.

문법체계가 보다 광범위한 관련 현상에 대해 효과적인 설명을 제공할 수 있는지 점검해 보고자 한다.

먼저 아래 예문들을 고려해 보자.

(35) a. John is delighted [that Mary passed her exam].
b. Jane is afraid [that she can't come till next week].
c. Mary is certain [that this is the right road].

위 (35)의 예문들은 영어에서 *that*-절이 형용사(adjective)의 보충어로도 사용될 수 있음을 보여주고 있다.14) 그렇다면, 이들 형용사의 보충어로 사용되는 *that*-절은 과연 CP인가 DP인가? 이 질문에 대해 간단한 예측은 CP일 것이라는 것이다. 왜냐하면, DP는 격여과장치의 효과에 의해 반드시 격(Case)을 부여받는 위치에 나타나야 하는데, 형용사는 [-N] 범주가 아니므로 격을 부여할 수 없기 때문이다.15) 아래 예문 (36)~(37)은 이러한 예측이 사실임을 확인해 준다.

(36) a. John is delighted [(*that*) Mary passed her exam].
b. Jane is afraid [(*that*) she can't come until next week].
c. Mary is certain [(*that*) this is the right road].

(37) A: Will you have to pay duty on this?
B: I'm afraid *so*./I'm not certain *so*.

즉, 본장의 주장에 따르면, *that*-절이 CP일 경우는 그 대체형이 *so*가 될 뿐 아니라 또한 보문소 *that*의 생략도 가능한데, 과연 (36)~

14) 이들 형용사 이외에도 영어에는 *glad, pleased relieved, sorry, anxious, aware, confident, conscious, convinced* 등 *that*-절을 보충어로 취하는 많은 형용사들이 있다.

15) Chomsky(1981)과 Stowell(1981)에 의하면, 동사와 전치사와 같이 [-N]으로 분류되는 어휘범주와 [+tense]을 갖는 INFL만이 격을 부여한다고 본다.

(37)은 형용사의 보충어로 사용되는 *that*-절의 경우는 이들 현상이 모두 나타남을 확인해 주고 있다.

또한, 본장의 주장이 옳다면, 영어에서 형용사의 보충어로 사용되는 *that*-절이 CP일 경우 CP의 핵인 *that*는 외곽자질을 가지므로 그 CP 내부로부터 상위 강국면으로 이동하는 이차병합에 대해 탈출구를 제공할 수 있어야 하는데, 과연 아래 예문은 이러한 예측도 사실임을 확인해 준다.

(38) a. Which exam is John delighted [(that) Mary passed $t_{\text{which exam}}$]?
b. Until when is Jane afraid [(that) she can't come $t_{\text{until when}}$]?
c. What kind of road is Mary certain [(that) this is $t_{\text{what kind of road}}$]?

또한, 다음 예문을 고려해 보자.

(39) a. I distrust the claim [that Bill had left the party].
b. John's belief [that he would win the race] was misguided.

즉, 예문 (39)는 영어에서 *that*-절이 *claim/belief* 등과 같은 명사(noun)의 보문으로도 사용될 수 있음을 보여준다.[16] 위에서 언급한 격과 관련된 논의에 의하면, 명사도 [-N] 범주가 아니므로 그것의 보충어에 격을 부여할 수 없고, 따라서 명사의 보문인 *that*-절도 형용사의 보문과 마찬가지로 CP로 분석되어야 할 것이다. 그러나 Stowell(1981: 398)의 관찰에 의하면 아래 (40)의 예문에서와 같이 명사의 보문 *that*-절에서는 *that*가 결코 생략될 수 없음이 확인된다.[17]

---

16) 영어에서 *that*-절을 보문으로 취할 수 있는 명사에는 *claim/belief* 이외에 *allegation, announcement, discovery, fact, fear, quarantee, hope, knowledge, promise, proposal, report, rumour, suggestion, suspicion* 등이 있다.

17) 명사 보문(noun complement)의 경우에는 대체형 so와 it의 사용을 통한 검증은 불가능하다. 왜냐하면 대체형 *so*의 경우는 속성상 부사(adverb)이므로 그것을 보충어로 취하는 어휘핵이 동사나 부사일 때만 허용되며, it은 DP이므로 격이 부여되는 위치에서만 나타날 수 있기 때문이다.

(40) a. I distrust the claim [*(that) Bill had left the party].
b. John's belief [*(that) he would win the race] was misguided.

위 (40)의 예문은 명사의 보문인 *that*-절이 우리의 예상과는 달리 결코 CP로 분석될 수 없음을 말해 주고 있다. 즉, *that*의 생략과 관련하여 볼 때 명사 보문인 *that*-절은 DP의 속성을 나타낸다. 그러면, 어떻게 영어에서 명사의 보문인 *that*-절이 DP로 분석될 수 있는가? 이 문제에 대해 Stowell(1981)은 지금껏 명사의 보문으로 취급되어 왔던 *that*-절은 사실상 그 명사로부터 의미역(θ-role)을 받는 위치에 있지 않음을 확인하고, 따라서 그 명사의 보충어(보문)가 아니라 오히려 그 명사를 포함하는 구범주(phrase) DP와 동격(apposition)의 위치에 나타나는 동격절이라고 본다. 이러한 분석에 의하면 명사구 DP와 동격의 위치에 있는 *that*-절은 당연히 DP로 분석되어야 하므로 (40)의 예문에서 왜 *that*의 생략이 불가능한지가 본장의 주장 하에서 포착된다.

Ross(1967)와 Chomsky(1986b) 등 기존의 생성문법적 주장에 의하면 아래 (41)의 예문에서와 같은 명사보문(noun complement) 구문의 섬효과 현상은 복합명사구제약(CNPC)이나 하위인접조건(Subjacency)에 의해 포착된다고 보아왔지만, 이제 본장의 문법체계 하에서는 더 이상 이러한 생성문법적 제약과 조건을 설정하지 않더라도 (29)의 가정 하에서 국면불가침조건 (2v)에 의해 자연히 설명될 수 있다.

(41) a. *Which party$_i$ does John distrust the claim [that Bill had left t_i]?
b. *Which race$_i$ was John's belief [that he would win t_i] misguided?

그러면, 다음 예문들을 고려해 보자.

(42) a. They made the claim [(that) the rain caused the accident].

b. Which accident$_i$ did they make the claim [that the rain caused t_i]?

(43) a. We got the message [(that) they were coming by train].
b. How$_i$ did you get the message [that they were coming by train t_i]?

위 (42)~(43)의 예문은 앞선 논의에서와 달리 영어의 명사보문인 *that*-절이 경우에 따라서는 CP로 분석될 수 있음을 말해주고 있다. 그러나 이러한 문제는 Hornstein & Weinberg(1981)의 주장을 받아들인다면 쉽게 설명된다. 즉, Hornstein & Weinberg(1981)에 의하면 위의 예문에서 [make the claim](=claim)와 [get the message](=hear)는 모두 가능술어(possible predicate)를 이루기 때문에 통사적 재분석 규칙[18]에 적용을 받아 통사부에서 단일구성소 V*라는 복합동사로 재분석된다. 이러한 주장에 의하면, 위 (42)~(43)의 예문에서 명사보문으로 나타나는 *that*-절은 모두 [+ ______ CP]의 하위범주화자질을 갖는 복합동사 V*의 보문으로 분석될 수 있으므로, 여전히 (42)~(43)에 나타나는 문법적 현상도 모두 본장의 문법체계 하에서 포착될 수 있다.

또한, 위 (10)의 *that*-절에 대한 새로운 구조분석은 다음 (44)에 제시되는 바와 같은 문장주어(sentential subject)를 갖는 구문에 대해서도 언어학적으로 의미 있는 분석(linguistically significant analysis)을 가능하게 해 준다.

(44) a. [*That you heard about Roger*] surprises me.
b. [*That my mother was safe*] came as a relief.

즉, Chomsky(1986a)에 의하면 문장의 주어 위치는 확대투사규칙(extended projection principle: EPP)에 의해 언제나 주어를 가져야 하며,

---

18) Hornstein & Weinberg(1981)에서는 다음 (i)와 같은 통사적 재분석규칙(Reanalysis)을 주장하고 있다.
(i) V→V*(where V c-commands all elements in V*)

문장의 주어는 언제나 명사적 표현(nominal expression)인 DP가 된다고 본다. 그러나 문장의 주어 위치에 *that*-절이 나타날 경우는, 생성문법에서 지금껏 *that*-절이 DP로 분석될 수 없었으므로 부득이 내심구조제약(Endocentricity Constraint)을 위반하는 다음과 같은 구조로 표현하지 않을 수 없었다.[19)]

(45)

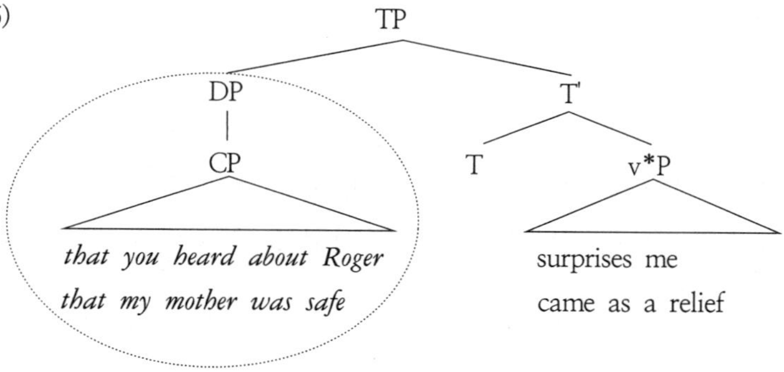

그러나 본장 (10)의 구조분석에 의하면, 이제 *that*-절은 CP로뿐만 아니라 DP로도 분석될 수 있으므로 (44)의 예문들은 다음 (46)에서와 같이 더 이상 내심구조제약을 위반하지 않는 구조로 표현될 수 있다.

---

19) 핵계층이론(X'-theory)는 내심구조제약(Endocentricity Constraint) (i)에 의해 제어됨으로써 외심구조(exocentric construction)를 생성하는 (iid)는 물론 (ii)에 제시되는 바와 같은 구구조규칙 전체를 허용하지 않는다.

(i) All Constituent Structure Rules are of the form: (Radford, 1988)
$X^n \rightarrow \cdots X^m \cdots$ (m=n or n−1)

(ii) a. NP → V VP
b. VP → N PP
c. PP → NP N
d. DP → CP

(46)

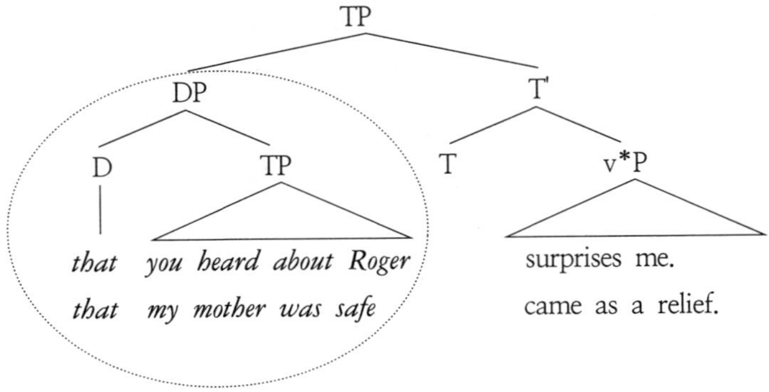

앞선 논증에 따르면, *that*-절이 DP일 때 *that*-절이 외치되면 기저 위치에 그것의 재생대명사 *it*를 남길 수 있다고 주장한바, 다음 (47)은 영어에 나타나는 외치의 전형적인 예로서 외치된 *that*-절이 DP임을 확인해 준다.[20]

(47) a. *It* surprises me [*that you heard about Roger*].
  b. *It* came as a relief [*that my mother was safe*].

또한, 위 (26)에서 외치된 *that*-절이 DP라면, 앞선 논증에서와 같이, 이러한 *that*-절의 *that*는 결코 생략을 허용하지 않을 것이다. 이러한 예측도 Stowell(1981: 397)에서 제시되는 아래 (48)과 같은 예문들이 사실임을 확인해 준다.

(48) a. *It* surprises me *(*that*) *you heard about Roger*.
  b. *It* came as a relief *(*that*) *my mother was safe*.

---

20) 다만 문장의 주어 위치에 나타나는 재생대명사 *it*는 동사의 보충어 위치에 나타나는 *that*-절의 재생대명사와 달리 의무적이라는 것이다. 그러나 주어 위치에 나타나는 이러한 재생대명사의 의무성은, 본장 (10)의 분석과 상관없이, '문장은 반드시 주어를 갖는다'는 확대투사원리(EPP)에 의해 포착된다.

한편, 본장에서는 *that*-절이 DP로 분석될 경우 그 핵(D)인 *that*은 C와 v*와 마찬가지로 기능범주(functional category)로서 강국면을 이루나, C와 v*와 같은 이차병합(second-Merge)을 유발하는 외곽자질을 갖지 않는다고 가정함으로써 [$_{DP}$ *that*-절]이 [$_{CP}$ *that*-절]과 달리 왜 섬효과를 나타내는지를 본장의 최소주의 문법체계((10)+(29)) 하에서 포착될 수 있음을 입증하였다. 그렇다면, 한정사(determiner: D) *that*는 언제나 그것의 투사인 DP가 강국면을 이루며, 또한 그것이 이차병합 외곽자질을 갖지 않음으로써 그것의 투사인 DP가 섬효과를 나타내는가? 이러한 사실을 확인하기 위해 다음의 예문을 검토해 보자.

(49) a. *Who*$_i$ did Tom show you [$_{DP}$ *a picture of* t$_i$]?
b. ?*Who*$_i$ did Tom show you [$_{DP}$ *the picture of* t$_i$]?
c. ??*Who*$_i$ did Tom show you [$_{DP}$ *that picture of* t$_i$]?
d. **Who*$_i$ did Tom show you [$_{DP}$ *his picture of* t$_i$]?

위의 예문은 소위 DP의 특정성(specificity) 문제와 관련되는 전형적인 사례로, Ross(1967)에 의하면, DP는 그것의 특정성(specificity)이 강해질수록(즉, DP의 핵인 D가 부정관사(indefinite article), 정관사(definite article), 지시사(demonstrative), 소유대명사(genitive pronominal)의 순서로 실현됨에 따라) *wh*-이동에 대한 그것의 섬효과가 점진적으로 강해진다는 사실을 보여주고 있다. 이러한 Ross의 관찰을 최소주의적으로 재해석하면, D가 특정성이 거의 없는 부정관사일 경우에는 강국면을 이루지 못하나, 특정성이 강한 지시사나 소유대명사일 경우에는 강국면을 이룬다는 것이다. 그리고 정관사일 경우는 강도가 중간인 중국면(middle phase)을 이룬다고 볼 수 있다.21) 따라서 D인 *that*는 언제나 그것의

21) 최소주의 문법체계에서는 국면(phase)을 강국면(strong phase)과 약국면(weak phase)으로 나누고 있는데, 정관사 *the*와 관련하여 중간 국면인 소위 '중국면(middle phase)'이 존재할 수 있는지의 문제가 제기될 수 있다. 이 문제는 차후 연구과제로 돌리고자 한다.

투사인 DP가 강국면이 되며, 또한 섬효과를 나타내는가의 질문에 대한 대답은 '그렇다'가 된다.

이제 이 시점에서 문제가 되는 것은 'D는 왜 그 종류에 따라 국면의 강도가 달라지는가?'의 문제이다. 이 문제의 논의에 앞서 우선 위 (49)의 예문에 나타나는 관련 DP의 내면구조를 살펴보면 다음과 같다.

(50)

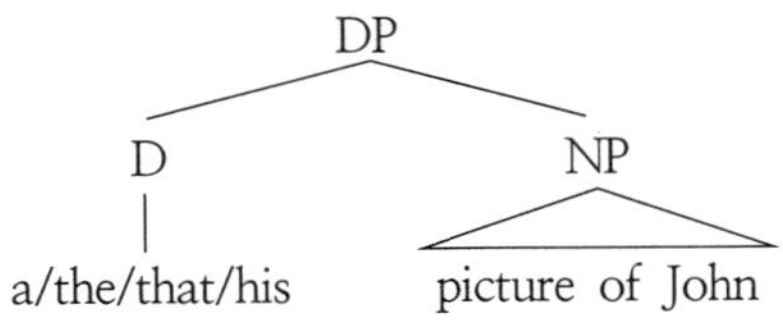

즉, 위 (49)의 예문 속에 나타나는 DP는 그 핵인 D가 무엇으로 구현되는지와 상관없이 (50)과 같이 동일한 구조로 표현된다. 본장의 주장에 따르면, (50)의 내면구조를 갖는 DP도 그것의 핵인 D가 기능범주이므로 강국면을 이루나 이차병합을 유발하는 외곽자질을 갖지 않으므로 *wh*-이동에 대해 섬효과를 나타내어야 한다. 그럼에도 불구하고, 왜 D가 부정관사(혹은 관사(article))일 경우에는 그것의 투사인 DP가 섬효과를 나타내지 않는가?

이 문제를 해결하기 위해 본장에서는 다음과 같은 추가적인 가정을 제안하고자 한다.

(51) Only the D's with strong specificity can be the heads of strong phase DP.

즉, (51)의 가정에 따르면, D 중에서 강한 특정성(strong specificity)을 갖는 지시사 *that/this/these/those*와 소유대명사 *my/your/his/her/their/ its* 등은 그들의 투사가 강국면(strong phase)을 이루나, 특정성이 거의 없

거나 약한 관사일 경우는 D가 약국면(weak phase)을 이룬다는 것이다. 이러한 주장의 근거는 현행 최소주의 문법체계에서 VP를 보충어로 취하는 기능범주인 v의 경우도 강국면 v*P을 이루는 v*와 약국면 vP을 이루는 v 두 종류로 구분하고 있음에서 찾아 볼 수 있다. 이러한 분류에 유추하여 본장에서는 D의 경우에도 강국면의 핵인 D*와 약국면의 핵인 D로 나누어 볼 수 있는데, D*는 그것의 투사인 D*P를 강국면으로 만드나, D는 그것의 투사인 DP를 약국면으로 만든다는 것이다. 이러한 제안을 받아들이면 DP 국면은 다음과 같이 표현될 수 있다.

(52)

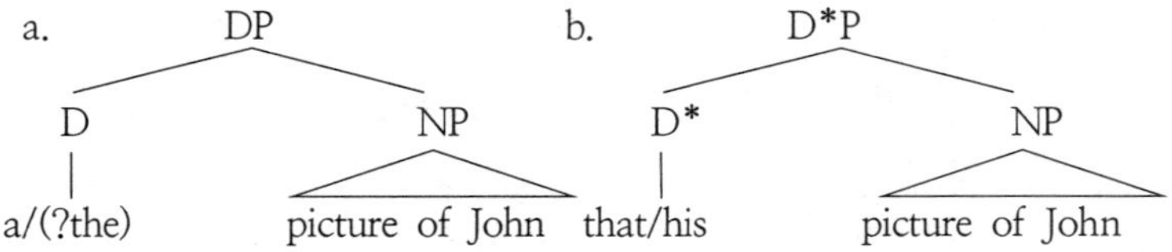

이러한 주장을 본장에서 제안하는 문법체계((10)+(29))에 반영하면, (29i)의 가정은 아래 (53)과 같이 수정된다.

(53) Only CP, v*P and D*P are strong phases.

이제 본장의 문법체계 하에서는 강국면만이 협소통사부(narrow syntax)의 연산(C_{HL})에 대해 순환단위를 이루며, 따라서 국면불가침조건(PIC)의 적용 단위가 되므로 DP는 오직 D*P로 표현되는 강국면의 경우만이 이동에 대해 섬효과를 나타내게 된다. 그러므로 (49)에서 확인되고 있는 일반 DP의 섬효과 문제도 본장에서 제안하는 최소주의적 문법체계 내에서 효과적으로 포착된다.

4.7 맺음말

이상의 논의에서와 같이, 본장에서는 지금껏 생성문법에서 영어의 *that*-절과 관련하여 제기되어 온 까다로운 섬효과(island effect)의 문제가 최근 Chomsky(2005a, 2005b, 2006)의 수정 탐침자-목표물 문법체계(Revised Probe-Goal Framework)에서 제안하는 소위 국면불가침조건(PIC)에 의해 효과적으로 포착될 수 있음을 논증하였다. 이러한 논증과정에서 우리는 기존의 탐침자-목표물 문법체계에서 제안하는 여러 가정과 주장을 수정하거나 보완하는 작업을 진행하여 왔는데, 그 대표적인 작업이 (10)에서 제안한 *that*-절에 대한 새로운 구조분석과 (29)에서 제시한 강국면과 외곽자질에 대한 새로운 가정이다. (10)의 구조분석과 (29)의 가정을 기초로 하는 본장의 문법체계는 장차 자연언어에서 시제절과 관련되는 다양한 문법적 현상을 포착하는 데 기여할 수 있으리라 기대해 본다. 그 중에서도 특히 의미적으로는 명제(proposition)나 사건(event)을 나타내는 절(clause) 단위이지만 문장 내에서 수행하는 문법적 기능으로는 명사적 표현(nominal expression)으로 분류되는 많은 경우, 즉 전통적인 명사절(noun clause), 동명사절(gerandive clause), 그리고 강명윤(1988)에서 제안하는 명사구껍질(NP-shell)의 문제와 Stowell(1981)의 격저항원리(Case Resistance Principle: CRP)와 관련되는 *that*-절의 문법현상들이 본장의 문법체계 하에서 검토될 수 있는 의미 있는 새로운 과제들이 될 것이다.

5장
전치사 수동구문에 관하여

5.1 머리말

본장에서는 다음 (1)에서 제시되는 바와 같은 소위 영어의 '전치사 수동구문(prepositional passives)'[1]에 관련되는 개별 언어적 독특한 문법적 현상을 최근 Chomsky(2001, 2004, 2005a, 2005b)에 의해 제안되고 있는 소위 '탐침자-목표물 문법체계(Probe-Goal Framework)' 내에서 설명해보고자 한다.

(1) a. Nothing *was agreed on* by the committee.
 b. The information *was asked for* by the Dean.
 c. He can *be depended on* for sound advice.
 d. John *was shouted at* by his mother.
 e. He must *be talked to* by someone.
 f. Harry *was cared for*.
 g. She *was turned against* by John.

1) 전치사 수동구문은 전치사 좌초(preposition stranding)가 야기되는 수동태로서 Romance 언어에서는 결코 허용되지 않으나 영어 등 극히 일부 언어에서만 부분적으로 나타나는 언어현상이다.

그러면, 위의 전치사 수동구문과 대조하여 다음 (2)에 제시되는 일반수동태(ordinary passive) 구문과 그것의 특징을 살펴보자.

(2) a. Mary was given the job.
    b. *The job was given Mary.

(2)에 제시되는 두 예문 사이에 나타나는 문법성의 대조는 수동태의 경우 그것의 주어가 되는 명사구(NP)는 그것에 대응하는 능동태에서 동사에 인접(adjacent)하는 보충어(complement)이어야 한다는 것을 말해준다.

(3) They gave *Mary* the job.

위의 관찰은 다음의 관련 예를 통해서 그 타당성이 검증된다.

(4) a. They gave *the job* to Mary.
    b. *The job* was given to Mary.

요컨대, (2b)와 (4b)의 두 예문을 비교해 보면, 비문법적인 (2b)의 경우에는 주어 명사구인 *the job*이 대응하는 능동태에서 동사에 인접해 있지 않지만, 문법적인 (4b)에서는 그것의 주어 명사구가 대응 능동태인 (4a)에서 동사에 인접해 있음을 확인할 수 있다.

따라서 우리는 Radford(1988)의 제안에 따라 다소 기술적인 설명이긴 하지만 다음과 같은 '인접성 조건(adjacency condition)'을 설정해 볼 수 있다.

(5) The subject of passives must be the complement NP adjacent to V in the corresponding actives.

이러한 (5)의 인접성 조건에 의하면, 위의 (1)에서 제시되고 있는 전치사 수동구문의 경우는 모두 비문법적인 문장으로 잘못 판정된다. 왜냐하면, (1)에 제시되는 전치사 수동구문의 경우에서는 주어가 되는 명사구가 모두 그것에 대응하는 능동태에서 (전치사구의 보충어로 나타남으로써) 동사에 인접하지 못하기 때문이다.

(6) a. The committee agreed *on* nothing.
b. The Dean asked *for* the information.
c. They can depend *on* him for sound advice.
d. His mother shouted *at* John.
e. Someone must talk *to* him.
f. They cared *for* Harry.
g. John turned *against* her.

이러한 문제는 Hornstein and Weinberg(1981)에서 제안되는 다음 (7)과 같은 통사적 재분석(syntactic reanalysis)에 의하면 쉽게 설명될 수 있다.

(7) V→V*(where V c-commands all elements in V*)

(7)의 재분석에 의하면, 위의 (6a)에서 동사구는 명시통사부(overt syntax)에서 다음과 같은 구조적 변화를 일으킨다.

(8)

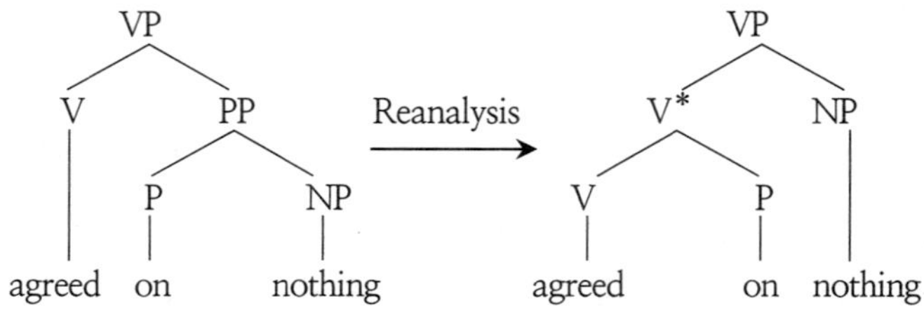

요컨대, (7)의 재분석은 동사 V가 성분통어(c-command)하는 요소인 P를 그 동사와 융합(incorporate)하여 하나의 복합동사(complex verb) V*를 만들어 낸다. 그 결과 전치사 수동구문에서 주어로 나타나는 명사구는 그것에 상응하는 능동태에서 여전히 복합동사인 V*에 인접하는 명사구로 나타남으로 (5)의 인접성 조건을 준수하게 된다.

5.2 현상적 관찰과 문제의 제기

먼저, 다음의 예문을 고려해 보자.

(9) Tom was spoken to.
(10) *The meal was spoken to Bill after.
(11) *Tom was given the book to.

위의 예문들도 모두 (1)과 같은 전치사 수동구문의 경우이다. 그러므로 (5)와 (7)의 체계에 의해 그 설명이 가능해야 한다. (9)의 경우는 전치사 *to*가 동사 *spoken*에 의해 성분통어 되므로 (7)의 재분석에 의해 'spoken + to'가 복합동사 V*로 재분석될 수 있으므로 결과적으로 (5)의 인접성 조건을 충족하게 되고, (10)의 경우는 *after*가 부가어의 전치사이므로 동사에 의해 성분통어되지 않고, 따라서 'spoken to

Bill after'가 복합동사 V*로 재분석될 수 없어 (10)에서는 전치사 수동구문이 (5)의 인접성 조건을 충족하지 못하게 된다.[2)] 그러나 (11)의 경우는 *to*가 보충어의 전치사로서 동사 *given*에 의해 성분통어되므로 'given the book to'가 복합동사 V*로 재분석될 수 있음에도 불구하고 비문법적인 문장으로 판정되고 있다. 이처럼 (7)의 통사적 재분석이 적용될 수 있는 경우에도 전치사 수동구문이 허용되지 않는 경우는 허다하다.

(12) a. *John was talked to Harry about.
b. *The table was put the mouse on.
etc.

이러한 문제를 해결할 수 있는 간단한 방법은 (7)의 재분석에 다음 (13)과 같은 또 하나의 인접성 조건을 추가하는 것이다.[3)]

(13) The syntactic reanalysis (7) does not apply unless P is adjacent to V.

그러나 이러한 (13)의 조건은 타당한 언어학적 원리가 될 수 없다는 사실이 다음의 예들에서 확인된다.

(14) a. John was taken advantage of.
b. Fred was kept tabs on.

---

2) 전치사구가 부가어인 경우는 '동사+(XP)+전치사'의 연결체가 복합동사 V*로 재분석될 수 없다는 사실은 다음과 같은 경험적 증거에 의해서 입증된다.

(i) a. *Dinner is drunk brandy after by Bill.
b. *The problem was talked to Bill about by no one.
c. *President de Gaulle was read a book about.

3) (12a)의 경우에 동사에 인접한 보충어 전치사구의 핵인 'to'는 (7)의 재분석에 적용될 수 있음이 확인된다.

(i) John was talked to about Harry.

c. She was taken care of.
d. His claim was taken account of.
e. His credentials were taken note of.

위의 (14)에 제시되는 예문들은 모두 전치사가 동사에 인접해 있지 않음에도 불구하고 (11)~(12)에서와 달리 전치사 수동구문을 허용하고 있다.

이러한 문제점을 해결하기 위해 Hornstein and Weinberg(1981)에서는 (13)의 조건 대신에 (7)의 재분석에 적용되어야 하는 조건으로 다음과 같은 가능술어조건(possible predicate condition)을 제안하고 있다.

(15) The syntactic reanalysis does not apply unless V* constitutes a possible predicate.

요컨대, Hornstein and Weinberg(1981)에서는 (1)과 (14)의 예들에서 전치사 수동구문이 허용되는 이유를 이들 문장에서는 (7)의 규칙에 의해 재분석이 일어난 부분이 모두 하나의 가능술어(possible predicate)[4]를 이루기 때문이라고 본다. 즉, *talk about*는 'discuss'의 의미를 지니고 있고, *take advantage of*는 'exploit', *keep tabs on*은 'watch (closely)'의 의미 등등을 각기 지니고 있다는 것이다. 이들은 이와 같이 의미적으로 단일 개념이 가능할 경우에만 가능술어를 이룰 수 있고, 또한 가능술어를 이룰 수 있는 경우만이 (7)의 재분석이 적용될 수 있다는 것이다. 이러한 Hornstein and Weinberg(1981)의 주장에 따르면, 위의 예문들에서 전치사 수동구문을 허용하는 모든 경우는 모두 가능술어의 구성이 가

4) Hornstein and Weinberg(1981: 65)는 이러한 가능술어(possible predicate)를 결정하는 기준을 다음과 같이 정하고 있다.
(i) Meanings of strings of words which are semantic words are noncompositional.
(ii) Subpart of (most particularly arguments contained in) semantic words are not referential in meaning.

능한 경우이고, 따라서 (7)의 재분석이 적용되어 복합동사 V*를 이룸으로써 (5)의 인접성 조건이 충족되는 경우라고 볼 수 있다.

그러나 가능술어의 개념을 기반으로 영어에서 허용되는 전치사 수동구문의 문제를 해결하고자 하는 Hornstein and Weinberg(1981)의 방안은 (7)의 재분석이 순수한 통사적 규칙인데 반해 이 규칙의 적용여부를 결정하는 가능술어조건 (15)는 의미적 근거에 입각한 의미적 조건이라는 점에서 소위 자치통사론(autonomous Syntax)의 기본 입장을 포기하고 있다는 문제점이 있다.

그 이외에도 Hornstein and Weinberg(1981)의 방안은 또 다른 가정을 설정하지 않고는 아래 (16)에 제시되는 두 예문 사이에 나타나는 문법성의 차이를 포착할 수 없다.

(16) a. The problem was very carefully gone into by the engineers.
b. *The tunnel was very carefully gone into by the engineers.

즉, (16b)는 동사와 보충어 전치사구가 서로 인접해 있을 뿐만 아니라, 또한 V*(즉, *go into*)가 단일개념의 의미(즉, 'enter')를 가지고 있음에도 불구하고 (16a)와 달리 비문법적이다. 이러한 현상은 비록 동사와 보충어 전치사구가 서로 인접해 있고 V*가 단일개념의 의미를 갖는다하더라도, V*가 관용적 의미(idiomatic meaning)를 갖지 않으면 전치사 수동구문을 허용하지 않는다는 사실을 보여주고 있다.[5)]

또한, 보충어 전치사구의 전치사가 동사와 결합하여 단일개념의

---

5) (16a)의 경우는 V*(*go into*)가 관용적 의미인 'examine' 혹은 'study'의 의미로 사용된다. 전치사 수동구문의 경우, 동사+전치사의 연결체 V*가 관용적 사용과 비관용적 사용 간에 나타나는 이러한 문법성의 차이는 다음 예문에서도 확인된다.

(i) a. The expected result was eventually arrived at.
b. *The splendid stadium was eventually arrived at.

이러한 문법성의 패러다임은 영어의 일반적인 현상으로 대부분 영어의 전치사적 동사들(prepositional verbs)에서 나타난다.

가능술어가 될 수 있는 경우에도 외치(extraposition)가 일어난다면, 전치사 수동구문이 허용되지 않는다는 사실이 확인된다.

(17) a. *The resolution was agreed unanimously on by the committee.
b. *His integrity can be depended entirely on.

본장에서는 위에서 살펴본 영어의 전치사 수동구문과 관련되는 독특한 문법적 특성이 Chomsky(2001, 2004, 2005a, 2005b)의 탐침자–목표물 문법체계(Probe-Goal Framework) 내에서 효과적으로 포착될 수 있는 언어현상임을 밝히고자 한다.

5.3 강력 최소주의적 접근

5.3.1 이론적 배경

Chomsky(2001, 2004, 2005a, 2005b)의 탐침자–목표물 문법체계에 의하면, 실사범주(substantive category)의 투사(projection)는 기능범주(functional category)에 의해 선택되어 하나의 순환단위(cyclic unit)인 국면(phase)을 이루게 되며, 이러한 국면은 그것의 핵(head)인 기능범주가 파이자질상 완전(ϕ-complete)하면 강국면(strong phase)을, 파이자질상 불완전(ϕ-incomplete)하면 약국면(weak phase)을 이룬다고 본다.[6)]

6) 파이자질상 완전(ϕ-complete)하다는 것은 그 범주가 성(gender), 수(number), 인칭(person)의 파이자질을 모두 갖는다는 것이고, 파이자질상 불완전(ϕ-incomplete)하다는 것은 이중 하나 이상의 자질을 갖지 못한다는 것을 말한다. Chomsky(2001, 2004)에 의하면, 기능범주 C와 v*는 강국면을 형성하나 다른 기능범주들은 약국면을 형성한다고 본다. 따라서 (19)의 전치사구의 국면은 약국면으로 규정된다. 또한 강국면의 경우는 다음과 같은 소위 국면불가침조건(Phase Impenetrability Condition: PIC)의 적용을 받는다.

(i) The domain of H is not accessible to operations at ZP, but only H and its edge, (where H is the head of strong phase HP, and ZP is the next strong phase).

따라서 이러한 가정에 의하면 전치사구를 포함하는 국면은 (18)의 국면구성 원리에 의해 (19)와 같은 구조로 표현될 수 있다.

(18) $[_{FP}$ F–XP], where F is a functional category, and XP is a substantive root projection.

(19) $[_{pP}\ p\ [_{PP}\ P\ [_{DP}\ D\ ([_{NP}\ N\ ])]]]$[7]

또한 본장에서는 탐침자–목표물 문법체계의 가정에 입각하여 국면을 이룬 기능범주의 투사는 다시 실사범주에 의해 선택되며, 다시 그 실사범주의 투사는 또 다른 기능범주에 의해 선택되어 보다 큰 국면을 이룬다고 본다. 이러한 기능범주와 실사범주간의 선택 관계는 최종 도출에 이르기까지 계속된다고 본다. 최종 도출은 언제나 강국면으로 끝나게 되고, 따라서 문장은 강국면인 CP에 이르러 도출이 완료된다. CP는 음성적으로 독립적일 뿐만 아니라 의미적인 차원에서도 명제(proposition)를 이루는 단위이다.

결론적으로 최소주의 이론에서는 예문 (20)의 구조가 (21)과 같이 표현될 수 있다.

(20) John depends on his support.

(21) $[_{CP}\ C\ [_{TP}\ John_i\ [_{T'}\ T\ [_{vP}\ t_i\ [_{v'}\ v\ [_{VP}\ depends\ [_{pP}\ p\ [_{PP}\ on\ [_{DP}\ his\ [_{N(P)}\ support]]]]]]]]]]$[8]

7) Chomsky(2001)에서는 동사구(VP)를 선택하는 동사화소(verbalizer) v와 명사구(NP)를 선택하는 명사화소(niminalizer) n 등의 기능범주가 있다고 본다. 아래 구조에서 α가 v냐 n이냐에 따라서 어근 see가 동사 see가 되기도 하고 명사 sight가 되기도 한다.

(i) {α, {see, OB}}

본장에서는 전치사구(PP)의 경우도 기능범주인 전치사화소(prepositionalizer) p에 의해 선택되어 독자적인 국면을 이룬다고 본다.

5.3.2 부가어 전치사구의 경우

앞에서 확인한 바와 같이, 영어에서 부가어 전치사구의 경우는 어떠한 경우라도 전치사 수동구문을 허용하지 않는다.

(22) a. *Dinner is drunk brandy after by Bill.
b. *The problem was talked to Bill about by no one.
c. *President de Gaulle was read a book about.
d. *The meal was spoken to Bill after.

Chomsky(2001)에서는 표현의 도출과정에서 두 통사적 대상(syntactic object)을 결합하여 더 큰 통사적 대상을 만드는 연산(computation)인 병합(Merge)은 자질점검(feature agreement)을 위한 병합과 술어합성(predicate composition)을 위한 병합으로 나누어지며, 전자를 조병합(set-Merge)이라 하고, 후자를 쌍병합(pair-Merge)이라 한다.9) 조병합에는 의미역이론적 논항구조(θ-theoretic argument structure)를 구성하는 외부병합(external Merge)과 이동(Move-α)에 의한 내부병합(internal Merge)이 있다. 탐침자-목표물 문법체계에서는, α가 β에 병합될 때, 조병합은 $\{\alpha, \beta\}$로 표시하고, 쌍병합은 $\langle\alpha, \beta\rangle$으로 표시하고, 또한 병합은 언제나 자유롭게 이루어진다는 자유병합(free Merge) 이론과 어떠한 병합도 모두 각 순환단계에서 이루어진다는 소위 순환병합(cyclic Merge) 이론을 채택한다.10)

---

8) Chomsky(2001, 2004)에서는 C, v, D는 기능범주로 규정하며, T, V, P, N은 실사범주로 규정한다. p는 본장에서 전치사구를 선택하는 기능범주로 가정한 것이며, 이러한 가정은 마침내 기능범주와 실사범주 간의 반복적인 상호 선택의 관계를 완성한다. 특히, Chomsky(2001, 2004)에서는 T를 실사범주로 분류하고 있음에 유의하기 바라며, C는 파이자질상 완전한 기능범주로 언제나 문장의 최종국면이 되는 강국면 CP을 이룬다.

9) 지배-결속이론 등 최소주의 이전의 언어이론에서는 조병합을 대체(substitution)라 하고, 쌍병합을 부착(adjunction)이라 했다.

10) 이러한 주장은 부가어(adjunct)가 이동의 순환이 완료된 후 후삽입(late insertion)에 의해

다음 예문을 고려해 보자.

(23) [$_{wh-}$ which [$_{\alpha}$ [$_{NP}$ picture [$_{\beta}$ of Bill]] [$_{ADJ}$ that John liked]]] did he buy t_{wh-}

위의 문장에서 문두로 이동된 의문사구 속에 나타나는 *Bill*은 주절의 주어인 *he*와 동일인물(즉, 연결)이 될 수 없으나, *John*은 같은 의문사구 속에 나타남에도 불구하고 *he*와 동일인물이 될 수 있다. 그러나 Chomsky(2001)의 주장대로, 만약 *picture*의 논항(argument)인 β와 부가어(adjunct)인 ADJ가 모두 순환적으로 병합되는 것이라면, 이들은 모두 이들을 내포하는 의문사구가 이동하기 전 α의 기저 순환단계에서 병합된 것이므로 이들에 포함되는 *Bill*과 *John*은 모두 기저단계에서 *he*에 의해 성분통어된다. 따라서 'Bill'과 'John'이 *he*에 연결된다면, 당연히 모두 결속조건 (C)에 의해 비문법적인 문장으로 처리되어야 한다. 왜냐하면, 최소주의 이론에서는 의문사구의 이동으로 남는 흔적은 바로 그 의문사구의 복사(copy)로서 의문사구와 동일한 내면구조를 갖는다고 가정되기 때문이다.[11]

이러한 문제를 해결하기 위해 Chomsky(2001)는 다음과 같은 부가어성분통어회피제약(adjunct c-command avoidance constraint)을 제안하고 있다.

(24) When α is adjoined to β, the relation c-command (X, β) is still kept in $\langle\alpha, \beta\rangle$, but extension of c-command to the adjoined element α must be avoided.

역순환적으로(counter-cyclically) 후병합(late Merge)되는 것이라고 보는 Lebeaux(1988)의 주장에 반론이 된다.

11) 이러한 문제점을 해결하기 위해 Lebeaux(1988)은 논항의 병합은 순환적(cyclic)이나, 부가어의 병합은 역순환적(counter-cyclic)인 것으로, (23)에서 ADJ는 의문사구가 문두로 이동한 후에 다시 의문사구 내부에 삽입된다는 것이다. 그러나 이러한 역순환적 병합은 자유병합이론을 채택하는 최소주의 이론에서 언어의 불완전성(imperfection) 문제를 야기한다.

위의 제약에 의하면 부가어는 그 외부로부터 어떠한 성분통어관계도 유지할 수 없게 된다. 따라서 위의 조건이 주어진다면, 이제 부가어가 순환적으로 병합된다하더라도 위의 예문 (23)에서 주절의 주어 *he*는 결코 의문사구의 복사흔적 속에 나타나는 부가어 ADJ는 물론 ADJ 속의 어떤 요소도 성분통어하지 못한다. 따라서 *John*이 비록 *he*와 동일인물을 지시한다고 해도 이제 결코 결속원리 (C)의 위반이 일어나지 않게 된다.12)

한편, Chomsky(2001, 2004, 2005a, 2005b)에 의하면, 이동(Move)은 일치(Agree)/수반(Pied-Pipe)/병합(Merge)의 연속적 작용이며, 이중 일치(Agree)는 반드시 탐침자(Probe)가 목표물(Goal)를 성분통어할 경우에만 적용되는 연산이다. 따라서 이동을 수행하는 요소는 일치(Agree)의 연산을 위해 반드시 그 탐침자로부터 성분통어(c-command)되어야 한다. 따라서 문자화(Spell-Out) 이전에 적용되는 명시적 이동은 외부의 탐침자로부터 성분통어가 불가능한 부가어 내부로부터는 결코 일어날 수 없다.13)

이상의 최소주의적 논의에 비추어 보면, 어떠한 경우에도 부가어 내부로부터는 명시적 이동이 허용되지 않으며, 따라서 부가어 전치

---

12) Chomsky(2001)은 쌍병합구조에 대해 다음과 같은 단순화(SIMPL)를 도출의 한 문법작용(operation)으로 설정하고 있다.

(i) SIMPL converts ⟨α, β⟩ to {α, β} at the phase where Spell-Out applies.

(i)에 의하면 쌍병합은 그것이 문자화되는 국면에서 조병합으로 변환되고, 따라서 그 이후에는 그 병합구조에 (24)의 제약이 적용되지 않으므로 병합구조 속에 내포되는 부가어뿐만 아니라 그 부가어의 구성소들도 외부로부터 얼마든지 성분통어를 받을 수 있게 된다.

13) 최소주의 이론에서는 이동은 문자화 이전에 적용되는 명시적 이동(overt movement)과 문자화 이후에 적용되는 비명시적 이동(covert movement)이 있다고 본다. 이 중 명시적 이동은 문자화 이전에 적용되므로, 명시적 이동이 일어나는 도출단계에서는 아직 단순화(SIMPL)가 적용되지 않기 때문에 명시적 이동은 외부로부터 성분통어가 불가능한 부가어 내부로부터는 결코 일어날 수 없다. 뿐만 아니라 명시적 이동은 반드시 문자화 이전에 적용되어야 하므로 문자화가 일어나고 난 뒤 이미 단순화가 적용된 병합구조에서도 일어날 수 없다. 따라서 명시적 이동은 어떤 경우에서든지 부가어 내부로부터는 결코 일어날 수 없게 된다. 이러한 결론은 단순화(SIMPL) 작용이 Ross(1967)의 Adjunct Constraint와 Huang(1982)의 CED의 효과를 포함함을 의미한다.

사구 속에 나타나는 어떠한 요소도 명시적 이동을 수행할 수 없게 되므로, (22)에서 나타나는 바와 같이, 부가어 전치사구는 결코 전치사 수동구문을 허용하지 않게 된다.

5.3.3 전치사구 외치의 경우

영어에서는 보충어 전치사구의 경우는 국면불가침조건(PIC)이나[14] (24)의 부가어성분통어회피(adjunct c-command avoidance)와 상관없이 그 목적어 명사구의 명시적 이동이 가능하므로 전치사 수동구문에서 $[_{pP}\ p\ [_{PP}\ P\ [_{DP}\ t]]$ 구조가 자유로이 허용될 것으로 예측된다. 이러한 예측은 아래 예문을 통해 잘 입증된다.

(25) a. The resolution was agreed on unanimously by the committee.
　　b. His integrity can be depended on entirely.

그러나 위 5.2절에서 살펴본 바와 같이, 이러한 보충어 전치사구의 경우도 외치(extraposition)가 일어나면 결코 전치사 수동구문이 허용되지 않음이 확인된다.

(26) a. The committee agreed unanimously on the resolution.
　　b. *The resolution was agreed unanimously on by the committee.

(27) a. They can depend entirely on his integrity .
　　b. *His integrity can be depended entirely on (by them).

Chomsky(2001)에 의하면, 외치(extraposition)는 이동에 의한 현상이 아

---

14) 전치사구의 국면은 약국면을 이루므로 국면불가침조건의 적용을 받지 않는다, 따라서 그 국면의 보충어가 일치(Agree)를 위한 탐색(Search)에 접근가능하다. 각주 6) 참조.

니라 첨언(qualifications)이나 후사고(afterthoughts)의 표현에서 삭제(ellipsis)가 일어난 현상으로 본다. 즉, 아래 (28a)의 외치구문은 (28b)와 같은 후사고(혹은 첨언)의 표현에서 도출된 것으로 본다.

(28) a. We saw [$_{NP}$ a painting] yesterday [$_{PP}$ from the museum].
b. We saw [$_{NP}$ a painting] yesterday, (that is,) a painting [$_{PP}$ from the museum].

요컨대, (28b)에서 후사고(혹은 첨언)의 표현인 *(that is,) a painting {PP from the museum}*에서 *a painting*은 복사(copy)와 마찬가지로 강세를 받지 않으므로 음운규칙에 의해 PF 층위에서 삭제될 수 있다. 따라서 이러한 삭제의 결과로 바로 (28a)의 외치구문이 도출된다.15)

이와 같이 외치의 현상이 첨언이나 후사고의 표현에서 도출된 것이라면, 외치가 일어난 구문은 본문과는 완전히 독립된 표현이므로 본문의 어떠한 구성요소부터도 성분통어의 관계를 유지할 수 없다. 그러므로 외치구문 속에서는 어떠한 요소도 본문의 탐침자(Probe)와 일치(Agree)를 이룰 수 없고, 따라서 일치(Agree)/수반(Pied-Pipe)/병합(Merge)로 분석되는 이동의 연산에 참여하여 본문 속으로 이동되어 갈 수 없다.

이러한 결과로 위의 (26)~(27)에서 제시되는 바와 같이, 동사구로부터 전치사구가 외치되었을 경우, 외치된 전치사구로부터 본문의 주어위치로 명사구 이동에 의해 도출되는 전치사 수동구문이 허용되지 않는 것은 바로 이동(정확히는 일치)의 일반조건인 '성분통어(c-command)'에 의해 설명된다.16)

15) 기존의 이론에서는 외치현상을 아래 (i)에서와 같이 해당 구범주가 문미로 이동하는 단순한 우향이동(rightward movement)의 결과로 보았다.
(i) we saw [$_{NP}$ a painting t_i] yesterday [$_{PP}$ from the museum]$_i$

5.4 격점검과 관용어형성

위에서 논의한 탐침자-목표물 문법체계적 접근에 따르면, 영어에서는 보충어 전치사구의 경우 그 전치사구가 외치되지 않는 한 언제나 전치사 수동구문이 허용되어야 한다. 이러한 예측은 앞서 5.2절에서 살펴본 바와 같은 아래 예문들의 경우에서는 사실로 확인된다.

(29) a. Harry was cared for.
　　b. Tom was spoken to.
　　c. John was talked about.
　　d. The room has been paid for.

(30) a. John was taken advantage of.
　　b. Fred was kept tabs on.
　　c. She was taken care of.
　　d. His claim was taken account of.
　　e. His credentials were taken note of.

(31) a. The expected result was eventually arrived at.
　　b. The problem was very carefully gone into by the engineers.

그러나 위 5.2절에서 확인한 바와 같이, 외치되지 않은 보충어 전치사구를 갖는 경우에도 다음 예문에서와 같이 V* 속에 지시적 DP가 나타나는 경우라든지 V*가 비관용적으로 사용되는 경우는 전치사 수동구문이 결코 허용되지 않는다.

---

16) 위의 (26b)와 (27b)가 도출되었다고 가정되는 후사고(혹은 첨언)의 구조는 각기 다음 (ia-b)와 같다.

(i) a. T was agreed, (that is,) unanimously agreed on the resolution by the committee.
　b. T can be depended, (that is,) entirely depended on his integrity (by them).

(32) a. *Tom was given the book to.
b. *John was talked to Harry about.
c. *The table was put the mouse on.

(33) a. *The splendid stadium was eventually arrived at.
b. *The tunnel was very carefully gone into by the engineers.

결과적으로 이러한 문제점을 해결하고 탐침자-목표물 문법체계 내에서 전치사 수동구문의 문제를 효과적으로 포착하기 위해서는 위 5.3절에서 살펴본 Chomsky(2001, 2004)의 문법체계에 적절한 보완이 요청된다.

이러한 요청에 부응하여, 본장에서는 먼저 탐침자-목표물 문법체계에서 제안하고 있는 최소주의적 개념에 입각하여 다음과 같은 국면 *p*P-내부격점검작용(Case-checking in *p*P)을 제안하고자 한다.

(34) The Case-feature of the DP-complement of PP is checked by *p*.[17)]

Chomsky(2001, 2004, 2005a, 2005b)의 탐침자-목표물 문법체계에 의하면, 이동(Move)이 적용되기 위해서는 먼저 탐침자(Probe)와 목표물(Goal) 사이에 일치(Agree)가 일어나야 하며, 또한 일치가 이루어지기 위해서는 탐침자와 목표물이 모두 비해석성([-interpretable])의 자질을 가져야 한다. 탐침자가 되는 기능범주의 비해석성 자질은 그것의 파이자질(ϕ-features)이며, 목표물이 되는 명사구 DP의 비해석성 자질은

17) 여기서 'checked'라는 용어는 Chomsky(2001, 2004)에서는 파이자질상의 일치(Agree)를 통해 값을 부여받(valued)고, 문자화 후에 삭제된(deleted)다는 것을 의미한다. 일치를 위해서는 일치하는 요소들이 비해석성 자질을 가짐으로써 활성화되어야 하고, 비해석성 자질이 값을 부여받고 삭제되기 위해서는 일치의 상대자 범주가 반드시 파이자질상 완전(ϕ-complete)해야 한다. 또한 이러한 격점검은 타동사의 목적어 DP가 타동사구(VP)를 보충어로 선택하는 기능범주 *v**에 의해 그것의 격이 값을 부여받고 삭제되는 점검과정과 유사하다.

그것의 격자질(Case feature)이 된다.18)

이제 위의 (34)가 채택된다면, (32)와 (33)에 제시되는 예문들의 비문법성이 탐침자-목표물 문법체계 내에서 자동적으로 포착된다. 즉, 기저에서 전치사의 목적어 위치에 나타난 DP는 (34)의 격점검 작용에 의해 이미 *p*P 내에서 격자질의 값이 매겨져 그것의 핵 D가 비활성화되었기 때문에 더 이상 상위의 기능범주와 파이자질상의 일치를 이룰 수가 없다. 따라서 *p*P의 국면 속에 나타나는 전치사의 목적어 DP는 파이자질상 일치를 이룰 수 없는 상위의 T의 지정어 위치로 결코 이동할 수 없게 된다.19)

그러나 이러한 주장은 바로 위의 예문 (29), (30), (31)에서처럼 전치사의 목적어 DP가 문장의 주어 위치로 이동하여 자유롭게 전치사 수동구문을 허용하고 있는 경우가 심각한 반증이 된다. 사실 (29), (30), (31)에서 나타나는 전치사 수동구문의 현상은 영어에만 나타나는 언어 개별적(language particular)인 현상이다. 따라서 이러한 언어 개별적인 문제를 다루기 위해 우리는 영어의 개별규칙으로 다음과 같

---

18) Chomsky(1999)에 의하면 T의 지정어(즉, 문장 주어위치)로의 명사구 이동은 기능범주인 T의 EPP 자질을 점검하기 위한 것이다. 따라서 이동하는 명사적 요소(nominal element) DP의 핵(head)인 D는 T와 파이자질상의 일치(Agree)를 이루어야 하며, 또한 일치를 이루기 위해서는 반드시 격자질(Case feature)을 가져야 한다. 왜냐하면, 일치는 비해석성([-interpretable]) 자질을 포함하는 활성화(active)된 핵들 간에만 이루어지는 것인데, 격자질은 비해석성 자질로서 그것을 포함하는 명사적 핵(nominal head)을 활성화(active)하여 EPP 자질을 갖는 T와의 파이자질상 일치(Agree)를 가능하게 해주기 때문이다. 이때 T는 탐침자(Probe)가 되고 T와 파이자질상의 일치를 이루는 명사적 핵 D는 목표물(Goal)이 된다. 앞에서 언급한 바와 같이, 최소주의 이론에서 이동(Move)은 일치(Agree)/수반(Pied-Pipe)/병합(Merge)의 결합으로 분석되는데, 그러므로 T의 EPP 자질을 점검하기 위한 DP의 이동은 T의 지정어 위치에 병합되기 전에 반드시 먼저 탐침자인 T와 목표물인 핵 D 간에 파이자질상의 일치를 이루어야 한다. 이 경우 D의 파이자질은 모두 해석성([+interpretable])이므로, D가 T와 파이자질상 일치를 이루기 위해서는 반드시 비해석성의 격자질을 가져야 한다.

19) 부가어 전치사구의 경우는 물론 '후사고'로 기술하는 Chosmky(2001, 2004)의 분석 하에서 외치 전치사구의 경우에 있어서도 전치사 수동구문이 결코 허용되지 않는다는 사실이 (34)에 의해 간단히 설명될 수 있다. 즉, 이들 전치사구의 경우에도 전치사의 목적어 위치에 나타난 DP가 (34)의 격점검 작용에 의해 이미 *p*P 내에서 격자질의 값이 매겨져 비활성화되었기 때문에 더 이상 상위의 기능범주와 파이자질상의 일치를 이룰 수 없게 된다.

은 선택적인 관용어형성규칙(idiom formation rule)을 설정하고자 한다.

(35) A substantive head is incorporated to its selector to form an idiom if its selector is another substantive head.

즉, 위의 규칙에 의하면, 영어에서는 실사범주(substantive category) V, N, A, P는 다른 실사범주를 선택할 수 있고, 이 경우 선택되는 실사범주는 핵이동을 통하여 그를 선택하는 실사범주에 융합(incorporation)됨으로써 관용어(idiom)를 형성할 수 있다.[20] 관용어형성규칙 (35)는 협소통사부(narrow syntax)에서 적용되나 그 결과의 점검은 개념의도체계(C-I system)에 의해 의미부(Σ)(즉, LF)에서 이루어진다. 요컨대, (35)가 적용되었으나 관용적 의미를 갖지 못하는 표현이나 (35)가 적용될 수 없는 환경에서 일어난 융합은 개념의도체계에 의해 의미부에서 제거된다.

대표적인 관용어의 형성과정은 다음과 같이 표현된다.

(36) a.

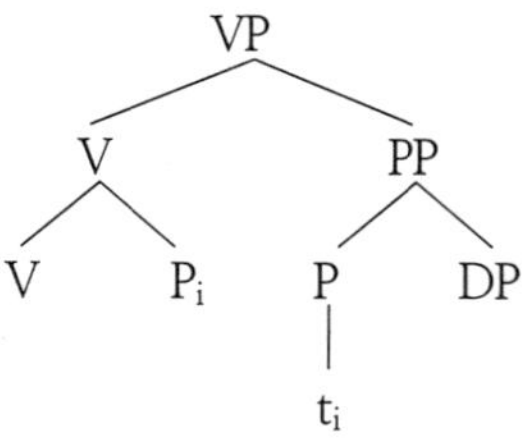

b.

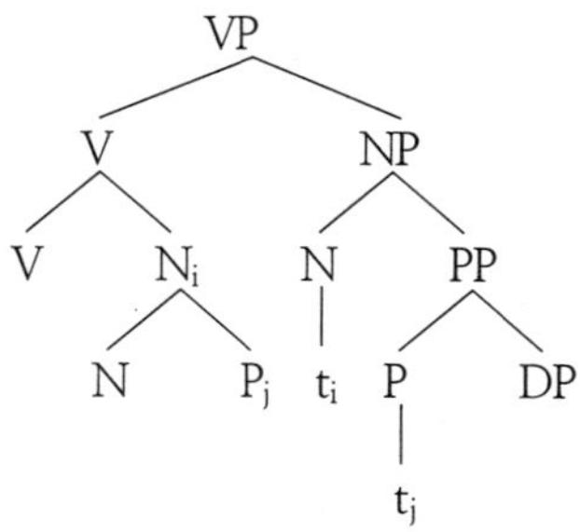

20) 실사범주가 다른 실사범주에 선택될 경우 융합과정을 거쳐 하나의 수정실사범주로 통합하는 (35)의 관용어형성규칙은 (18)의 국면형성 원리에 기인한다고 볼 수 있다. 왜냐하면, 국면형성 원리에 의하면 협소통사부의 병합작용은 하나의 실사범주 투사와 기능범주를 병합함으로써 국면을 형성해 나가는 과정이 되어야 하나, 관용어의 경우는 병합이 (실사범주들 간의 병합이기 때문에) 국면을 형성하지 못하므로 융합을 통해 하나의 실사범주로 통합을 이루어야만 다음 도출단계에서 기능범주의 병합에 의해 국면을 이룰 수 있기 때문이다.

위의 (29)와 (31)의 경우는 모두 동사구가 (36a)의 융합과정을 거쳐 관용어를 형성한 경우이고, (30)은 (36b)의 융합과정을 거쳐 동사구가 관용어가 된 경우이다. 또한, 최소주의 필수구구조이론(Bare Phrase Structure Theory)에 의하면, 핵의 융합은 하나의 새로운 핵인 수정범주(modified category)를 만들며, 핵이 존재하지 않는 투사는 제거되므로 (36a-b)의 구조는 각기 다음과 같이 단순화될 수 있다.

(37) a. b.

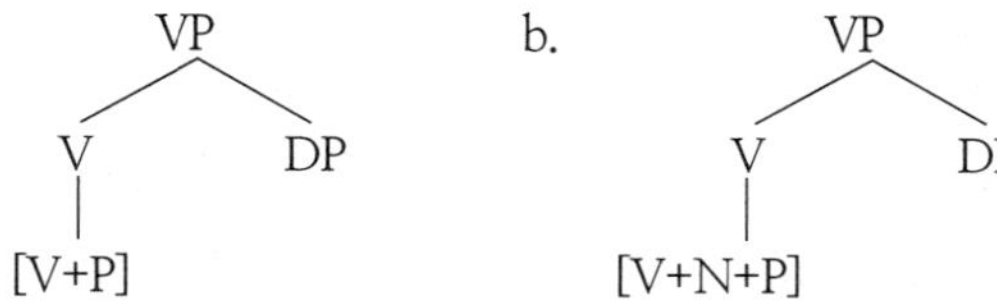

따라서 개념의도체계는 의미부에서 융합에 의해 형성된 [V+P]나 [V+N+P]의 동사가 단일 술어적 의미나 관용적 의미가 될 수 있는지의 점검을 통해 관용어의 형성을 확인한다. 위의 예문 (32), (31), (35)의 융합동사는 모두 단일 술어적 의미나 관용적 의미를 가지므로 의미부에서 관용어로 수용될 수 있다.21)

아래 표현들을 고려해 보자.

---

21) Hornstein and Weinberg(1981)에 의하면, (29), (30), (31)의 문장에서 전치사 수동구문이 자유롭게 야기될 수 있는 이유는 동사+(명사)+전치사가 통사적 재분석이 일어났기 때문이라는 것이다. 통사적 재분석이 일어난 부분이 모두 하나의 단어로 대치될 수도 있는 의미적으로 단일개념을 나타낸다고 주장하고 있다. 즉, *talk about*는 'discuss'의 의미를 지니고 있고, *take advantage of*는 'exploit', *keep tabs on*은 'watch (closely)' 등등의 의미를 각기 지니고 있다는 것이다. 이들은 통사적 재분석이 일어난 부분을 가능술어(possible predicate)라 하고, 이러한 가능술어를 결정하는 기준을 다음과 같이 정하고 있다.

(i) a. Meanings of strings of words which are semantic words are noncompositional.
b. Subpart of (most particularly arguments contained in) semantic words are not referential in meaning.

즉, 위의 (ia)가 의미하는 바는 바로 관용어형성규칙 (37)에 참여하는 구성요소들이 핵(head)이어야 한다는 것이고, (ib)는 그 구성요소들이 실사범주(substantive category)이어야 한다는 것이다. 따라서 이러한 주장은 바로 관용어형성규칙 (37)의 타당성을 입증하는 하나의 증거가 된다.

(38) a. a *taken advantage of* saint.
b. a *talked about* reporter
c. a *referred to* solution
d. an *arrived at* result
e. a *gone into* problem, etc.

위의 (38)에 제시되는 예들은 관용어형성규칙 (35)에 의해 관용어를 이룬 표현들이 하나의 단일 동사로서 분사가 되어 한정어(attribute)의 수식기능을 수행하고 있음을 보여준다. 이러한 현상은 여러 실사범주의 핵이 결합해 하나의 관용적 동사를 이룬다는 (35)의 관용어 형성규칙의 타당성을 입증해주는 경험적 증거가 된다. Chomsky(1999)에 의하면 실사범주인 동사(구)는 PRT에 의해 선택됨으로써 하나의 약국면을 이루어 형용사적(adjectival) 술어(predicate)나 한정어(attribute)가 될 수 있다고 분석한다.[22] 즉, (38)의 표현 속에 나타나는 관용어의 과거분사와 전체 DP의 구조는 각기 다음과 같이 표현된다. 대표적으로 (38b)의 경우를 예로 든다.

(39) a. [$_{PRTP}$ PRT [$_{V(P)}$ talk about]]
b. [$_{DP}$ a [$_{NP}$ [$_{PRTP}$ PRT [$_{V(P)}$ talk about]] reporter]

한편, 위의 (37)의 구조는 모두 타동사의 구조와 동일한 구조로 해석될 수 있으므로 협소통사부에서 타동사의 구조와 동일하게 취급받게 된다. 그러므로 Chomsky(2001, 2004)에 의하면, (37)의 동사구(VP)들은 도출의 다음 단계에서 능동태 동사(active verb)일 경우에는 강국면을 형성하는 기능범주 v*에 의해 선택되고, 수동태 동사(passive verb)

22) PRT는 동사(구)를 선택하여 분사(participle)구의 국면을 만드는 기능범주인데, 격(Case), 수(number), 성(gender)의 자질은 가지나 인칭(person)의 자질을 갖지 못함으로써 약국면을 형성한다고 본다. 이 경우 동사구를 선택하면 진행형(progressive)이나 수동형(passive)의 술어(predicate)가 되고, 동사 핵을 선택하면 한정어(attribute)가 된다.

일 경우에는 약국면을 형성하는 기능범주 *v*에 의해 선택된다고 본다. 그러나 위와 같은 본장의 논의에 입각하면, 수동태의 경우는 동사구가 곧 바로 *v*에 의해 선택되지 않고 먼저 PRT에 의해 선택되어 분사구의 약국면을 이루고, 다시 이 약국면이 실사범주인 be 동사에 의해 선택되어 실사범주의 투사를 이루고 난 뒤, 그 다음 순환단계에서 실사범주인 그 be 동사의 투사가 기능범주 *v*에 의해 선택되어 약국면을 이루는 것이라고 볼 수 있다.[23] 이러한 도출의 각 순환단계에서 약국면을 형성하는 PRT와 *v* 등은 파이자질상 불완전(ϕ-incomplete)한 기능범주이기 때문에 수동태 동사의 목적어 DP의 격자질을 점검하지 못한다. 따라서 DP는 그의 격자질을 점검받기 위해서 그 다음 순환단계에 이르기까지 계속 제자리(in-situ)에서 기다려야 하며, 마침내 T의 순환단계에 이르면 시제절의 T는 파이자질상 완전(ϕ-complete)할 뿐만 아니라 EPP 자질을 가지므로 DP의 핵 D는 T와의 일치(Agree)를 이루어 그것의 격자질을 점검받고, DP 역시 T의 EPP 자질을 충족하기 위하여 T의 지정어 위치로 단번(one step)에 이동하게 된다. 이러한 과정으로 수동태의 도출이 완성된다.

결론적으로 위의 예문 (29), (30), (31)은 모두 융합과정을 통해 관용어 구조를 형성한 타동사의 수동태와 동일한 구문으로 해석된다. 따라서 전치사 수동구문은 다음과 같은 과정을 통해 도출된다고 볼 수 있다. 대표적으로 (29a)의 경우를 예로 든다.

(40) $[_{CP}$ C $[_{TP}$ Harry$_i$ $[_{T'}$ T $[_{vP}$ v–was$_j$ $[_{VP}$ t_j $[_{PRTP}$ PRT $[_{VP}$ $[_V$ cared for$]$ $t_i]]]]]]]]$[24]

23) 본장의 주장에 기인하는 부수적인 소득은 수동태와 진행형의 경우 각 분사구(participle phrase) 앞에 왜 실사범주인 be 동사가 나타나는지를 설명할 수 있다는 것이다. 즉, PRT를 기능범주로 본다면, 수동태와 진행형의 경우 be 동사의 출현은 실사범주와 기능범주의 상호교차적인 선택의 관계를 유지하기 위한 수단이라고 볼 수 있다.

24) 여기서 *v*P는 강국면이 아니므로 국면불가침조건에 적용되지 않아 DP가 *v*P의 지정어 위치를 경유하지 않고 바로 T의 지정어 위치로 이동할 수 있다.

그러므로 본장에서 제안하고 있는 최소주의 문법체계에 의하면, (32), (31), (35)와 같은 영어의 전치사 수동구문들은 모두 도출과정에서 아무른 문법적 원리를 위반하지 않기 때문에 문법적인 문장으로 수용된다.

5.5 맺음말

이상의 논의에서 살펴 본 것처럼, 본장에서는 영어와 같은 유형의 언어(English-type languages)에서 일부 제한적으로 나타나는 전치사 수동구문의 현상이 Chomsky(2001, 2004, 2005a, 2005b)에서 최근 활발하게 논의되고 있는 소위 '탐침자-목표물 문법체계'에서 어떻게 설명될 수 있는지 그 방안을 모색해 보았다.

필자는 위 5.2절에서 영어의 나타나는 전치사 수동구문의 특수성을 경험적 자료를 통해 확인하였으며, 위 5.3절에서는 이러한 영어의 특수성이 Chomsky(2001, 2004, 2005a, 2005b)의 탐침자-목표물 문법체계에 입각하여 효과적으로 설명될 수 있는지 그 가능성을 검토해 보았다.

그 결과, 탐침자-목표물 문법체계에서 제안하고 있는 주장에 본장에서 추가로 제안하고 있는 (19), (34), (35)의 가정들을 보완하면, 영어의 전치사 수동구문에 나타나는 개별 언어적 독특한 문법 현상들이 최소주의적 보편문법의 틀 내에서 효과적으로 설명될 수 있다는 사실을 확인하였다.

6장
허사구문의 도출

6.1 머리말

본장에서는 최근 Chomsky(2005b)가 그(Chomsky 19950 이후)의 최소주의 프로그램 내에서 새롭게 제안하는 소위 수정 탐침자-목표물 문법체계(Revised Probe-Goal Framework) 하에서 영어에 나타나는 *there*-허사구문(expletive *there*-construction, 이하 '허사구문')의 도출과 관련하여 발생할 수 있는 문제점들을 살펴보고, 이러한 문제점들을 해결할 수 있는 보편문법적인 방안을 강구해 보고자 한다.

6.2 외곽자질과 허사구문

주지하다시피, Chomsky(2005b)의 수정 탐침자-목표물 문법체계에서는 EPP-자질(EPP-feature)을 가정하지 않는다. 그렇다면 일치자질의 탐색에 의한 T와 V의 지정어 위치로 이동하는 내부병합(internal Merge: IM)의 유발력(triggering force)은 무엇인가? 이러한 문제는 다음과 같은 외곽자질(edge feature: EF)에 대한 Chomsky(2005b)의 가정에 의해 그 해답을 찾을 수 있다.

(1) (i) 내부병합에 의한 이차병합을 유발하는 외곽자질은 오직 C와 v*의 외곽자질이다.
(Only C and v* have EF that can trigger second-Merge by IM.)
(ii) 이차병합을 유발하는 외곽자질은 국면의 핵으로부터 일치자질이 계승될 때 함께 계승될 수 있다.[1)]
(The second-Merge triggering EF can be inherited from the phase head along with the Agree-feature.)
(iii) 계승된 외곽자질은 일종의 자질확산작용에 의해 그 국면에 나타나는 모든 T에게 전달된다.
(The inherited EF extends, by some kind of feature-spread, to all T's in the phase.)

(1ii)의 가정에 비추어 보면, C-T나 v*-V의 연합체에 의한 일치자질에 의해 T와 V의 지정어 위치로 인상되는 주어와 목적어의 내부병합은 바로 C와 v*로부터 계승된 T와 V의 외곽자질에 기인한다는 사실을 알 수 있다. 이러한 가정을 채택하면, 이제 EPP-자질을 설정하지 않고도 T의 지정어 위치로 주어 명사구가 인상되는 EPP 현상을 포착할 수 있다. 또한, 인상구문이나 예외격표시구문에서 주절 T나 V의 일치자질에 의해 야기되는 인상의 경우 이동요소가 종속절 T의 지정어를 경유하는 소위 연속적 순환 논항이동(successive cyclic A-movement)을 수행하게 되는데, 이제 이러한 순환이동도, (1iii)에 의하면, 역시 자질확산작용에 의해 그 국면 내부에 나타나는 모든 T에게 계승된 C나

1) Chomsky(2005b)에서는 최적화(optimization)의 원리 하에서 일치자질의 계승은 국면핵(phase-head)의 일반적 특성이라 주장하면서 (i)의 가정을 다음과 같이 일반화하고 있다.
(i) C와 v*는 국면의 핵이며, 그들의 일치자질은 그들이 선택하는 어휘항목에 의해 계승된다.
(C and v* are the phase-heads, and their Agree-feature is inherited by the LI they select.)

v*의 외곽자질에 기인한다는 것을 알 수 있다.

그러면, 아래 예문을 고려해 보자.

(2) a. There is expected to arrive a man.
    b. *There is expected a man to arrive.

위의 예문에서 (2a)는 문법적이지만, (2b)는 비문법적이다. 수정 탐침자–목표물 문법체계 하에서 이들은 각기 다음과 같은 협소통사부(narrow syntax: NS)의 최종 도출을 갖는다. (아래 구조표현에서 t_{there}와 $t_{a\ man}$은 각기 *there*와 *a man*의 복사(흔적, copy)를 의미함.)

(3) a. $[_{CP}$ C $[_{TP}$ there T be expected $[_{TP}$ t_{there} to-arrive $[_{DO}$ a man]]]]
    b. $[_{CP}$ C $[_{TP}$ there T be expected $[_{TP}$ a man to-arrive $[_{DO}$ $t_{a\ man}$]]]]

즉, (1iii)의 가정에 의해 주절 C로부터 주절 T로 계승된 외곽자질과 일치자질은 종속절의 T로까지 확산되고, 이렇게 확산된 종속절 T의 외곽자질은 병합(Merge)의 연산에 의해 충족되어야 하는데, (3)의 도출을 고려해 볼 때, (2b)가 비문법적인 표현이 되는 것은 도출 과정에서 어휘배열로부터 어휘항목의 선택에 의해 이루어지는 외부병합(external Merge: EM)의 연산이 도출 속에 이미 존재하는 구성요소의 내부병합(internal Merge)인 이동(Move)보다 우선한다는 다음과 같은 소위 병합우선조건(Merge-over-Move condition: MOM)을 위반하고 있기 때문이라는 것을 알 수 있다.

(4) 병합우선조건(MOM): 가능하다면, 병합이 이동에 우선한다.(Merge preempts Move if possible.)

즉, Chomsky의 최소주의 프로그램에 의하면, 외부병합(EM)인 이동(Move)은 일치(Agree)/수반(Pied-Pipe)/병합(Merge)의 복합작용인데 반해 내부병합(IM)은 일치(Agree)/병합(Merge)의 복합작용이라 분석하는데,[2] 이 경우 내부병합이 이동보다 더 간단한 작용이므로 내부병합과 이동이 경합하는 상황에서 이동보다 내부병합이 선택된다고 본다.

즉, 위의 두 도출에서 종속절 TP의 순환단계에 이르면, 계승된 종속절 T의 외곽자질을 충족하기 위해 종속절의 직접목적어(DO)인 *a man*과 어휘배열(LA) 속에서 대기 중인 허사 there가 경합을 벌이게 되는데, 이러한 경우 직접목적어인 a man을 TP의 지정어 위치로 이동하기보다는 어휘배열 속에 대기 중에 있는 허사 *there*를 병합하는 것이 훨씬 경제적인 도출이 된다는 것이다. 따라서 (3b)의 도출은 (3a)보다 비경제적이기 때문에 병합우선조건에 의해 파산(crash)된다. 이제 남아있는 도출인 (3a)에서는 종속절의 주어 위치에 병합된 *there*는 그 뒤 주절 TP의 순환단계에 이르면 주절 T의 외곽자질을 충족하기 위해 다시 주절 TP의 지정어 위치로 이동하여 (2a)의 표현을 생성하게 된다.

여기서 주목해야 할 사실은 위와 같은 비대격동사(unaccusative verb)의 허사구문에서는 비대격동사의 보충어(직접목적어 DO)인 명사구가 종속절의 T와는 물론 주절의 T와도 파이자질상 일치를 이루지만 결코 이동하지 않고 기저위치를 고수하고 있다는 점이다. 이러한 현상은 다음과 같은 수동허사구문(passive expletive construction)에서도 나타남을 알 수 있다.

(5) There *was awarded* several prizes.

---

2) 기존의 생성문법이론에서는 두 통사대상이 결합하여 하나의 통사대상을 만드는 병합은 한 요소가 다른 요소를 선택하는 선택(selection)의 관계로 설명되어 왔지만, 최소주의 이론에서는 선택관계가 선택자와 피선택자 사이의 파이자질상 일치가 일어나며, 이러한 일치의 결과로 병합이 일어난다고 본다.

Chomsky(2005b)의 수정 탐침자-목표물 문법체계에 의하면, 일치자질의 탐색에 의한 일치와 외곽자질의 탐색에 의한 내부병합은 상호독립적인 연산이므로, 내부병합 없는 일치가 존재할 수 있는데, 바로 이러한 일치현상이 장거리일치(long-distance agreement)라 한다. 영어에서 장거리일치는 주로 위와 같은 허사구문(expletive construction)에서 발생한다.

그러면, 여기서 장거리일치 현상과 관련하여 허사구문과 비허사구문의 도출상의 차이를 간단히 살펴보자. 먼저, (6)의 허사구문을 고려해 보자.

(6) a. there arrives a student from New York
  b. C [there [T [$_{vP}$ v [$_{VP}$ arrives a student from New York]]]]

위의 허사구문에서 T는 일치자질의 탐색에 의해 비해석성 격자질을 갖는 *a student*와 장거리일치를 이룬다. 이러한 일치를 통해 *a student*는 그것의 격자질에 대한 값을 부여받는다. 이 경우 허사 *there*가 T의 지정어 위치에 외부병합(EM)되는 이유는 C로부터 일치자질을 계승받을 때 함께 계승받은 T의 외곽자질에 기인한다. 즉, 어휘배열(lexical array: LA)에 *there*가 선택된 경우는 (4)의 병합우선조건에 의해 T의 외곽자질을 충족하기 위해 *there*가 삽입되므로 (6)의 허사구문이 도출되고, *there*가 선택되지 않은 경우는 T의 외곽자질을 충족하기 위해 *a student*가 인상되어 다음과 같이 비대격구문(unaccusative construction)을 이루게 된다(아래 예문에서 $t_{\text{a student}}$는 *a student*의 복사(흔적)를 의미함).

(7) a. a student arrives from New York
  b. C [*a student* [T [$_{vP}$ v [$_{VP}$ arrives $t_{\text{a student}}$ from New York]]]]

6.3 문제점의 발견

먼저, 아래 예문을 고려해 보자.

(8) a. *there will a student take the class
    b. C [there [will T [$_{v*P}$ a student [$_{v*'}$ v* [$_{VP}$ take the class]]]]]

위의 예문은 소위 타동허사구문(transitive expletive construction: TEC)인데, 영어에서는 허용되지 않는 비문법적인 문장이다. 요컨대, 영어에서는 타동사구문에서 T의 일치연산이 적용될 때 반드시 다음 예문에서와 같이 v*의 외재논항이 T의 지정어 위치로 의무적으로 인상되어야 한다(아래 예문의 구조표현에서 $t_{a\ student}$는 *a student*의 복사(흔적)를 의미함).

(9) a. a student will take the class
    b. C [a student [will T [$_{v*P}$ $t_{a\ student}$ [$_{v*'}$ v* [$_{VP}$ take the class]]]]]

그러나 이러한 타동사구문에 나타나는 영어의 의무적 주어인상의 문제는 일치와 병합의 연산을 상호 독립적인 연산으로 취급하는 Chomsky(2005b)의 수정 탐침자-목표물 문법체계에서는 그 설명이 불가능하다. 물론 허사를 갖지 않는 언어에서는 T의 외곽자질이 주어인상에 의해서만 충족될 수 있으므로 (7)과 (9) 등과 같은 비허사구문(non-expletive construction)만을 허용한다는 것은 당연하다. 그러나 영어처럼 허사 *there*를 갖는 유형의 언어에서는 장거리일치 시에 허사의 외부병합이 허용된다면, 이는 (7)과 같은 비대격구문(unaccusative construction)뿐만 아니라 (9)와 같은 대격구문(accusative construction)에까지 장거리일치 시 허사구문이 허용될 수 있다는 말이다. 그럼에도 불구하고 (8)에서 확인되는 바와 같이 영어에서는 대격구문의 허사구문인 타동허사구문이 허용되지 않는다. 이러한 현상은 수정 탐침자-목표물 문법체계의 문법체계 하에서 설명될 수 없는 하나의 미스터리이다.

또한, 다음 예문을 고려해 보자.

(10) a. *There came *several angry men* into the room.
b. *There arrived *a strange package* in the mail.
c. *There was placed *a large book* on the table.

위의 예문은 비대격동사나 수동태동사의 직접목적어가 기저위치를 고수하고 있음에도 불구하고 모두 비문법적이다. 이러한 현상도, 위의 (5)와 (6)과 비교해 볼 때, 일치와 병합을 독립적인 연산으로 취급하는 Chomsky(2005b)의 수정 탐침자-목표물 문법체계 내에서 설명될 수 없는 문제점으로 남는다.

또한 다음 예문을 고려해 보자.

(11) a. there was never seen a student from New York
b. C [there [T [$_{vP}$ v [$_{VP}$ was never seen a student from New York]]]]

이 예문은 위의 예문 (5)에서 살펴본 바와 같은 수동허사구문(passive expletive construction)의 예로서, 위의 (6)의 비대격허사구문(unaccusative expletive construction)에서와 마찬가지로 영어와 같이 허사를 허용하는 언어에서 T의 탐색에 의한 장거리일치가 이루어질 경우, 만약 목표물의 인상이 이루어지지 않는다면 허사가 T의 지정어 위치에 외부병합되어 T의 외곽자질을 충족할 수 있다는 사실을 확인하고 있다. 그렇다면 다음 예문을 고려해 보자(이 예문에서 t_{who}는 *who*의 이동으로 남는 복사(흔적)임).

(12) a. *who was there never seen?
b. [who C [there [T [$_{vP}$ v [$_{VP}$ was never seen t_{who}]]]]]

이 예문은 위의 (11)과 같은 구조에서 도출되는 *wh*-의문문으로, Chomsky(2005b)에 의하면, C-T 연합체의 목표물 탐색 시에 허사 *there*의 삽입과 함께 의문사 *who*가 C의 지정어로 인상되어 C의 외곽자질을 충족하고 있는 경우이다. (12)는 겉으로 보았을 때 도출상 아무런 위반도 야기하지 않는다. 그럼에도 불구하고 이 예문은 영어에서 사실상 비문법적인 것으로 판정된다. 이 예문을 아래 (13)에 제시되는 비허사구문(non-expletive construction)의 경우와 비교해 보자(이 예문에서 $t_{who1/2}$는 who_1과 who_2의 동시적 인상으로 남는 복사(흔적)를 의미함).

(13) a. who was never seen?
b. [who_1 C [who_2 [T [$_{vP}$ v [$_{VP}$ was never seen $t_{who1/2}$]]]]][3)]

위의 예문은, (12)에서와 달리, C-T의 탐색에 의한 일치가 이루어질 때 T의 지정어 위치로 목적어 *who*의 인상이 이루어진 경우이다. 이 경우는, 위에서 논의한 바처럼, C의 외곽자질을 충족하기 위해 목적어 *who*가 동시에 C의 지정어 위치로도 인상된 경우로 (13b)의 통사대상을 도출한다. 흥미로운 사실은 (12)와 비교해 이 문장이 문법적이라는 사실이다. 요컨대, 영어에서 허사구문은 관련명사구(associate NP)에 대한 *wh*-의문문을 허용하지 않으나 비허사구문은 허용한다. 이러한 현상에서 확인되는 문법적 사실은 C의 외곽자질이 목표물(goal)의 인상(즉, 내부병합)에 의해 충족된다면 C로부터 계승된 T의 외곽자질도 반드시 목표물의 인상(즉, 내부병합)에 의해서 충족되어야 한

3) T의 지정어 위치에 나타나는 who_2와 복사(흔적) t_{who}는 감각운동접합부(SM interface)에서 who_1의 복사로 인정되어 삭제된다.

다는 사실이다. (12)와 (13)의 대조에서 확인되는 바와 같이, 영어의 *wh*-의문문에 나타나는 이러한 의무적 인상현상은 수정 탐침자-목표물 문법체계의 문법체계에서 도저히 설명될 수 없는 또 하나의 미스터리이다.[4)]

6.4 해결책의 모색

먼저, 위의 (8)의 예문과 관련하여 지적된 '왜 영어에서는 타동허사구문(transitive expletive construction: TEC)이 존재하지 않는가?'의 문제에 대해 고려해 보자.

Chomsky(1995)에 의하면, 영어에서도 다중주어구문(multiple subject construction: MSC)이 허용되는 경우가 있는데, 바로 이 경우가 아래 (14)와 같은 영어에 나타나는 타동허사구문의 형태라고 볼 수 있다는 것이다.[5)]

(14) a. There entered the room *a man from England*.
 b. There hit the stands *a new journal*.

그러면, 여기서 (14a)의 경우를 중심으로 영어의 타동허사구문에 해당하는 다중주어구문이 Chomsky(2005b)의 수정 탐침자-목표물 문

4) 이러한 미스터리의 경우는 기술적(descriptive)이긴 하지만 다음과 같은 조건의 설정으로 설명될 수 있다.
 (i) C의 외곽자질이 내부병합에 의해 충족된다면 C로부터 계승된 T의 외곽자질도 반드시 내부병합에 의해 충족되어야 한다. (EF inherited by T from C must be satisfied by IM in case that EF of C is satisfied by IM.)

5) Chomsky(1995)에 의하면, 영어에 나타나는 타동허사구문의 특징은 허사 *there*가 '장소'의 의미를 띠는 준처소격 특성(semi-locative character)을 가지며, 문미에 나타나는 주어 명사구가 중량(heaviness)이 나간다는 것이다.

법체계에서 어떻게 생성될 수 있는지를 살펴보자.

먼저, (14a)의 도출을 위한 배번집합은 다음과 같이 구성된다.

(15) (T, v*, there, a, man, from, England, entered, the, room)

이 배번집합으로부터 선발(Select)과 병합(Merge)의 반복적 연산작용으로 다음과 같은 도출의 단계에 이르게 된다.

(16) $[_{CP}$ C $[_{TP}$ T $[_{v^*P}$ a man from England $[_{v^{*\prime}}$ v* $[_{VP}$ entered $[_{DP}$ the room]]]]]]

이 단계에 이르면, C로부터 계승받은 T의 외곽자질을 충족하기 위해서 C-T 연합체의 탐침 시 TP의 지정어위치에 배번집합에 남아있는 *there*을 병합할 것인지 아니면 이미 vP의 지정어 위치에 이미 병합되어 있는 명사구인 *a man from England*를 이동할 것인지가 경합관계에 있게 되는데, 이때 (4)의 병합우선조건에 의해 배번집합에 남아 있는 *there*를 선발하여 TP의 지정어위치에 병합하는 경우가 선택된다. 이 결과로 얻게 되는 도출은 다음 (17)과 같다.

(17) $[_{CP}$ C $[_{TP}$ there $[_{T'}$ T $[_{v^*P}$ a man from England $[_{v^{*\prime}}$ v* $[_{VP}$ entered $[_{DP}$ the room]]]]]]

그러나 (17)은 (8)의 경우와 마찬가지로 영어에 존재하지 않는 비문법적인 타동허사구문의 어순을 가지고 있다.

Chomsky의 최소주의 프로그램에서 어순은 형태부(Morphology) 이후에 음성형태부(PF-component)에서 결정되는 것으로 가정하므로, 위의 (17)의 표현은 위에서 살펴본 협소통사부(narrow syntax: NS)의 연산과는 별개로 음성형태부에서 어순상의 변화가 일어난다고 보아야 한다. Chomsky(1995)의 주장에 의하면, 영어에서 문장의 주어는 '주제-평언구조(theme-rheme structure)'에 의해 음성형태부에서 문두가 아니면 문미에 나타나야 하는데, (17)의 경우 문두의 주어위치에는 이미 허사 *there*가 나타나므로 주어명사구인 *a man from England*는 음성형태부에서 문미로 외치가 일어나는 것으로 본다. 이러한 '주제-평언구조'의 결과로 (14)와 같은 영어의 타동허사구문이 도출되고, 그 결과 '동사-둘째 조건(V-second condition)'이라는 보편문법적 요구까지도 충족하게 된다.

이러한 주장이 옳다면, 영어의 타동허사구문으로 볼 수 있는 다중주어구문에서 문미에 나타나는 주어는 '주제-평언구조(theme-rheme structure)'에 의한 음운부(ϕ)에서 일어나는 음운자질(phonological features) 이동으로 보아야한다. Chomsky(2001)에 의하면, '주제-평언구조'와 같은 범주의 이동과 관련되는 음운부의 규칙은 협소통사부의 도출이 진행되는 도중 vP(혹은 v*P)의 순환단계에 이르면, 일단 그때까지 구축된 vP를 음운부로 이관(transfer)하여 음운부에서 해당 규칙을 적용하고, 그 후 다시 협소통사부로 돌아와 그 다음 단계의 도출을 계속 진행한다는 것이다. 따라서 음운부의 이동은 음운자질들만의 이동이므로 발화상의 어순(word order)에는 영향은 미치나 협소통사부의 구조상에는 전혀 영향을 미치지 않는다.

즉, (14)의 도출은 '주제-평언구조'의 적용 후 다음과 같은 중간단계의 도출에 이르게 된다.

(18) $[_{CP}$ C $[_{TP}$ T $[_{v^*P}$ $[_{v^*P}$ $t_{a\ man\ from\ England}$ $[_{v^{*\prime}}$ v^* $[_{VP}$ entered $[_{DP}$ the room]]]] *a man from England*]]]

요컨대, 위의 (18)의 구조에서 흔적으로 표현되는 $t_{a\ man\ from\ England}$는 음운적으로 공범주이나 협소통사부상에서는 여전히 음운자질만 없는 *a man from England*의 상태로 남아있다는 것이다. 또한 음운부에서 발생한 음운자질들의 이동은 협소통사부의 연산에는 전혀 감지가 되지 않는다. 왜냐하면, 협소통사부의 연산에는 어휘항목의 형식자질(formal features)들만이 가시적(visible)이기 때문이다. 따라서 (18)은 협소통사부에서 다음 (19)에서 표현되는 바와 같이 여전히 *a man from England*가 v*P의 지정어 위치에 나타나고 있는 것으로 인식된다.

(19) [$_{CP}$ C [$_{TP}$ T [$_{v*P}$ [$_{v*P}$ *a man from England* [$_{v*'}$ *v** [$_{VP}$ entered [$_{DP}$ the room]]]] *a man from England*]]]

위의 표현에서 v*P의 지정어 위치에 나타나는 *a man from England*는 음운자질은 갖지 않지만 파이자질과 격자질을 포함하는 형식자질(formal features)과 의미자질(semantic features)은 그대로 유지된다. 따라서 계속 이어지는 협소통사부의 도출과정에서 CP의 순환단계에 이르면, 지정어 위치에 나타나는 *a man from England*의 파이자질은 C-T 연합체의 탐색에 의해 T의 파이자질과 일치를 이루게 되고, 그 결과로 T의 파이자질과 *several packages*의 격자질이 값을 부여받고 (양도의 연산이 적용된 이후에 의미부에서) 삭제된다. 또한 C로부터 계승받은 T의 외곽자질(EF)을 충족하기 위해 배번집합으로부터 there가 선택되어 병합되면, 마침내 다음 (20)에서와 같은 (14a)의 도출이 완성된다.[6]

(20) [$_{CP}$ C [$_{TP}$ there [$_{T'}$ T [$_{v*P}$ [$_{v*P}$ *a man from England* [$_{v*'}$ *v** [$_{VP}$ entered [$_{DP}$ the room]]]] *a man from England*]]]]

6) (20)이 문자화 이후 음운부에 이르면, 흔적인 *a man from England*는 음운자질이 없으므로 발음되지 않으나 협소통사부에서 비가시적인 *a man from England*는 음운자질을 가지므로 음운부의 음성해석규칙에 의해 소리로 발화된다.

이때 C-T 연합체로서 그것과 일치를 이룰 목표물을 탐색하는 과정에서 이미 음운부에서 '주제-평언구조'에 의해 이동한 *a man from England*에게는 전혀 영향을 미치지 못한다. 왜냐하면, 음운부의 이동은 협소통사부에서는 전혀 감지되지 않기 때문이다.

이러한 주장은 아래 (18)에 의해서 사실임이 확인된다.

(21) a. *How many men did there enter the room $t_{\text{how many men}}$.
b. *How many journals did there hit the stand $t_{\text{how many journals}}$.

즉, (21)은 위의 논의에서와 같이 영어의 타동허사구문에서 문장의 주어가 '주제-평언구조'에 의해 v*P에 부착되는 문미로 이동할 경우, 이동한 주어는 물론이고 그 주어의 흔적까지도 wh-구로서 Wh-이동에 참여할 수 없다는 것을 보여주고 있다. 이러한 현상은 위에서 논의한 바와 같이 (21)의 도출은 '주제-평언구조'의 적용 후 아래 (22)와 같은 중간단계의 도출에 이르게 되는데,

(22) $[_{CP}$ C $[_{TP}$ T $[_{v*P}$ $[_{v*P}$ $t_{\text{how many men}}$ $[_{v*'}$ $v*$ $[_{VP}$ entered $[_{DP}$ the room$]]]]$ *how many men*$]]]$

이 도출의 순환단계에 이르면 C-T 연합체의 탐색에 의해 먼저 T는 위에서 언급한 바와 같이 $t_{\text{how many men}}$과 파이자질상의 일치를 이루고, 또 C로부터 계승된 그것의 외곽자질은 배번집합으로부터 선택된 there의 병합으로 충족된다. 또한 이와 동시에 C의 Q-자질과 외곽자질 역시 그들과 자질상 일치를 이루는 *wh*-구에 의해 협소통사부에서 점검되거나 충족되어야 한다.[7] *Wh*-이동은 자질상 일치

7) CP의 지정어 위치로 이동하는 *wh*-구의 이동도 일치에 의한 EPP-자질의 충족이라면, 파이자질상의 일치를 위해서는 *wh*-구가 비해석성의 자질을 가짐으로써 활성화(active)되어야 한다. 그러나 *wh*-구가 DP일 경우는 그 파이자질이 해석성 자질일 뿐만 아니라 그것

를 통한 C의 외곽자질을 충족하기 위하여 이루어지는 내부병합이므로 당연히 협소통사부의 작용으로 보아야 한다. 위에서 언급한 바처럼 음운부에서의 음운자질의 이동은 협소통사부의 작용에 비가시적이므로, (22)의 도출에서 문미로 이동한 *how many men*은 협소통사부의 작용에 전혀 영향을 미치지 못한다. 따라서 Wh-이동에 의해 CP의 지정어 위치로 이동할 요소는 여전히 협소통사부에서 가시적인 v*P의 지정어 위치에 나타나는 $t_{how\ many\ men}$이 되어야 한다. 이것은 '주제-평언구조'에 의해 이동한 *wh*-구의 흔적이긴 하지만 파이자질과 [+WH]-자질 등 협소통사부의 작용에 반응하는 형식자질들을 모두 가지고 있을 뿐만 아니라, v*P의 지정어 위치에 나타나므로 국면불가침조건(PIC)과도 상관없이 바로 CP의 지정어 위치로 이동할 수 있게 된다.8)

그럼에도 불구하고, 왜 (22)의 도출과 관련되는 (21)의 예문들은 모두 비문법적인 문장으로 판정되는 것일까? 바로 이러한 문제점에 대해서 Chomsky(2001)에서는 다음과 같이 주장하고 있다. 먼저 협소

의 격자질 역시 v*나 T에 의해 이미 값을 부여받았으므로 비해석성의 자질을 갖지 못한다. 따라서 *Wh*-이동의 경우는 *wh*-구의 [+WH]-자질이 비단 의미부에서는 해석성의 자질이지만 협소통사부에서는 비해석성 자질의 역할을 한다고 보아야 한다.

8) Chomsky(2001, 2004)에서는 국면불가침조건(PIC)을 다음 (i)와 같이 정의하고 있다.

(i) H가 강국면 HP의 핵이고, ZP는 차상위의 강국면일 때, H의 영역은 ZP의 순환단계에서 적용되는 연산작용에 참여할 수 없지만, H와 그것의 외곽요소는 참여할 수 있다. (The domain of H is not accessible to operations at ZP, but only H and its edge, (where H is the head of strong phase HP, and ZP is the next strong phase).

(i)의 국면불가침조건에 의하면, 강국면 HP의 핵(head)인 H와 그것의 외곽(edge)에 해당되는 지정어(Spec)와 부착요소(adjoined element)만이 차상위 강국면(the next strong phase) ZP의 연산작용(operation)에 참여할 수 있다. 즉, 차상위 강국면 ZP의 핵 Z가 비해석성(uninterpretable) 파이자질(ф-feature)이나 EPP-자질을 가질 때, 이들을 제거(delete)하기 위해 일치(Agree)나 이동(Move) 등의 연산이 일어나는데, 이러한 연산에 참여할 수 있는 요소는 바로 차하위 강국면 HP의 핵 H와 외곽 요소들(edge elements)이라는 것이다. 따라서 강국면 HP의 영역(domain)인 보충어 위치에 남아있는 요소는 차상위 강국면의 연산에 전혀 영향을 받지 않으므로 도출(derivation)이 차상위 강국면에 이르기 전에 즉시 양도(TRANSFER)에 의해 음운부로 이관되어 문자화(Spell-Out)에 의해 문자판독되어야 한다. 따라서 강국면 HP의 보충어가 HP의 지정어 위치로 이동되지 않는 한 그 보충어와 그 보충어에 내포되는 요소들은 차상위 강국면에 적용되는 연산작용에 참여할 수 없게 된다.

통사부의 이동은 다음과 같이 분석된다.

(23) 이동(Move) = 일치(Agree) + 수반(Pied-Pipe) + 병합(Merge)

즉, 협소통사부에서 야기되는 이동의 작용은 일치와 수반과 병합의 연산을 모두 포함하는데, 이 중에서 '일치'와 '병합'은 파이자질에 기초해 적용되는 연산이므로 형식자질을 온전히 유지하고 있는 (음운부에서 이동한 요소의) 흔적에도 적용될 수 있으나, '수반'은 아래 정의에서와 같이 음운적 자질을 포함하여 모든 자질을 동반한다는 조건을 갖는 작용으로, 음운자질이 없는 요소에는 '수반'이 적용될 수 없다.

(24) 수반은 음운적 내용을 필요로 한다.
(Pied-Piping requires phonological content.)

따라서 위의 (21a)에서 *how many men*의 이동은 이미 음운부에서 음운자질의 이동이 이루어지고 난 후의 남은 자질들만을 동반하여 이동한 것이므로, 엄격한 의미에서 *how many men*의 이동은 수반의 조건 (16)을 충족하지 못한 이동이다. (21)의 예문들은 어떠한 도출 과정을 선택하더라도 비문법적인 문장으로 판정될 수밖에 없음임이 확인된다.

위의 논의에 의하면, 위 6.3절에서 예문 (8)~(9)와 관련해서 지적한 영어의 타동허사구문의 부재현상과 의무적 주어인상의 문제는 일치와 병합의 연산을 상호 독립적인 연산으로 취급하는 Chomsky(2005b)의 수정 탐침자-목표물 문법체계에서 발생하는 문제점이 아니라, 영어에 적용되는 '주제-평언구조' 혹은 보편적 언어현상인 '동사-둘째 현상(V-second phenomena)'과 관련되는 문제임이 확인되었다.

위 6.3절에서 (10)의 예문들과 관련하여 제기한 비대격허사구문(unaccusative expletive construction)과 수동허사구문(passive expletive construction)의 문제점을 고려해 보자. 위에서 지적한 바와 같이 이들 예문들은, (5)와 (6)의 예문과 비교해 볼 때, 일치와 병합을 독립적인 연산으로 취급하는 Chomsky(2005b)의 수정 탐침자-목표물 문법체계 내에서 모두 도저히 설명될 수 없는 문제점으로 남는다.

(10)의 예문에 대응되는 영어의 문법적인 문장은 다음과 같다.

(25) a. There were *several packages* placed on the table.
b. There were placed on the table *several packages*.

그러나 (25)와 같은 구조의 예문은 다른 게르만언어(Germanic languages)에서는 나타나지 않는 영어의 개별언어적 특이성이며, 위의 (5), (6), (11)에서 확인되는 바와 같이 영어에서 문법적인 비대격허사구문과 수동허사구문의 경우는 바로 (25b)와 동일한 구조임을 알 수 있다.[9] 즉, 이들 문장에서 비대격동사와 수동태동사의 직접목적어(보충어)는 사실상 동사에 인접한 그들의 기저위치가 아니라 (공허한 이동(vacuous movement)이긴 하지만) 우향이동(rightward movement)에 의해 문미로 이동한 경우임을 알 수 있다.

Chomsky(2001)에 의하면 모든 인간언어는 기본적으로 동일하며 개별언어적 특이성은 모두 발화상의 현상으로 음운부에서 다루어져야 한다고 본다.[10] 따라서 (25)의 예문에 나타나는 영어의 특이성은 다

9) Chomsky(2001)에 의하면, 영어에서 (5), (6), (25)와 같은 표현들은 (10)에 비해서는 훨씬 문법적이나 그 수용성(acceptability)의 정도는 ?가 된다고 보고 있다.

10) Chomsky(2001)에서는 다음과 같은 소위 획일성 원리(uniformity principle)를 제시한다.
(i) 반대할 강력한 증거가 없는 경우에는, 언어들은 획일적이라고 가정하여야 하며, 언어간의 다양성은 쉽게 포착되는 발화의 특성에 국한된다고 보아야 한다. (In the absence of compelling evidence to the contrary, assume languages to be uniform, with variety restricted to easily detectable properties of utterances.)

음과 같은 영어의 개별언어적 특성으로 다루어져야 한다는 것이다.

(26) 비대격구문과 수동태구문일 경우, 영어에서는 [V-DO] 형태의 표면적 구조가 금지된다.
(English bars surface structures of the form [V-DO], where the construction is unaccusative/passive.)

(26)의 개별언어적 특성에 의해, 영어에서 (10)과 같은 구조의 예문들은 모두 비문법적인 문장이 된다. 따라서 Chomsky(2001)에서는 영어의 (25)와 같은 구조의 예문을 생성하기 위해 다음과 같은 소위 '주제화/적출화(Thematization/Extraction: TH/EX)'이라는 언어개별적인 규칙을 제안하고 있다.

(27) 수동태동사나 비대격동사의 허사구문에서 직접목적어는 '주제화/적출화'의 의무적 규칙에 의해 vP의 외곽으로 이동한다.
(In the expletive constructions of passives or unaccusatives, DO is extracted to the edge of vP by an obligatory rule TH/EX.)

또한 Chomsky(2001)에서는 '주제화/적출화'를 위에서 영어의 타동허사구문과 관련하여 논의한 '주제-평언구조'와 마찬가지로 음운부의 규칙으로 규정하고 있다.

(28) '주제화/적출화'는 음운부의 작용이다.
(TH/EX is an operation of the phonological component.)

(27)의 제안에 의하면, (25)의 도출은 각기 다음과 같은 구조로 표현된다.

(29) a. There T [$_{vP}$ several packages [$_{v'}$ v [$_{VP}$ were placed $t_{several\ packages}$ on the table]]].

b. There T [$_{vP}$ [$_{vP}$ [$_{v'}$ v [$_{VP}$ were placed $t_{several\ packages}$ on the table]]] several packages].

즉, (29a)는 '주제화(Thematization)'의 경우로 *several packages*가 음운부에서 vP의 지정어 위치로 이동한 경우이고, (29b)는 '적출화(Extraction)'의 경우로 *several packages*가 음운부에서 vP의 부착(adjunction) 위치로 외치한 경우이다. Chomsky(2001)에 의하면, '주제화/적출화'도 '주제-평언구조'와 마찬가지로 음운부에서 적용되는 음운자질의 이동규칙으로 보며, 그 적용 시점은 협소통사부의 도출이 진행되는 도중 vP의 순환단계에 이르면, 일단 그때까지 구축된 vP를 음운부로 이관(transfer)하여 음운부에서 '주제화/적출화' 규칙을 적용한다는 것이다. 이와 같이 '주제화/적출화' 규칙이 적용된 후에는 다시 협소통사부로 되돌아와 그 다음 단계의 도출이 계속 진행되어 (29)의 도출이 완성된다는 것이다.

따라서 위의 (29)의 구조에서 흔적 $t_{several\ packages}$는 음운적으로 공범주이나 협소통사부상에서는 여전히 음운자질만 없는 *several package*의 상태로 남아 있다는 것이다. 또한 위에서 언급한 바와 같이 음운부에서 적용되는 음운자질들의 이동은 협소통사부의 연산에는 전혀 감지가 되지 않는다. (29)는 협소통사부에서 다음에 표현되는 바와 같이 여전히 *several packages*가 수동태동사의 직접목적어(DO) 위치에 나타나고 있는 것으로 인식된다.

(30) a. There T [$_{vP}$ several packages [$_{v'}$ v [$_{VP}$ were placed *several packages* on the table]]].

b. There T [$_{vP}$ [$_{vP}$ [$_{v'}$ v [$_{VP}$ were placed *several packages* on the table]]] several packages].

따라서 계속 이어지는 협소통사부의 도출과정에서 CP의 순환단계에 이르면, C-T 연합체의 탐색과정에서 직접목적어 위치에 존재하는 *several packages*의 파이자질은 T의 파이자질과 일치를 이루게 되고, 그 결과로 T의 파이자질과 *several packages*의 격자질이 값을 부여받고 (양도의 연산이 적용된 이후에 의미부에서) 삭제된다. 이때 T가 그것과 일치를 이룰 목표물을 탐색하는 과정에서 이미 음운부에서 '주제화/적출화'에 의해 이동한 several packages는 전혀 영향을 미치지 못한다. 왜냐하면, 위에서 언급한 바와 같이 음운부의 이동은 협소통사부에서는 전혀 감지되지 않기 때문이다.

이제 문제로 남는 것은 위 6.3절에서 제기한 예문 (12)와 (13)과 관련되는 문법현상이다. 즉, 위의 논의에서와 같이 비대격동사와 수동태동사의 허사구문에서 주체화/적출화에 의해 비대격동사와 수동태동사의 직접목적어(보충어)가 음운부에서 vP의 지정어나 vP에 부착되는 문미로 이동할 경우, 왜 그 이동한 요소나 혹은 그 요소의 흔적이 wh-구로서 Wh-이동을 할 수 없는가 하는 문제이다. 사실상 그 결과는 영어의 타동허사구문과 관련하여 위에서 살펴본 '주제-평언구조'의 경우에서와 동일하다.

즉, (12)의 도출은 CP의 순환단계에서 구체적으로 다음과 같이 표현된다.

(31) a. [$_{CP}$ *who* [$_{C'}$ C [$_{TP}$ there T [$_{vP}$ who [$_{v'}$ never v [$_{VP}$ was seen t$_{who}$ on the table]]]]]].

b. [$_{CP}$ *who* [$_{C'}$ C [$_{TP}$ there T [$_{vP}$ [$_{vP}$ [$_{v'}$ never v [$_{VP}$ was seen t$_{who}$ on the table]]]]]] who].

위의 도출에서 CP의 순환단계에 이르면 먼저 C-T 연합체의 탐색에 의해 C의 비해석성 Q-자질과 외곽자질과 자질상 일치를 이루는

wh-구가 협소통사부에서 CP의 지정어 위치로 이동해야 한다. 이때 '주제화/적출화'에 의해 음운부에서 이동한 who는 협소통사부의 연산에 비가시적이므로 이동할 수 없고, 또 그것의 흔적인 t_{who}는 협소통사부의 연산에 가시적이나 음운자질을 갖지 않아 '수반(Pied-Pipe)'의 요건 (24)을 충족하지 못해 역시 이동에 참여할 수 없다. 따라서 (12)의 도출은 *wh*-구가 음운부의 이동에 적용되지 않은 (13)과 달리 언제나 비문법적인 문장이 된다.

이러한 결론에 이르면, 아래 예문들에 나타나는 비문법성도 모두 포착할 수 있게 된다.

(32) a. *Who was there delivered to your office *a picture of t*?
b. *What did there arrive in the mail *some books about t*?
c. *What topics were there *some books about t* (being) sold in Boston stores?
d. *He is the guy who there were *lots of songs about t* (being) played on the radio.

즉, 위의 예문들은 모두 '주제화/적출화'에 의해 음운부에서 이동한 요소의 내부로부터 의문사나 관계사가 *Wh*-이동에 의해 또 다시 문두로 이동한 경우이다. 이 경우도 의문사나 관계사의 *Wh*-이동은 협소통사부의 이동이므로 사실상 협소통사부에서 가시적인 '주제화/적출화'에 의해 생겨난 흔적에 적용되는 것으로 보아야 한다. 이 경우 '주제화/적출화'에 의해 생겨난 흔적은 음운자질을 갖지 않으므로, 그 흔적 속에 포함되는 요소들도 모두 음운자질을 갖지 않게 된다. 따라서 '주제화/적출화'에 의해 생겨난 흔적내부로부터 이동되는 *Wh*-이동도 결과적으로는 '수반'에 대한 (24)의 요건을 충족하지 못해 비문법적인 문장이 된다.11)

그러나 (32)의 경우, 만약 의문사나 관계사의 *Wh*-이동이 관련 명사구의 '주제화/적출화'가 일어나기 전에 먼저 적용된다면 (24)의 요건을 충족하게 된다. 이런 경우 위의 (32)에 제시되는 문장들은 모두 문법적인 문장으로 잘못 판정될 수 있다. 그러나 이러한 문제점은 위의 (27)에서 정의하고 있는 '주제화/적출화'는 의무적인 음운부 규칙으로, 협소통사부의 도출 과정에서 vP의 순환단계에 이르면, 즉시 vP를 음운부로 이관(transfer)하여 적용되어야 한다고 가정함으로써 해결될 수 있다. 즉, 이러한 가정에 의하면, '주제화/적출화'는 CP의 순환단계에 이르기 전 이미 vP의 순환단계에서 적용되므로, 따라서 그 뒤 CP의 순환단계에 이르러 적용되는 그 흔적으로부터의 Wh-이동은 언제나 (24)의 요건을 위반할 수밖에 없다.

이상의 논의에 의하면, 위 6.3절에서 (10)과 (11)~(13)과 관련하여 제기한 비대격허사구문과 타동허사구문의 문제점과 또한 이들 구문과 관련되는 *Wh*-이동과 관련되는 문제점들은 일치와 병합의 연산을 상호 독립적인 연산으로 취급하는 Chomsky(2005b)의 수정 탐침자-목표물 문법체계에서 발생하는 문제점들이 아니라, 모두 영어에 적용되는 '주제화/적출화'와 관련되어 발생하는 문제들임이 확인되었다.

6.5 맺음말

최근 Chomsky(2005a, 2005b, 2006)에서 제안하고 있는 강력 최소주의 이론(SMT)의 가설에 의하면, 인간언어는 인간의 진화과정에서 자연

11) 그러나 '주제화/적출화'가 아닌 이동의 경우는 명사구 내부로부터 *Wh*-이동이 일어나면, 약한 장벽의 효과에 의해 그 수용성이 약간 떨어지긴 하지만, 위의 (32)에 비해서 훨씬 문법적인 문장이 된다.

(i) a. ?Who did they deliver to your office *a picture of t*?
b. ?What topics were there *some books about t* selling in Boston stores.
c. ?He's the guy who there were *lots of songs about t* playing on the radio.

의 원리에 따라 자연발생적으로 생겨난 완벽체계(perfect system)로 본다. 이러한 완벽체계를 이루는 인간언어는 인간의 수행체계인 감각운동체계(SM)와 개념의도체계(C-I)의 요구(즉, 해독성 조건(legibility condition))를 가장 이상적으로 충족하는 최적체계(optimal system)이기도 하다. 따라서 강력 최소주의 이론에서는 인간언어에는 자연의 원리나 수행체계의 해독성 조건에 의해 설명되지 못하는 소위 비완벽성(imperfection)의 요소는 없다고 본다. 만약 인간언어에 비완벽성이 실제로 존재한다면, 이러한 비완벽성은 반드시 경험적으로 입증되어야 한다. 경험적으로 증거가 없는 비완벽성은 사실상 실재적 비완벽성(real imperfection)이 아니라, 아직 확인되지 않은 원인에 의한 외견상 비완벽성(apparent imperfection)일 뿐이라는 것이다. 외견상 비완벽성은 차후 언어이론이 발전하면 완벽성으로 재해석될 수 있는 현상으로 본다.

지금까지 우리는 영어의 허사구문과 관련하여 협소통사부의 도출과정에서 음운부의 작용이 개입하는 여러 가지 경우를 살펴보았다. 즉, 개별언어적 규칙인 '주제화/적출화(Thematization/Extraction: TH/EX)'와 '주제-평언구조(theme-rheme structure)', 그리고 '동사-둘째 현상(V-second phenomena)' 등이 모두 이러한 음운부의 작용이다. 이러한 규칙들이 음운부 작용으로 취급되는 이유는 무엇보다도 Chomsky(2001)에서 제안하는 다음과 같은 획일성 원리(uniformity principle) 때문이다.

(33) 반대할 강력한 증거가 없는 경우에는, 언어들은 획일적이라고 가정하여야 하며, 언어 간의 다양성은 쉽게 포착되는 발화의 특성에 국한된다고 보아야 한다.
(In the absence of compelling evidence to the contrary, assume languages to be uniform, with variety restricted to easily detectable properties of utterances.)

즉, (33)의 획일성 원리에 의하면, 모든 자연언어는 어휘부(Lexicon:

LEX)에서 의미표상(SEM)에 이르는 소위 협소통사부(narrow syntax)의 연산과정(computation)은 동일하며, 의미와 상관없이 나타나는 언어 간의 차이는 모두 음운부(phonological component)에서 적용되는 개별언어원리에 의해 발생하는 개별언어현상이라고 보아야 한다는 것이다. 요컨대, 위에서 열거한 개별언어규칙들은 전혀 의미에 영향을 주지 않으면서 개별언어간에 어순상의 차이만 유발하므로, 이러한 현상들은 모두 음운부의 작용에 의한 것으로 취급함으로써 어휘부에서 의미표상에 이르는 도출과정은 모든 자연언어에서 획일적이어야 한다는 (33)의 획일성 원리를 유지할 수 있게 된다.

그러나 이러한 음운부의 규칙들도 최소주의적 정신(Minimalist Idea)에 비춰보면 실재적 비완벽성이 아니라 언젠가 보편문법 내에서 완벽성으로 설명되어야 외견상 비완벽성으로 보아야 한다. 따라서 필자는 Chomsky(2001)의 제안에 입각해[12] 현재로서는 다소 기술적(descriptive) 수준에 머물고 있긴 하지만 이들 음운규칙들을 통괄할 다음과 같은 보편원리(universal principle)를 설정하고자 한다.

(34) 음운부에서는 vP 내부로부터 무엇이든 최대한도로 탈출해야 한다.
(Something most escapes the vP at Phonological Component.)[13]

따라서 (34)가 주어진다면, 사실상 영어의 개별언어규칙인 '주제화/적출화(TH/EX)'와 영어의 타동허사구문(transitive expletive construction:

---

12) Chomsky(2001)은 다음과 같은 일반적인 경제성 조건을 제안하고 있다.
(i) 타동사구문에서는 v*P 내부로부터 무엇이든 최대한도로 탈출해야 한다.
(In transitive constructions, something most escapes the v*P.)

13) 본 정의에서 '최대한도(something most)'란 개념은 언어 간에 매개변인적 차이를 갖는다고 본다. 즉, 일반적인 경우, 아이슬란드어(Icelandic)와 스칸디나비아어(Scandinavian) 등의 OS-언어에서는 주어, 목적어, 동사 등 vP 속에 나타나는 모든 요소가 해당되며, 불어에서는 주어와 동사 등 목적어를 제외한 모든 요소가, 영어에서는 주어가 해당된다. 그러나 '주제화/적출화,' '주제-평언구조,' '동사-둘째 현상' 등의 특수한 개별언어적 요구에 따라 이 개념은 또 다른 변이를 가질 수 있다.

TEC)에 적용되는 '주제-평언구조(theme-rheme structure)'뿐만 아니라 OS-언어의 개별언어규칙인 전위규칙(dislocation: DISL)[14] 등까지도 모두 (34)의 경제성 조건에 기인한다고 볼 수 있으며, 또한 '동사-둘째 현상'과 '동사의 핵이동(V-to-v와 v-to-T)'까지도 (34)에 기인한다고 볼 수 있다. 그러나 (34)는 현재로서는 다소 기술적 차원에 머물고 있지만 이 조건의 일반성이 장차 보편문법적 차원에서 그 근원적인 이유가 밝혀진다면 설명적 타당성(explanatory adequacy)의 차원에까지 이를 수 있으리라 본다.

---

14) Chomsky(2001)에서는 음운부(phonological component)의 규칙으로 OS-언어에 다음과 같은 언어개별적인 전위규칙(dislocation rule) DISL을 설정하고 있다.

(i) OS-언어는 전이된 목적어를 더 상위의 위치로 인상하는 전위규칙 DISL을 가지는데, 이 규칙은 영어의 '주제화/적출화'와 유사한 음운부 규칙이다.
([+OS] languages ahve a dislocation rule DISL that raises OS to a higher position, possibly a phonological rule similar to English TH/EX.)

7장
의문사 의문문의 EPP-효과에 관하여

7.1 머리말

본장에서는 영어와 한국어의 의문사 의문문(*wh*-interrogatives)에서 야기되는 EPP-효과(EPP-effect)가 최근 Chomsky(1999, 2004, 2005a, 2005b)에서 제안하고 있는 소위 탐침자-목표물 문법체계(Probe-Goal Framework)에서 어떻게 포착될 수 있는지 그 방안을 검토해 보고자 한다.[1)]

먼저 아래 영어와 한국어의 의문문을 살펴보자.

(1) a. What did John read?
    b. *Did John read what?

(2) a. 죤이 무엇을 읽었니?

---

1) 최근 Chomsky(2005b)에서는 구이동(XP-movement)을 내부병합(internal Merge: IM)으로 보고 있으며, 이러한 내부병합은 소위 국면(phase)을 이루는 핵심기능범주(canonical functional category: CFC)인 C와 v*의 외곽자질(edge feature: EF)에 기인한다고 본다. 따라서 의문사 의문문에 나타나는 의문사구(*wh*-phrase)의 이동도 의문문 C의 외곽자질을 충족하기 위한 내부병합으로 본다. 이러한 외곽자질에 의한 구이동(즉, 내부병합) 현상을 소위 EPP-효과(EPP-effect)라 한다.

b. 무엇을 존이 읽었니?

표면상 나타나는 영어와 한국어의 두드러진 차이는 영어에서는 의문사(*wh*-phrase)가 반드시 문두로 이동해야 하나 한국어에서는 그렇지 않다는 것이다.

이러한 점을 염두에 두면서, Chomsky(2004)에서 제안하는 소위 획일성 원리(uniformity principle)를 고려해 보자.

(3) 반대할 강력한 증거가 없는 경우에는, 언어들은 획일적이라고 가정하여야 하며, 언어 간의 다양성은 쉽게 포착되는 발화의 특성에 국한된다고 보아야 한다.
(In the absence of compelling evidence to the contrary, assume languages to be uniform, with variety restricted to easily detectable properties of utterances.)

즉, (3)의 획일성 원리는 탐침자-목표물 문법체계의 핵심원리로 '모든 자연언어(natural languages)에서 어휘부(Lexicon: LEX)로부터 협소통사부(narrow syntax: NS)와 의미부(semantic component: Σ)의 연산과정(computation)을 거쳐 도출되는 의미표상(SEM)은 동일하며, 어순과 같이 의미와 상관없이 존재하는 언어 간의 변이형(variations)은 모두 문자화(Spell-Out: S-O) 이후 음성표상(PHON)을 도출하는 음운부(phonological component: ϕ)의 개별언어규칙에 의해 발생하는 개별언어 현상이다'라고 주장한다.

이러한 획일성 원리에 입각하면, 위 (1)과 (2)에서 확인되는 바와 같은 영어와 한국어의 의문사 의문문에 나타나는 어순상의 차이는 단순히 음성표상에 나타나는 차이일 뿐, 협소통사부나 의미표상의 차이는 아니라는 것을 확인할 수 있다.

본장에서는 (3)의 원리를 견지하면서도 (1)과 (2)에서 확인되는 바와 같은 영어와 한국어의 의문사 의문문에 나타나는 어순상의 차이를 포함하여 자연언어에 나타나는 의문사 의문문의 다양한 표면적 문법현상과 언어적 변이(linguistic variations) 현상을 탐침자-목표물 문법체계 하에서 어떻게 포착할 수 있는지 그 방안을 강구하고자 한다.

7.2 새로운 이론의 제안

또한, 탐침자-목표물 문법체계에서 외곽자질에 기인하는 구이동(XP-movement)은 협소통사부에서 다음과 같이 분석되는 것으로 주장되어 왔다.

(4) 이동 = 일치/수반/병합(Move = Agree/Pied-Pipe/Merge)

그리고 Chomsky(2004)에 의하면, 이동(Move)은 양도(TRANSFER)의 연산이 적용되기 전이나 후에 모두 일어날 수 있다고 본다. 즉, 양도 전에 일어나는 이동을 명시적 이동(overt movement)이라 하고 양도 후에 일어나는 이동을 비명시적 이동(covert movement)이라 한다.

(5) 명시적 이동 → 양도 → 비명시적 이동

또한 Chomsky(1994) 이후 최소주의 이론에서는 이동의 결과로 원래의 위치에 남는 것은 흔적(trace)은 공범주(empty)가 아니라 이동한 요소의 대부분의 특성을 그대로 유지하는 그것의 복사(copy)라고 본다. 이러한 이론을 복사이론(Copy Theory)라고 한다. 그러면 복사이론에서는 복사와 선행사의 차이는 무엇일까? 협소통사부의 이동을 (4)~(5)로 분석하는 탐침자-목표물 문법체계에서는 선행사와 복사

의 관계를 다음과 같이 분석한다,

(6) 만약 K와 L이 K가 L의 음운적 자질을 갖지 않는다는 점만을 제외하고 동일하다면, K는 L의 복사가 된다.
(K is a copy of L if K and L is identical except that K lacks the phonological features of L.)

그리고 (4)의 정의에 의하면 이동에는 수반(Pied-Piping) 작용이 포함되는데 수반은 다음의 정의에서와 같이 반드시 음운적 내용을 필요로 한다.2)

(7) 수반은 음운적 내용을 필요로 한다.
(Piped-Piping requires phonological content.)

즉, (7)에 따르면, 이동하는 요소는 반드시 그것의 음운적 실체(자질)를 흔적에 남기지 않고 대동한다는 것이다. 즉 이동하는 요소가 의미자질(semantic features)과 형식자질(formal features)을 대동할 때 그것

2) 양도(TRANSFER)의 연산은 소위 문자화(Spell-Out)의 기능을 갖기 때문에, 문자화에 의해 음운부로 양도되는 언어정보에는 음운자질이 포함되나, 의미부로 양도되는 언어정보에는 음운자질이 차단된다. 또한 협소통사부의 언어정보는 양도의 전과 후에 달리 나타나는데, 양도 전의 국면에서는 음운자질과 의미자질, 형식자질들이 모두 나타나지만 양도 후의 국면에서는 음운자질이 문자화에 의해 음운부로 이관되었으므로 의미자질과 형식자질만이 나타난다. Chomsky(2004)에 의하면, 협소통사부의 이동은 양도가 적용되기 전이나 후 어느 단계의 국면에서든지 일어날 수 있다고 보는데, 본장에서는 양도 전의 이동을 명시적 이동(overt movement), 그리고 이러한 명시적 이동이 일어나는 협소통사부를 명시통사부(overt syntax)라 칭하고, 또한 양도 후의 이동을 비명시적 이동(covert movement), 그 통사부를 비명시적 통사부(covert syntax)이라 한다. 문자화에 의해 양도 후의 도출에는 음운자질이 없으므로 (7)의 정의에서처럼 수반이 음운적 내용을 요구하는 이동의 경우는 양도의 연산이 적용되기 전에 적용되는 명시적 이동에만 해당된다. 또한, (6)에 의하면, 선행사와 복사의 구분이 음운적 실체를 갖느냐 갖지 않느냐에 달려있다면, 문자화 이후 비명시적 통사부에서는 모든 요소가 음운적 실체를 갖지 않기 때문에 이동과 관련되는 선행사와 흔적이 모두 동일한 복사로 취급된다. 따라서 비명시 통사부에서 이동한 요소와 이동 후 남는 요소의 구분이 필요할 경우에 본장에서는 기존의 개념에 입각해 이동한 요소를 '선행사(antecedent),' 그 선행사가 남긴 흔적을 '복사(copy)' 혹은 '복사(흔적, copy(trace))'이라 일컫고자 한다.

들을 흔적에 복사하여 남기나 음운자질은 복사하지 않고 그 내용 자체를 이동한다는 것이다. 따라서 음운적 실체가 있는 선행사는 음운부에서 음운해석규칙에 의해 음성으로 해석될 수 있으나, 그것의 복사는 음운적 실체가 없을 뿐만 아니라 그것의 의미자질과 형식자질들은 음운부에서 비해석성 자질(uninterpretable features)이므로 음운부에서 삭제된다. 그러므로 이제 선행사와 복사의 구분은 음운부에서 음성으로 해석될 수 있는 음운적 실체가 있느냐 없느냐에 따라 이루어질 수 있다.[3] 즉, 음운부에서 음운적 실체를 가지고 있어 음성으로 해석되는 요소는 선행사이며, 음운적 실체를 갖지 않는 요소는 그것의 복사가 된다.

이제, 위의 (6)에 제시되는 복사(copy)의 정의에 의하면, 협소통사부에서 명시적 이동의 경우는 이동하는 요소가 음운자질까지 수반함으로써 선행사가 되지만, 양도 후에 적용되는 비명시적 이동의 경우에는 국면의 모든 구성요소가 오직 형식자질과 의미자질만을 갖기 때문에 범주의 이동은 언제나 음운적 실체를 수반하지 않는 비명시적인 이동을 하게 된다. 따라서 비명시적 이동의 경우는 음운부에서 그것의 음운자질에 의해 음성으로 해석되는 기저위치의 요소가 선행사가 되며, 이동한 요소가 음운적 실체를 갖지 않기 때문에 복사가 된다.

이러한 문법적 작용을 가정하는 Chomsky(2004)의 문법체계를 도표로 나타내면, 다음 (8)과 같이 구체화될 수 있다.

3) 이러한 주장에 대해선 Chomsky(2004)를 참조.

(8) 탐침자-목표물 문법체계(Probe-Goal Framework):

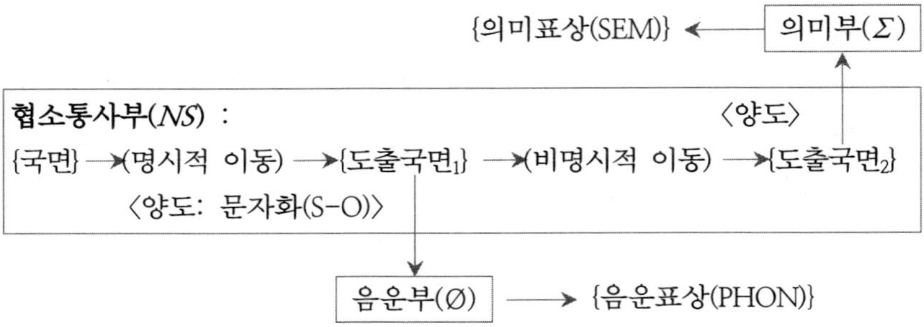

본장에서는 (8)에서 구분하고 있는 명시적 이동과 비명시적 이동은 일치(Agree)의 연산에 관련되는 매개변인에 기인하는 것으로 가정하며, 일치매개변인화(Agree-parameterization)를 다음과 같이 설정하고자 한다.[4)]

(9) (i) 일치는 언어에 따라 명시적 일치와 비명시적 일치로 매개변인화 된다.
(Languages are parameterized for overt/covert([±overt]) Agree.)
(ii) a. 명시적 일치 언어(Overt Agree Languages): 영어, 아이슬란드어, 불가리아어 등
b. 비명시적 일치 언어(Covert Agree Languages): 한국어, 중국어, 일본어 등

위의 (4)와 같은 분석 하에서 (9)의 매개변인화에 의하면, 영어는 명시적인 일치가 일어나는 언어이므로 의문사 이동이 양도 이전에 명시적으로 일어나며, 한국어는 비명시적인 일치가 일어나는 언어이므로 의문사 이동이 양도 이후에 비명시적으로 일어나야 한다.

따라서 이러한 가정에 입각하면, 탐침자-목표물 문법체계 하에

4) Cole & Sung(1994)에서도 이탈이아어와 아이슬란드어 등은 명시적 주어-굴절소 일치(overt Subject-INFL agreement)를 갖는 언어이며, 한국어, 중국어 등은 비명시적인 주어-굴절소 일치(covert Subject-INFL agreement)를 갖는 언어로 분류하고 있다.

서 위 (1a)와 (2a)의 대조에서 보여주는 영어와 한국어 의문사 의문문은 각기 다음과 같은 의미표상을 갖는 것으로 가정할 수 있다.

(10) a.

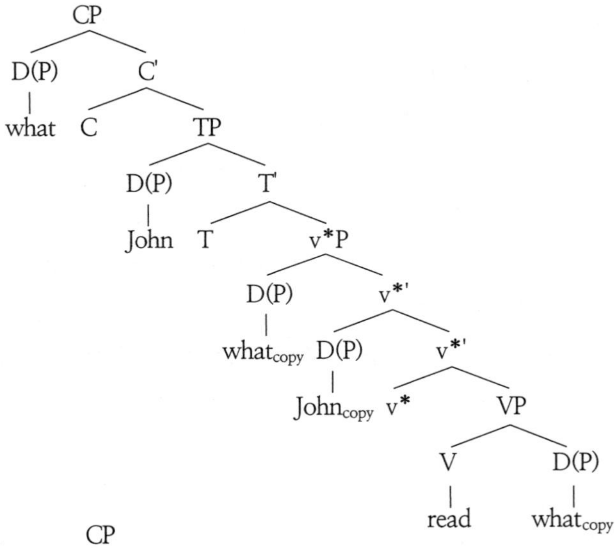

b.

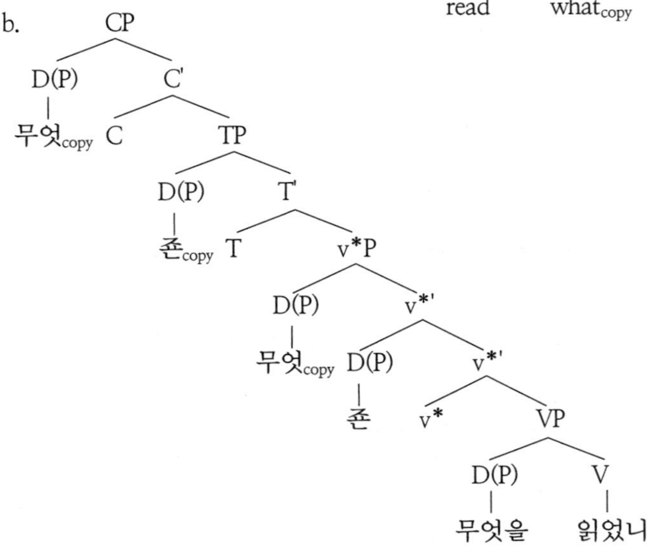

즉, (9)의 가정에 입각한 (10a)와 (10b)의 도출은 영어와 한국어의 의문사 의문문이 (1)과 (2)의 대조에서 보여주는 바와 같이 비록 표면상 어순의 차이는 있지만 어휘배열(lexical array: LA)에서 의미표상(SEM)에 이르는 협소통사부의 도출과정은 동일하다는 것을 알 수 있다. 이는 바로 탐침자-목표물 문법이론에서 제시하고 있는 획일성가설 (3)에 부합하는 결과를 낳는다.

또한, 명시적 일치를 갖지 않는 언어에서는 명시적 이동에 대응하는 또 다른 유형의 가시적 이동(visible movement)을 갖게 되는데 바로 이러한 이동이 뒤섞기(scrambling)이며, 위의 (9iib)에 해당되는 비명시적 일치 언어들은 (9iia)에 해당되는 명시적 일치 언어들과 달리 대부분 이러한 뒤섞기를 자유롭게 허용하는데, 이러한 언어들을 소위 '자유 뒤섞기 언어(free scrambling languages)'라 한다.5)

(11) a. Who bought what?
b. *What who bought?

(12) a. 누가 무엇을 샀니?
b. 무엇을 누가 샀니?

또한 본장에서는 Chomsky(1999, 2004, 2005a, 2005b)의 탐침자-목표물 문법체계의 가정에 따라 의문사 이동(*wh*-movement)은 국면(phase)을 이루는 C의 [+Q]-자질과 그 국면의 내부에 나타나는 모든 *wh*-구

---

5) 참고로 필자는 자유 뒤섞기 언어에서 나타나는 뒤섞기는 일종의 주제-평언 구조(theme-rheme structure)의 요구에 의해 협소통사부(NS)에서 일어나나 뒤섞기에 의해 이동되는 요소는 내부병합(internal Merge)의 경우와 달리 흔적(즉, 복사 copy)을 남기지 않는 것으로 본다(Son, 2003 참조). Chomsky(1995)에 의하면, 영어에서도 아래 (i)과 같은 타동허사구문(transitive expletive construction: TEC)에서 문미에 나타나는 주어명사구는 주제-평언 구조의 요구에 의해 문미로 이동한 것으로 본다.

(i) a. There entered the room *a strange man*.
b. There hit the stands *a new journal*.

(*wh*-phrase)의 [+wh]-자질 간의 의문자질 일치(Q-Agree)가 일어날 때 C의 외곽자질(edge feature: EF)을 충족하기 위하여 일치를 이룬 *wh*-구 중에 하나가 CP의 지정어(Spec)에 내부병합(internal Merge: IM)하는 현상으로 분석하고자 한다.[6] 이때 C를 탐침자(Probe)라 하고, C와 자질상 일치를 이루는 *wh*-구를 목표물(Goal)이라 한다. 일치에 의한 내부병합이 일어날 때는 항상 다음과 같은 최단이동조건(Shortest Move)을 준수한다.

(13) 이동은 가능한 짧을수록 좋다. (The shortest movement is the best one.)[7]

(13)의 조건하에서는 의문자질 일치에 의한 의문사의 내부병합은 언제나 탐침자에 가장 가까운 목표물인 *wh*-구에 대해서만 일어난다. 또한 Chomsky(2005b)에서는 내부병합(즉, 구이동)을 유발하는 외곽자질(EF)에 대해 다음 (14)와 같이 가정하며, 내부병합은 다음 (15)와 같은 국면국부성 조건(phase locality condition)의 통제를 받는다고 본다.

---

6) 탐침자-목표물 문법체계 하에서 탐침자와 목표물 간의 일치는 상응하는 자질들 간의 일치로 보는데, 이 때 탐침자의 자질은 해석성 자질(interpretable features)이며 목표물의 자질은 비해석성 자질(uninterpretabel features)이라고 본다. 따라서 일치는 목표물의 비해석성 자질에 값을 부여함으로써 그 자질을 해석성으로 변환하는 작용을 한다. 이러한 일치의 결과로 도출의 의미표상(SEM)이 개념의도체계(conceptual intentional system: C-I)에서 수렴(convergence)된다. 김용석(2006c)에 의하면, 의문문의 보문소 C와 의문사 사이의 일치도 마찬가지의 작용인데, 이 경우 의문문의 보문소 C가 갖는 의문자질 [+Q]는 해석성 자질(interpretable feature)이나 의문사가 갖는 의문자질인 [+WH]는 비해석성자질(uninterpretable feature)이다.

7) Chomsky(1995)에 의하면, 최단이동조건(Shortest Move)은 다음과 같이 정의된다.

(i) K attracts F if F is the closest feature that can enter into a checking relation with a sublabel of K.

즉, 최단이동조건은 이동은 가능한 한 짧을수록 좋다는 조건으로, 이 조건은 다음과 같은 최소연결조건(minimal link condition: MLC)의 효과에 기인한다.

(ii) Minimize the link of chain.

(14) (i) 내부병합에 의한 이차병합을 유발하는 외곽자질은 오직 C와 v*의 외곽자질이다.
(Only C and v* have EF that can trigger second-Merge by IM.)
(ii) 이차병합을 유발하는 외곽자질은 국면의 핵으로부터 일치자질이 계승될 때 함께 계승될 수 있다.
(The second-Merge triggering EF can be inherited from the phase head along with the Agree-feature.)
(iii) 계승된 외곽자질은 일종의 자질확산작용에 의해 그 국면에 나타나는 모든 T에게 전달된다.
(The inherited EF extends, by some kind of feature-spread, to all T's in the phase.)

(15) 국면국부성 조건:[8]
하위국면에 매입되어 있는 α 내부에 나타나는 요소는 이미 도출과정을 통과하였기 때문에 더 이상 상위국면의 연산에 접근할 수 없다.
(The elements in α embedded in the lower phase, which has already been passed in the derivation, cannot be accessed in the next higher phase.)

따라서 탐침자-목표물 문법체계 하에서 일치와 내부병합의 연산이 적용된 후 영어와 한국어의 다중 의문사 구문(multiple *wh*-construction)의 의미표상(SEM)은 각기 다음과 같다.

8) 국면국부성 조건은 Chomsky(1999, 2004)에서 제안하고 있는 다음과 같은 국면불가침조건(phase impenetrability condition: PIC)의 효과를 내포하고 있다.
(i) H가 강국면 HP의 핵이고, ZP는 차상위의 강국면일 때, H의 영역은 ZP의 순환단계에서 적용되는 연산작용에 참여할 수 없지만, H와 그것의 외곽 요소는 참여할 수 있다.
(The domain of H is not accessible to operations at ZP, but only H and its edge, (where H is the head of strong phase HP, and ZP is the next strong phase).

Overt Agree　　Overt Agree

(16) [$_{CP}$ who [$_{C'}$ [$_{C}$ [+Q]] [$_{TP}$ John [$_{v*P}$ who$_{copy}$ [$_{v*'}$ v* [$_{VP}$ gave who$_{copy}$ what]]]]]]

Overt Move　　Overt Move

Covert Agree　　Covert Agree

(17) [$_{CP}$ 누구$_{copy}$ [$_{C'}$ [$_{C}$ [+Q]] [$_{TP}$ 존이 [$_{vP}$ 누구$_{copy}$ [$_{v'}$ v [$_{VP}$ 누구에게 무엇을 줬니]]]]]]

Covert Move　　Covert Move

또한 본장에서는 김용석(2006c)에 따라 다중 의문사 구문의 경우 C의 외곽자질에 의해 내부병합 되지 않고 제자리에 남아있는 소위 실제적 제자리 의문사(real *wh*-in-situ)는 양도 이후 의미부(Σ)에서 다음과 같은 의문자질 일괄일치(Chorus Q-Agree)에 그것의 작용역(scope)이 결정된다고 본다.

(18) 의문자질 일괄일치(Chorus Q-Agree):
모든 실제적 제자리 의문사는 그들의 의미해석을 위해 의미부에서 일제히 의문자질상의 일치를 이루어야 한다.
(All real *wh*-in-situ's must be Q-agreed in chorus at Σ for their interpretation.)

(18)의 의문자질 일괄일치에 의하면, (16)~(17)의 의미표상은 각기 다음과 같이 표현된다.

Chorus Q-Agree

Overt Agree

(19) [$_{CP}$ who [$_{C'}$ [$_{C}$ [+Q]] [$_{TP}$ John [$_{vP}$ who$_{copy}$ [$_{v'}$ v [$_{VP}$ gave who$_{copy}$ what]]]]]]

Overt Move

Chorus Q-Agree

Covert Agree

(20) [$_{CP}$ 누구$_{copy}$ [$_{C'}$ [$_{C}$ [+Q]] [$_{TP}$ 존이 [$_{vP}$ 누구$_{copy}$ [$_{v'}$ v [$_{VP}$ 누구에게 무엇을

Covert Move

줬니]]]]]]

본장에서는 위의 (8)+(9)+(18)로 대변되는 소위 확대 탐침자-목표물 문법체계(Extended Probe-Goal Framework)를 제안하고 이 문법체계가 (3)의 획일성 원리를 충족하고 있는 (19)~(20)의 도출을 보장해 줄 뿐만 아니라 자연언어의 의문사 의문문을 최적으로 설명할 수 있는 보편적 문법체계임을 한국어와 영어의 다양한 문법적 현상에 입각하여 논증하고자 한다.

7.3 경험적 논증

그동안 생문문법이론의 틀 내에서는 사실상 의문사 의문문에 대해 많은 다양한 주장들(Huang, 1982; May, 1985; Nishigauch, 1986; Choe, 1987; Pesetsky, 1987; Watanabe, 1992, 1993; Reinhart, 1993; Tsai, 1994; Chomsky, 1995; Richard III, 1997; Bošković, 1995, 1997, 2002, 2003 등등)이 있었으며, 이러한 주장들은 각기 다른 측면에서 본장에서 주장하는 확대 탐침

자-목표물 문법체계와 상이한 관점을 갖는다.

요컨대, 모든 자연언어에서 명시적 의문사 이동 적용된 이후에 기저위치에 남아 있는 제자리 의문사가 모두 비명시적으로 이동한다는 소위 논리형태이동가설(LF movement hypothesis)을 채택하는 이론에는 Huang(1982), May(1985), Nishigauch(1986), Choe(1987), Pesetsky(1987), Watanabe(1992, 1993) 등이 있는데, 이들 중에서도 Huang(1982), May (1985), Watanabe(1992, 1993)는 의문사의 비명시적 이동은 하위인접(Subjacency)과 같은 섬 제약(island constraints)을 준수하지 않는다고 보나 Nishigauch(1986), Choe(1987), Pesetsky(1987) 등은 논리형태에서 적용되는 비명시적 이동까지도 하위인접을 준수한다고 본다. 다만, 비명시적 이동에도 불구하고 제자리 의문사가 섬 제약의 효과를 나타내지 않는 이유에 대해서는 Nishigauch(1986), Choe(1987), Pesetsky (1987) 등은 제자리 의문사의 비명시적 이동에는 소위 수반이동(pied piping)의 관례(convention)가 적용되기 때문이라고 본다. 이들 중 특히 Watanabe (1992, 1993)은 제자리 의문사의 비명시적 이동에 대해서는 Huang (1982), May(1985) 등과 같은 입장을 취하나, 한국어나 일본어에서도 영어에서와 같이 의문사 의문문에서 하나의 의문사가 명시적으로 이동한다고 보는 점이 Huang(1982)와 May(1985)와 다르다. Watanabe (1992, 1993)는 영어뿐만 아니라 한국어와 일본어 등에서도 의문사 의문문에서 하나의 의문사가 명시적으로 이동하나, 표면상 한국어와 일본어에서는 모든 의문사가 기저위치에 남아 있는 이유는 이들 언어에서는 의문사의 명시적 이동이 의문사 자체의 이동이 아니라 그 의문사의 비가시적 운용자(invisible operator)의 이동이기 때문이라고 본다.

한편, Reinhart(1993), Tsai(1994), Chomsky(1995)는 명시적 의문사 이동 적용된 이후에 기저위치에 남는 제자리 의문사들은 어떠한 경우에도 결코 이동하지 않는다고 본다. 다만 제자리 의문사가 명시적 이동의 의문사와 마찬가지로 작용역(scope)을 갖는 이유는 이들이 관련 WH-COMP로부터 비선택적 결속(unselective binding)이 되기 때문이라고 본다.

또한, Richard III(1997), Bošković(1995, 1997, 2002, 2003)에서는 다중 의문사 전치(multiple *wh*-fronting) 현상을 갖는 소위 슬래빅 언어(Slavic languages)에서는 명시적 의문사 이동이 *wh*-이동에 의해서뿐만 아니라 뒤섞기(scrambling)에 의해서도 야기된다고 보며, 특히 Bošković (1995, 1997, 2002, 2003)은 모든 자연언어에서 의문사는 모두 명시적으로 이동한다고 보는데, 다만 표면상 기저위치에 남는 제자리 의문사는 소위 복사발성분석(Pronounce Copy Analysis: PCA)에 의해 소리로 발성이 되는 (명시적으로 이동한 의문사의) 복사(흔적)라는 것이다.

이하 본절에서는 위에서 살펴본 의문사 의문문에 대한 여러 주장에 견주어 본장에서 제안하고자 하는 소위 확대 탐침자-목표물 문법체계의 우수성을 입증하기 위해서 영어와 한국어에 나타나는 다양한 경험적 자료를 검토해 보고자 한다.

7.3.1 비명시적 이동의 확인

본장의 확대 탐침자-목표물 문법체계에 따르면, (17)에서 보여주듯이, 한국어에도 문자화 이후에 하나의 의문사가 비명시적으로 이동하는 것으로 가정된다. 이러한 비명시적인 의문사의 이동도 (9)의 일치매개변인화 하에서, 영어의 명시적인 의문사 이동의 경우와 마찬가지로, 의문문 CP의 핵인 [$_C$ [+Q]]의 탐색(search)에 의한 관련 의문사와의 일치에 기인한다고 본다. 그러면, 여기서 과연 한국어에 문자화 이후에 적용되는 비명시적인 의문사 이동이 있는지를 확인해 보자.

먼저, 작용역의 상호 관계(scope interaction)와 관련되어 있는 아래 예문들을 고려해 보자.

(21) a. $[_{IP}$ 누구나(가) $[_{VP}$ 무엇을 먹었다]]
b. $[_{IP}$ 무엇을 $[_{IP}$ 누구나(가) $[_{VP}$ $t_{무엇}$ 먹었다]]]
c. $[_{IP}$ 누구나(가) $[_{VP}$ 무엇(what)을 먹었니]]?

심양희(1990)에 따르면, (21a)는 하나의 의미지만 (21b)와 (21c)는 중의적 문장으로 판정하고 있다. 만약, 이러한 문장의 중의성 문제가 Aoun & Li(1989)의 작용역 원리(scope principle)에 따라 설명되어 진다면[9] (21a)와 (21b)의 의미적 차이는 바로 이들의 구조적 차이에 기인되는 것으로 볼 수 있다. 즉, (21a)에서는 '누구나'가 '무엇'을 일방적으로 성분 통어하나 (21b)에서는 '무엇'이 '누구나'를 성분 통어할 뿐만 아니라 '누구나'가 또 '무엇'의 흔적인 $t_{무엇}$를 성분통어하고 있기 때문에 (21a)의 경우에는 '누구나'가 언제나 '무엇' 보다 넓은 작용역을 갖게 되나 (21b)의 경우에는 '무엇'과 '누구나'가 서로 상대방 보다 넓은 작용역을 가질 수 있게 되는 것으로 설명된다. 만약, Aoun & Li (1989)의 작용역 원리의 설명이 옳다면, (21c)의 문장이 중의적임을 설명하기 위해서는 (21c)의 의미표상(SEM)을 다음 (21d)로 설정해야 한다.

(21) d. $[_{CP}$무엇$_i$을 $[_{IP}$누구나가 $[_{VP}$ t_i 먹었니]]]

따라서 본장의 확대 탐침자-목표물 문법체계의 가정에서와 같이, 과연 한국어에서도 비명시적 이동이긴 하지만 영어와 마찬가지로 의문사 의문문의 경우 하나의 의문사가 문두로 이동한다는 사실이 (3)의 획일성 원리가 타당한 보편원리임을 확인해 준다.

---

9) Aoun & Li(1989)는 그들의 작용역 원리를 다음과 같이 제안하고 있다.
(i) 한 양화사가 A가 다른 양화사 B 보다 넓은 작용역을 가지려면 A가 B를 포함하는 연쇄의 한 구성소를 성분 통어하면 된다.
(A quantifier A may have scope over a quantifier B in case A c-commands a member of a chain containing B.)

7.3.2 *Wh*-섬 현상

그러면, 이제 다음과 같은 영어의 예문을 고려해 보자.

(22) a. ??What do you know [where [we bought t_{what}]]?
 b. Where do you think [that [we bought what t_{where}]]?
 c. Who wonder [where [we bought what]]?

(22a)와 (22b)의 대조는 영어에서 의문사 이동은 소위 '*wh*-섬 효과(*wh*-island effect)'에 영향을 받음을 보여주고 있다. 한편 (22c)는, (22a)의 경우와 비교해 볼 때, 종속절 속의 *what*이 *wh*-섬 효과와 상관없이 *where*를 건너 주절의 *who*와 동일한 작용역을 가질 수도 있다는 사실을 보여주고 있다. 이러한 사실은 *wh*-섬 효과는 의문사의 명시적 이동에는 영향을 미치나 제자리 의문사의 작용역 결정에는 전혀 영향력이 없다는 사실을 말해 주고 있다.

그러면, 한국어에서는 의문사 이동과 관련하여 *wh*-섬 효과가 어떠한지 살펴보자.[10)]

(23) a. 영희가 [[철수가 어디서 무엇을 보았다]고] 생각하노?
 b. 영희가 [[철수가 어디서 무엇을 보았는]지] 아나?
 c. *영희가 [[철수가 어디서 무엇을 보았는]지] 아노?

위 (23a)는 종속절의 의문사 '어디'와 '무엇'에 대한 직접 의문문

10) 한국어에서는 의문문의 핵인 [$_C$ [+Q]]가 음성적으로 실현되는데, 종속절이 의문문인 경우에는 '지'로 주절이 의문문인 경우는 '니'로 실현된다. 경상도 방언에서는 주절의 의문문인 경우 '나'와 '노' 두 가지로 실현되는데, '나'는 '예-아니오 의문문(yes-no question)'의 경우인 [$_C$ [$_{[-WH]}$ +Q]이고 '노'는 의문사 의문문(*wh*-question)인 경우인 [$_C$ [$_{[+WH]}$ +Q]이다. 본장에서는 한국어의 예문에 나타나는 주절에서 의문문의 종류를 구분할 필요가 있는 경우는 위 (23)에서와 같이 경상도 방언으로 표현하기로 한다.

(direct *wh*-question)으로 해석되지만, (23b)는 이들 의문사에 대한 간접 의문문(indirect *wh*-question)로 해석된다. 그러나 (23c)는 한국어에서 종속절이 의문문인 경우에는 종속절 속에 나타나는 의문사들이 넓은 작용역(wide scope)을 갖는 직접 의문문으로 사용될 수 없음을 보여준다. 이러한 사실은 한국어에서도 의문사 의문문에 일종의 *wh*-섬 효과가 존재한다는 사실을 말해준다.

wh-섬 효과와 관련하여 (22)의 영어의 경우와 비교하여 (23)의 한국어의 경우를 고려해 보면, 한국어에서도 의문사 의문문에서 의문사가 실제로 이동하며, 이러한 이동은 영어에서와 달리 문자화 이후 비명시적으로 적용된다는 사실이 확인된다. 이러한 사실은 바로 자연언어에서 문자화 이후 기저위치에 남는 모든 제자리 의문사는 결코 이동하지 않고 비선택적 결속(unselective binding)에 의해 그것들의 작용역이 결정된다는 Chomsky(1995), Tsai(1994), Reinhart(1993) 등의 주장에 반증(counter examples)이 되며, 또한 제자리 의문사의 비명시적 이동은 결코 *wh*-섬 효과와 같은 하위인접(Subjacency)에 영향을 받지 않는다는 Huang(1982)와 May(1985)의 주장에도 반증이 된다. 다만 2-층위 이동 분석(Two-level Movement Analysis)을 채택함으로써 한국어의 경우에도 제자리 의문사 중에 하나가 비가시적 운용자의 명시적 이동을 수행한다는 Watanabe(1992, 1993)의 주장만이 아직도 타당한 주장으로 유지된다. 복사발성분석(PCA) 하에서 자연언어의 모든 의문사들이 명시적 이동을 수행한다는 Bošković(2002, 2003)의 주장은 (23)의 한국어 예문에 나타나는 문법적 현상은 잘 포착하나, (22c)에서 보여주는 바와 같이 왜 영어의 제자리 의문사는 *wh*-섬 효과를 나타내지 않는지를 제대로 설명하지 못한다는 점에서 역시 거부된다.

그러면, 이제 (22)~(23)에서 보여주는 영어와 한국어의 *wh*-섬 효과가 본장에서 주장하고자 하는 확대 탐침자-목표물 문법체계 하에서는 어떻게 포착될 수 있는지 검토해 보자.

확대 탐침자-목표물 문법체계 하에서 *wh*-섬 효과는 위 (13)의 최단이동조건에 기인하는 간섭효과(intervention effect)[11]와 (15)의 국면국부성 조건(phase locality condition)의 상호작용에 의해 효과적으로 포착된다. 최단이동조건에 기인하는 간섭효과는 [$_C$ [+Q]]의 탐색(search)이 거리상 가까운 의문사를 넘어 더 멀리 있는 의문사에까지 나아가는 것을 차단한다. 따라서 [$_C$ [+Q]]는 언제나 그것에 가장 가까이 있는 의문사와만이 일치를 이루며 그 결과 그 의문사를 그것의 지정어 위치로 내부병합(즉, 이동)함으로써 그것의 외곽자질(EF)을 충족한다. 한편, 국면국부성 조건에 의하면 문장의 도출시 이미 지나간 하위 국면(lower phase) 내부에 존재하는 목표물(goal)에 대해서는 그보다 상위 국면에 존재하는 어떠한 탐침자(probe)도 그것을 탐색(search)하여 일치(agree)를 이루지 못한다. 따라서 주절의 v*는 종속절 CP의 외곽(edge, 즉 지정어 위치) 넘어 종속절 내부에 있는 의문사를 탐색하여 그것을 v*P의 지정어 위치로 내부병합(즉, 이동)할 수 없으므로, 결과적으로 주절의 [$_C$ [+Q]]는 종속절 내부에 있는 의문사와 결코 내부병합을 위한 일치를 이룰 수가 없다.[12] 따라서 (22a)가 비문법적인 이유는 국면국부성 조건에 기인한다고 볼 수 있다. 한편, (22b)가 문법적인 이유는 (22b)에서는 종속절 내부에 나타나는 의문사 *where*가 먼저 종속절 v*P의 국면에서 v*의 탐색에 의해 v*P의 지정어에 내부병합되고, 그 다음 종속절 CP의 국면에서 다시 C의 탐색에 의해 종속절 CP의 지정어 위치로 내부병합을 이루고, 그 뒤 주절의 국면에 이르러서는 먼저 주절 v*의 탐색에 의해 주절 v*P의

---

11) Chomsky(1999)에서는 간섭효과를 다음과 같이 음운적 외곽(phonological edge)의 개념으로 정리하고 있다.

(i) HP의 음운적 외곽은 탐침자에 접근가능하다.
(The phonological edge is accessible to Probe P.)

12) 사실상, 국면국부성 조건은 종속절의 의문사는 어떠한 경우도 종속절 CP의 지정어 위치와 주절 v*P의 지정어 위치를 단계적으로 경유하여 주절 CP의 지정어 위치까지 이동할 것을 요구한다.

지정어에 내부병합되고 그 후에 주절 CP의 국면에서 주절 [C [+Q]]가 주절 v*P의 지정어 위치에 내부병합되어 있는 *where*와 일치를 이루어 그 결과 *where*를 그것의 지정어 위치로 내부병합(즉, 이동)함으로써 (13)의 최단이동조건과 (15)의 국면국부성 조건이 모두 충족되기 때문이다. (22c)의 경우도 역시 종속절 내부에서 국면별 단계적 이동을 거치지 않고 주절 CP의 지정어 위치에까지 이동한 의문사가 없기 때문에 (22c)에 나타나는 모든 의문사 이동이 국면국부성 조건을 충족하고 있다고 말할 수 있다.

그러면 다음 (24)의 경우는 확대 탐침자-목표물 문법체계 하에서 어떻게 설명되는지 살펴보자.

(24) *Where do you wonder [t_{where} [we bought what t_{where}]]?

위 (24)의 경우도 위 (22b)와 마찬가지로 종속절 내부에 나타나는 의문사 *where*가 먼저 종속절 v*P의 국면에서 v*의 탐색에 의해 v*P의 지정어에 내부병합되고, 그 다음 종속절 CP의 국면에서 다시 C의 탐색에 의해 종속절 CP의 지정어 위치로 내부병합을 이루고, 그 뒤 주절의 국면에 이르러서는 먼저 주절 v*의 탐색에 의해 주절 v*P의 지정어에 내부병합되고, 다시 주절 CP의 국면에서는 주절 [C [+Q]]가 주절 v*P의 지정어 위치에 내부병합되어 있는 *where*와 일치를 이루어 *where*를 그것의 지정어 위치로 내부병합하였음에 불구하고, (22b)의 경우와 달리, 비문법적이다. 이는 최단이동조건 (13)과 국면국부성 조건 (15)에 비추어 볼 때 일견에 확대 탐침자-목표물 문법체계에 심각한 반증(counter example)으로 제기될 수 있다.

이러한 문제점을 해결하기 위해서 필자는 본장의 확대 탐침자-목표물 문법체계에서 다음과 같은 소위 '수정 비활동성 조건(Revised Inactivity Condition)'을 제안하고자 한다.[13]

(25) 수정 비활동성 조건:

만약 한 목표물이 일치에 의해 그것의 모든 비해석성 자질이 값을 부여받아 비활성화되었다면, 그 목표물은 더 이상의 연산에 참여할 수 없다.

(If a Goal is inactivated, with all its uninterpretable features valued by Agree, then it cannot enter into further computations.)

즉, 위 (25)의 수정 비활동성 조건에 의하면, CP의 국면 단위에서 탐침자 [$_C$ [+Q]]가 탐색에 의해 [+WH]의 자질을 갖는 그것의 목표물인 의문사와 일치를 이루면, 그 의문사의 비해석성 자질(uninterpretable feature)인 [+WH]가 값을 부여받게 되므로 그 의문사는 더 이상 상위 국면의 연산에 참여할 수 없다. 따라서 위 (24)의 예문에서 의문사 *where*는 종속절 CP의 지정어 위치로 내부병합될 때 이미 종속절의 [$_C$ [+Q]]와의 일치에 의해 그것의 [+WH] 자질이 값을 부여 받아기 때문에 더 이상 주절의 [$_C$ [+Q]]와의 일치를 위한 연산에 참여할 수 없다. 그럼에도 불구하고 의문사 *where*가 주절의 CP의 지정어 위치로까지 내부병합을 이룬 (24)는 결과적으로 수정 비활동성 조건 (25)를 위반함으로써 비문법적인 문장으로 처리된다.

이제 (23)에 제시되는 한국어의 의문사 의문문에 나타나는 *wh*-섬 효과의 현상이 본장에서 주장하고자 하는 확대 탐침자-목표물 문법체계 하에서는 어떻게 포착될 수 있는지 검토해 보자.

확대 탐침자-목표물 문법체계 하에서는 (9)의 가정에 따라 한국

---

13) Chomsky(2005b)는 다음과 같은 비활동성 조건(inactivity condition)을 제안하고 있다.

(i) 명사적 요소 DP나 NP가 그것의 모든 비해석성 자질이 일치에 의해 값을 부여받아 비활성화되면, 그것은 더 이상의 연산에 참여하지 못한다.

(A nominal element DP or NP is inactivated, with all its uninterpretable features valued by Agree, then it cannot enter into further computations.)

즉, 본장에서 제안하고자 하는 수정 비활동성 조건은 Chomsky(2005b)의 비활동성 조건을 DP나 NP 등의 명사적 요소의 내부병합뿐만 아니라 의문사를 포함한 일치의 결과로 이동하는 모든 내부병합에 확대하고자 하는 조치이다.

어에서는 영어와 달리 탐침자의 탐색에 의한 목표물과의 일치가 문자화(S-O) 이후에 비명시적으로 이루어지는데, 먼저 (23a)의 경우를 살펴보면, (23a)는 상응하는 영어의 예문인 (22b)와 마찬가지로 의문사 '어디'와 '무엇'에 대한 다중 직접 의문사 의문문(multiple direct *wh*-question)으로 해석되며, 이러한 현상은 바로 (23a)에 내포되는 각 국면 단위로, 문자화 이후의 비명시적인 작용이긴 하지만, (22b)의 영어의 경우와 같이 (13)의 최단이동조건과 (15)의 국면국부성 조건 하에서 먼저 탐침자로부터 가장 가까운 거리에 있는 목표물인 의문사 '어디'가 먼저 종속절 v*P의 국면에서 v*의 탐색에 의해 v*P의 지정어에 내부병합되고, 그 다음 종속절 CP의 국면에서 다시 C의 탐색에 의해 종속절 CP의 지정어 위치로 내부병합을 이루고, 그 뒤 주절의 국면에 이르러서는 먼저 주절 v*의 탐색에 의해 주절 v*P의 지정어에 내부병합되고 그 후에 주절 CP의 국면에서 주절 [$_{C}$ [+Q]]가 주절 v*P의 지정어 위치에 내부병합되어 있는 '어디'와 일치를 이루어 그 결과 '어디'를 그것의 지정어 위치로 내부병합함으로써 (23a)의 도출에 이르게 된다. 그 뒤 양도(TRANSFER)의 연산에 의해 이 도출이 의미부(Σ)에 이르게 되면, 의문자질 일괄일치의 약정(convention)인 (18)에 의해 실제적 제자리 의문사인 '무엇'이 주절의 [$_{C}$ [+Q]]와 일치를 이루어 그것의 작용역(scope)이 '어디'와 마찬가지로 주절로 결정된다.

(23b)의 경우는 의문사 '어디'와 '무엇'이 모두 종속절을 그것의 작용역으로 갖는 다중 간접 의문사 의문문(multiple indirect *wh*-question)으로 해석되는 문장으로, 이것의 도출도 역시 (13)의 최단이동조건과 (15)의 국면국부성 조건 하에서 문자화 이후 비명시적인 이동에 의해 의문사 '어디'가 먼저 종속절 v*P의 지정어를 경유하여 종속절 CP의 국면에서 [$_{C}$ [+Q]]의 탐색에 의해 종속절 CP의 지정어 위치로 내부병합을 이루고, 그 뒤 양도(TRANSFER)의 연산에 의해 이 도출이

의미부(Σ)에 이르게 되면, 의문자질 일괄일치의 약정(convention)인 (18)에 의해 실제적 제자리 의문사인 '무엇'이 종속절의 [C [+Q]]와 일치를 이루어 그것의 작용역(scope)이 '어디'와 마찬가지로 종속절로 결정됨으로써, 결과적으로 '어디'와 '무엇'이 모두 종속절을 그것의 작용역으로 갖는 다중 간접 의문사 의문문이 도출된다.

이제, (23c)가 확대 탐침자-목표물 문법체계 하에서 어떻게 비문법적 문장으로 판정될 수 있는지 살펴보자. (23c)에서도 종속절 내의 연산은 (23b)와 동일하다. 즉, 종속절 CP의 문자화 이후 종속절 [C [+Q]]의 탐색의 결과로 의문사 '어디'가 종속절의 최초 국면인 v*P의 지정어를 거쳐 종속절 CP의 지정어 위치로 내부병합된다. 그러나 (23c)에서는 (23b)에서와 달리 주절의 [C [+Q]]가 의문사의 내부병합을 요구하는 [C [[+WH] +Q]이다. 따라서 주절의 [C [+Q]]는 주절 CP의 문자화 이후 (25)의 수정 비활동성 조건의 영향으로 이미 종속절 CP의 지정어 위치로 내부병합되어 있는 '어디'와는 일치를 이룰 수 없기 때문에, 종속절 속에 남아 있는 제자리 의문사 '무엇'를 탐색하여 주절 CP의 지정어 위치로 내부병합하여야 하나 이러한 작용은 이미 도출과정을 통과한 하위국면 내부에 나타나는 요소를 상위국면의 연산에 참여시키는 결과를 낳기 때문에 바로 (15)의 국면국부성 조건을 위반한다. 따라서 (23c)가 비문법적인 도출이 되는 이유는 바로 *wh*-섬효과를 나타내는 (22a)의 영어의 예문과 동일하다. 다만, 의문사의 이동이 (9)의 일치 매개변인화에 따라 영어의 경우는 문자화 이전에, 한국어의 경우는 문자화 이후에 적용된다는 점이 영어와 한국어에서 다르다.

다만, 여기에서 제기되는 하나의 질문은 '(23c)에서 왜 종속절 CP의 국면 내부에 남아 있는 '무엇'이 제자리 의문사로서 (18)의 의문자질 일괄일치에 의해서 주절의 [C [+Q]]와 일치를 이룰 수 없는가?' 이 질문에 대한 대답은 다음과 같은 외곽자질 충족조건(EF-satisfaction condition)에 의해 설명될 수 있다.

(26) 외곽자질은 반드시 관련 요소의 병합으로 충족되어야 한다.[14)]
(The edge feature(EF) must be satisfied by Merge of the relevant element.)

(26)은 외곽자질의 본질에 관한 기술로서 (14)의 일환으로 추가될 수 있는 이론상 전혀 부담 없는 조건이다. 이 조건에 의하면, (23c)에서 주절의 보문소 [$_C$ [+Q]]는 외곽자질을 가지고 있는 국면의 핵이므로, 그것의 외곽자질은 반드시 그것과 일치를 이루는 종속절 내부에 남아있는 의문사 '무엇'의 내부병합에 의해 충족되어야 한다. 따라서 이러한 내부병합은 필연적으로 (15)의 국면국부성 조건의 위반을 초래하므로 (23c)는 비문법적인 문장으로 판정된다. 결과적으로 확대 탐침자-목표물 문법체계 하에서는 한국어에도 영어와 마찬가지로 *wh*-섬 효과가 나타나며, 이러한 *wh*-섬효과는 모두 국면국부성 조건에 의해 포착된다.

7.3.3 복합명사구제약과 부가어섬 효과

먼저, 다음 영어의 예문들을 고려해 보자.

(27) a. ??Who do you like [$_{DP}$ books [CP that criticize t_{who}]]?
b. Who likes [$_{DP}$ books [$_{CP}$ that criticize whom]]?

(28) a. ??Who was Mary angry [while John spoke to t_{who}]?
b. Who was angry [while John spoke to whom]?

---

14) (26)의 효과로, (16)에 의해 의미부에서 적용되는 의문자질 일괄일치 작용은 언제나 의문사의 내부병합으로 그것의 외곽자질이 충족된 [$_C$ [+Q]]에 의해서만 이루어질 수 있다.

위 (27)과 (28)의 예문은 영어에 나타나는 소위 복합명사구제약(CNPC)와 부가어섬 효과(adjuct island effect)를 각기 보여주고 있다. Chomsky(2004)에서는 이러한 섬효과들이 모두 다음 (29)와 같은 소위 '부가어성분통어회피(adjunct c-command avoidance)'에 의해 포착될 수 있다고 주장한다.

(29) 만약 α 가 β에 부착된다면, ⟨α, β⟩에서 (X, β)의 성분통어관계는 계속 유지되나 부착 요소인 α로 그 성분통어관계를 확장하는 것은 금지된다.
(When α is adjoined to β, the relation c-command (X, β) is still kept in ⟨α, β⟩, but extension of c-command to the adjoined element α must be avoided.)

즉, 기존의 탐침자-목표물 문법체계에서는 내부병합은 탐침자와 목표물의 일치의 결과로 야기되며, 또한 일치는 목표물에 대한 탐침자의 성분통어로 이루어지므로, (27a)와 (28a)에서 주절 CP의 지정어 위치에 내부병합되어 있는 의문사 *who*는 각기 관계절(relative clause)과 부가절(adjunct clause) 속에서부터 각 국면별 탐침자와의 일치를 통해 순환적으로 이동해 왔다고 보아야 한다. 그러나 이러한 순환적 이동의 과정에서 의문사 *who*가 각기 관계절 CP와 부가절 CP의 지정어 위치에 이르렀을 때, 상위 관련 국면의 연산에 동참하기 위해서 상위 국면의 탐침자와 일치를 이루어야 하는데, 이 경우 (29)의 '부가어성분통어회피'에 의해서 상위 국면의 탐침자는 관계절과 부가절에 내포되어 있는 목표물과 일치를 이룰 수 없기 때문에 결과적으로 관계절 CP와 부가절 CP의 지정어 위치에 병합되어 있는 의문사 *who*를 더 이상 상위의 주절 국면의 연산에 동참시킬 수 없다. 따라서 (27a)와 (28a)에 나타나는 복합명사구제약과 부가어섬 효과의 현상은 기존의 탐침자-목표물 문법체계 하에서 (29)의 '부가어성분통어회피'에 의해 포착될 수 있다.

그러면, 다음의 한국어 예문을 고려해 보자.

(30) a. 영희가 [[e 무엇을 그린] 화가]를 만났노?
b. 영희가 [그 화가가 무엇을 그렸을 때] 감동했노?

위 (30)의 예문은 한국어에서는 관계절과 부가절 속에 나타나는 의문사가 아무런 장애도 없이 주절까지 그것의 작용역을 확대할 수 있음을 보여주고 있다. 즉, 한국어에서는 의문사의 작용역 결정에 있어 복합명사구제약과 부가어섬 효과가 전혀 나타나지 않음이 확인된다. 이러한 현상은 한국어나 일본어에서도 의문사 의문문에서 의문사(혹은 의문사의 비가시적인 운용자)가 명시적으로 이동한다고 보는 Bošković (2002, 2003)과 Watanabe(1992, 1993)의 분석이 타당성이 없음을 말해준다. 왜냐하면, 이들의 주장처럼 한국어에서의 의문사 이동이 명시적으로 일어난다면 (30)의 예문들은 (27a)와 (28a)의 영어의 경우와 마찬가지의 이유로 비문법적인 문장으로 판정되어야 하기 때문이다.

그러나 한국어에서는 영어와 달리 의문사의 이동이 문자화 이후 비명시적으로 일어난다는 본장의 확대 탐침자-목표물 문법체계 하에서는 (27)~(28)과 (30)의 대조에서 확인되는 복합명사구제약과 부가어섬효과에 관한 영어와 한국어 간의 차이는 Chomsky(2004)에서 제안하고 있는 소위 다음 (31)의 '단순화(SIMPL)'에 의해 쉽게 포착된다.

(31) 단순화는 문자화가 적용되는 국면 단위에서 쌍병합 〈α, β〉를 조병합 {α, β}로 변환한다.
(SIMPL converts 〈α, β〉 to {α, β} at the phase where Spell-Out applies.)

즉, (31)에 의하면, 문자화 이후에는 국면 속에 내포되는 부착구조(adjunction structure)는 모두 대치구조(substitution structure)로 바뀌게 된다.15) 이러한 결과로, 문자화 이전에는 탐침자가 (29)에 기인하는 성분통어의 조건에 의해 부가어 내부에 나타나는 목표물을 탐색할 수 없으나, 문자화 이후에는 부착구조가 대치구조로 변환하기 때문에 주절 속의 탐침자가 부착구조를 이루는 관계절과 부가절 내부에 있는 목표물까지도 탐색할 수 있게 된다. 이러한 탐색의 결과로 한국어의 예문인 (30)에서는, 상응하는 영어의 경우와 달리, 문자화 이후 주절 CP의 국면에서 탐침자 [$_{C}$ [+Q]]가 종속절 속에 나타나는 의문사 '무엇'과 일치를 이룸으로써 그것을 주절 CP의 지정어 위치로 무사히 내부병합할 수 있게 된다.

7.3.4 역우위성과 의문사의 비대칭 현상

먼저, 아래 영어의 예문들을 고려해 보자.

(32) a. Who t_{who} bought what?
b. *What did who buy t_{what}?

(33) a. Why did you buy what t_{why}?
b. *What did you buy t_{what} why?

사실, 위의 예문들은 영어에 전형적으로 나타나는 소위 우위성 효과(superiority effect)를 보여주고 있다.16) 주지하다시피, 이러한 우위성 효과

15) Chomsky(2004)에 의하면, 표현의 도출과정에서 두 통사적 대상(syntactic object)을 결합하여 더 큰 통사적 대상을 만드는 연산(computation)인 병합(Merge)은 자질일치(feature agreement)를 위한 병합과 술어합성(predicate composition)을 위한 병합으로 나누어지며, 전자를 조병합(set-Merge)이라 하고, 후자를 쌍병합(pair-Merge)이라 한다. 기존의 탐침자-목표물 문법체계에서는 조병합은 {α, β}로, 쌍병합은 ⟨α, β⟩으로 표시하며, 조병합은 대치구조를, 쌍병합은 부착구조를 이룬다고 본다.

16) 이러한 우위성 효과를 포착하기 위해서 Chomsky(1973)에서는 다음과 같은 우위성 조건(superiority condition)을 제안하고 있다.

(i) No rule can involve X, Y in the structure ⋯ X ⋯ [$_{\alpha}$⋯ Z ⋯ −W Y V ⋯] ⋯ where the rule applies ambiguously to Z and Z is superior to Y.

는 앞서 언급한 Huang(1982), May(1985), Watanabe(1992, 1993) 등을 포함하여 대부분 지배-결속 이론(GB-Theory)의 분석에서는 제자리 의문사(*wh*-in-situ)의 논리형태 이동(LF-movement) 가설 하에서 공범주원리(ECP)에 의해 포착될 수 있다고 주장해 왔다. 그러나 이러한 주장은 다음과 같은 순수 우위성(pure superiority) 현상을 설명할 수 없다.

(34) a. Who did you persuade t_{who} to read what?
b. *What did you persuade who to read t_{what}?

즉, (34)의 예문에서는 비록 제자리 의문사가 논리형태에서 이동한다 하더라도 그들이 남기는 복사(흔적)가 모두 고유지배(proper governed)되기 때문에 문법적이어야 하나, 우위성 조건(superiory condition)을 위반하는 (34b)의 경우는 여전히 비문법적인 문장으로 판정된다. 이러한 점에서 제자리 의문사가 논리형태에서 이동한다는 가설 하에서 우위성 효과를 공범주원리로 포착하려는 Huang (1982), May(1985), Watanabe(1992, 1993) 등의 주장은 다시 한 번 거절된다.

그러나 (32)~(34)에 나타나는 영어의 우위성 현상은 본장에서 제안하고자 하는 확대 탐침자-목표물 문법체계와 Chomsky(1999, 2004, 2005a, 2005b)의 탐침자-목표물 문법체계 하에서는 위 (13)의 최단이동조건에 기인하는 간섭효과(intervention effect)에 의해 간단히 설명된다. 즉, 최단이동조건에 기인하는 간섭효과는 [$_C$ [+Q]]의 탐색(search)이 거리상 가까운 의문사를 넘어 더 멀리 있는 의문사에까지 나아가는 것을 차단하므로, 이러한 간섭효과에 의해 (32)~(34)의 예문에서 주절의 [$_C$ [+Q]]는 언제나 그것에 가장 가까이 있는 의문사와만 일치를 이루어 그 의문사를 그것의 지정어 위치로 내부병합(즉, 이동)하기 때문에 이들 예문에서는 오직 (a)의 예문만이 언제나 합법적인 문장으로 도출된다.

그러면, 이제 이러한 우위성 효과와 관련하여 한국어의 경우는 어떠한지 살펴보자. 먼저 아래 예문을 고려해 보자.

(35) a. 철수가 무엇을 왜 샀니?
b. ??철수가 왜 무엇을 샀니?

(36) a. 철수가 무엇을 얼마나 샀니?
b. ??철수가 얼마나 무엇을 샀니?

(37) a. 철수가 무엇을 어떻게 샀니?
b. ??철수가 어떻게 무엇을 샀니?

위 (35)~(37)의 예문은 한국어에서도 영어의 우위성 효과에서와 같이 의문사 의문문에서 보충어-비보충어 비대칭(complement-noncomplement asymmetry)이 나타남을 보여주고 있다. 한국어에도 의문사 의문문에서 이러한 보충어-비보충어 비대칭 현상이 나타난다는 것은 한국어의 경우에도 의문사 의문문에서 의문사의 이동이 있음을 암시해 준다. 이러한 관점에서 모든 제자리 의문사에 대해 오로지 비선택적 결속(unselective binding)을 주장하는 Reinhart(1993), Tsai(1994), Chomsky(1995) 등의 분석은 거부된다. 만약, 한국어에서도 의문사 의문문에서 의문사의 이동이 있다면, 한국어에 나타나는 이러한 보충어-비보충어 비대칭 현상은 영어의 우위성 효과의 경우와 달리 오히려 하위에 있는 의문사가 먼저 이동함을 말해주고 있다. Watanabe(1992, 1993)에서는 이러한 현상을 역우위성(anti-superiority)이라 하고, 이러한 역우의성을 가정함으로써 (35)~(36)의 예문에 나타나는 문법성의 대조를 영어의 우위성 현상과 함께 모두 공범주원리로 포착할 수 있다고 주장한다. Watanabe(1992, 1993)에서는 역우위성을 다음 (38)에서와 같이 제안하고 있다.

(38) 다중 의문사 의문문은 먼저 이동한 의문사에 의해 성분통어되지 않는 의문사가 있을 때만이 문법적인 문장이 된다.
(A multiple question is well-formed only if there is a *wh*-phrase which is not c-commanded by the *wh*-phrase that is moved first.)

그러면, 이러한 역우위성의 제안을 염두에 두면서 다음의 예문을 고려해 보자.

(39) a. 누가 무엇을 샀니?
b. 무엇을 누가 샀니?

위의 한국어 예문은 상응하는 영어의 예문 (32)에서와 달리 보충어-비보충어 비대칭 현상이 전혀 나타나지 않는다. 만약 Watanabe (1992, 1993)의 역우위성 가설이 옳다면, (39a)는 공범주원리에 의해 (35)~(37)의 (b)와 마찬가지로 비문법적인 문장으로 처리되어야 한다. (35)~(37)의 대조에서와 달리 (39)의 경우는 (a)와 (b)의 예문이 모두 문법적인 문장으로 판정된다는 사실은 한국어에서는 영어와 달리 보충어-비보충어 비대칭 현상이 아니라 오히려 논항-비논항 비대칭(argument-nonargument asymmetry)이 나타남을 말해주고 있고, 이는 바로 Watanabe(1992, 1993)의 주장이 거부되어야 하는 또 다른 중요한 이유가 된다.

한국어에 나타나는 논항-비논항 비대칭 현상은 다음의 예문에서도 확인된다.

(40) a. 누가 왜/얼마나/어떻게 잤니?
b. ??왜/얼마나/어떻게 누가 잤니?

이제, 한국어의 의문사 의문문에 나타나는 이러한 논항-비논항 비대칭 현상이 본장의 확대 탐침자-목표물 문법체계 하에서는 어떻게 설명될 수 있는지 살펴보자.

앞서 (9)의 가설과 관련되는 논의에서처럼 확대 탐침자-목표물 문법체계에서는 한국어와 같은 비명시적 일치 언어에서는 영어와 같은 명시적 일치 언어가 갖는 명시적 이동에 대응하는 다른 유형의 가시적 이동(visible movement)을 갖는데, 이러한 이동이 바로 뒤섞기(scrambling)라고 본다. 비명시적 일치 언어들은 아래 (41)에서와 같이 대체로 이러한 뒤섞기를 자유롭게 허용하는 소위 '자유 뒤섞기(free scrambling: FS)' 현상을 갖는다.

(41) a. 창수가 피곤해서 코를 골며 2시간을 잤다.
b. 피곤해서 창수가 코를 골며 2시간을 잤다.
c. 피곤해서 2시간을 창수가 코를 골며 잤다.
d. 2시간을 피곤해서 창수가 코를 골며 잤다.
e. 2시간을 피곤해서 코를 골며 창수가 잤다.
f. 기타 등등.

확대 탐침자-목표물 문법체계에서는 자유 뒤섞기는 다음과 같은 특성을 갖는다고 가정한다.

(42) (i) 비명시적 일치 언어의 자유 뒤섞기는 (명시적 일치 언어의 내부 병합에 대응되는) 문자화 이전의 명시적 작용이다.
(FS in covert Agree languages is an overt operation before Spell-Out (in correspondence of IM in overt Agree languages).)
(ii) 자유 뒤섞기는 흔적을 남기지 않는다. (Free scrambling does not leave its trace.)[17]

이제 (42)의 가정을 갖는 확대 탐침자-목표물 문법체계 하에서

17) Son(2003) 참조.

(35)~(37)의 (a)와 (b)는 명시적인 자유 뒤섞기(FS), 비명시적인 내부병합(IM), 의문자질 일제일치(Chorus Q-Agree) 등의 연산을 통해 각기 다음과 같은 의미표상(SEM)을 갖는다(대표적으로 (35)의 경우만을 예로 든다).

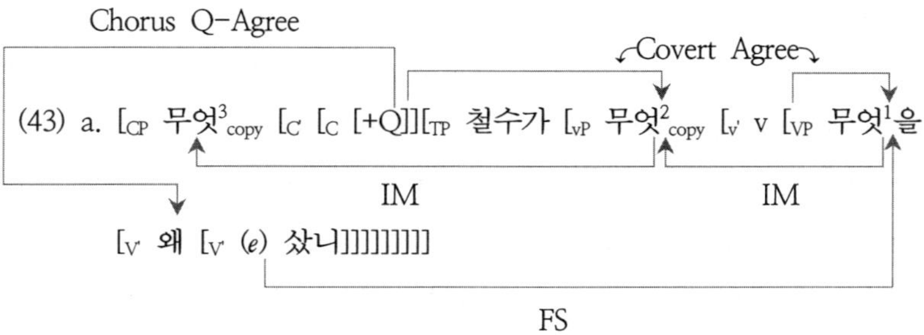

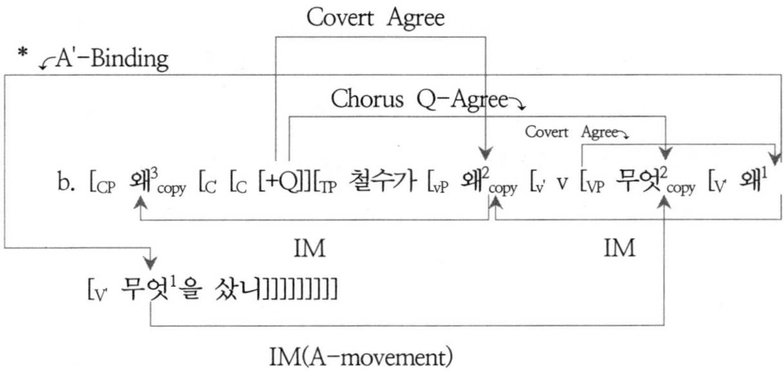

Chomsky(2005b)에 의하면, 주어와 목적어 DP는 T와 V로부터 각기 그들의 주격(nominative Case)과 대격(accusative Case)에 대해 점검을 받기 위해서는 TP와 VP의 지정어 위치로 내부병합되어야 한다고 보며, 또한 TP와 VP의 지정어 위치를 논항위치(A-position)로 본다. 따라서 주어와 목적어의 격점검을 위한 이러한 내부병합의 이동은 논항이동(A-movement)이 되며, 이러한 이동의 결과로 남는 복사(흔적)는 대용사(anaphor)가 된다.

위의 의미표상에서는 대격을 갖는 목적어 ‘무엇’이 (43a)에서는 이미 자유 뒤섞기(FS)에 의해서 문자화(Spell-Out) 이전에 VP의 지정어 위치로 이동되었으므로 격점검을 위한 더 이상의 비명시적인 내부병합이 불필요하나, (43b)에서는 격점검을 위해서 문자화 이후 비명시적인 내부병합(IM)에 의해서 VP의 지정어 위로 이동한다. 이 경우 자유 뒤섞기에 의한 명시적 이동을 한 (43a)에서는 의문사 ‘무엇’이 (42ii)의 가정에 의해 그것의 기저위치에 복사(흔적)를 남기지 않으나, 내부병합에 의해 비명시적인 이동한 (43b)에서는 그것의 기저위치에 대용사로 규정되는 복사(흔적)를 남긴다.

또한, 위의 의미표상에서는 문자화 이후 내부병합을 위해 적용되는 [$_C$ [+Q]]와의 비명시적 일치(Covert Agree)와 제자리 의문사의 작용역 결정을 위한 의문자질 일제일치(Chorus Q-Agree)의 결과로 의문사 ‘무엇’과 ‘왜’가 사실상 [$_C$ [+Q]]를 매개로 상호간 일치를 이루고 있다. 이러한 결과로, (43b)에서는 VP의 지정어 위치로 내부병합한 의문사 ‘무엇^{2}’의 복사(흔적)인 ‘무엇^{1}’이 대용사이지만, 의문사 ‘왜’로부터 국부적으로 비논항 결속(A'-binding)되는 결과를 낳음으로써 결속원리(A)(BT(A))를 위반하게 된다. 그러나 (43a)의 경우는, 위에서 언급한 바와 같이, VP의 지정어 위치로 자유 뒤섞기(FS)에 의해 이동한 ‘무엇^{1}’이 그것의 기저위치에 아무런 복사(흔적)를 남기지 않음으로써 (42b)에서와 같은 결속원리(A)의 위반이 야기되지 않는다.

결과적으로, 본장의 확대 탐침자-목표물 문법체계 하에서는 (35)~(37)에서 보여주는 바와 같은 한국어의 의문사 의문문에 나타나는 보충어-비보충어 비대칭 현상이 결속원리(A)에 의해서 포착되는 현상이라는 결론에 이르게 된다.

그러면, 이러한 결론에 비추어, 이제 왜 (39)에서는 보충어-비보충어 비대칭 현상이 발생하지 않는지 살펴보자. 사실상, 예문 (35)~(37)과 (39) 사이의 중요한 차이는 (35)~(37)에서는 비보충어로 나타나는 의문사들이 모두 부가어(adjunct)이나, (39)에서는 문장의 주어인 논항(argument)이라는 점이다.18)

확대 탐침자–목표물 문법체계 하에서 (39a–b)의 의미표상은 각기 다음과 같이 표현된다.19)

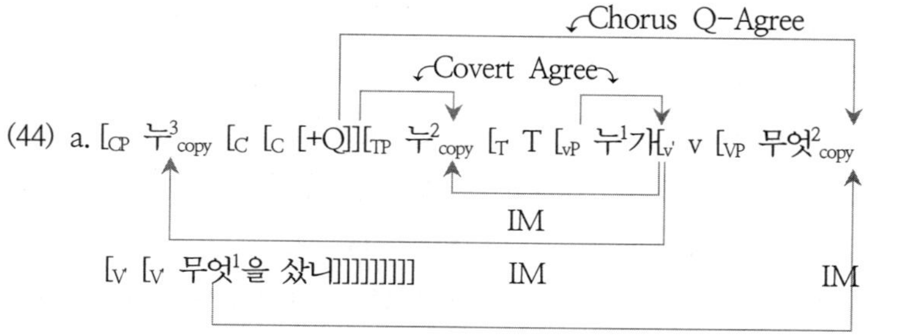

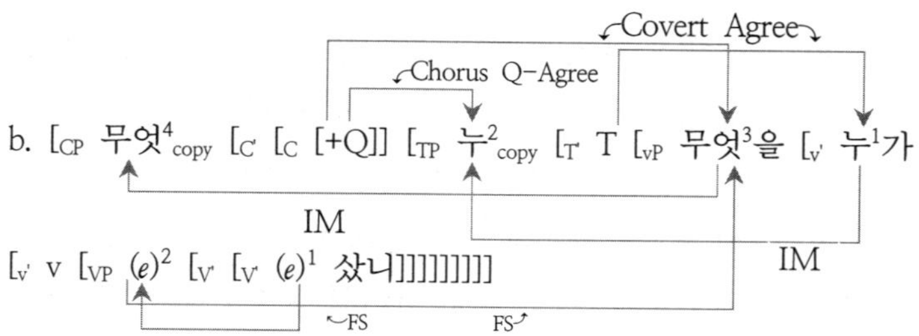

---

18) 이러한 점에서 한국어에서는, 영어와 달리, 의문사 의문문에서 보충어–비보충어 비대칭 현상이 아니라 논항–비논항 비대칭(argument–nonargument asymmetry) 현상이 발생된다는 사실이 확인된다.

19) Chomsky(2005a, 2005b)의 수정 탐침자–목표물 문법체계(Revised Probe–Goal Framework)에서는 위 (14)의 가정 하에서 탐침자(Probe)가 목표물(Goal) 탐색할 때 C–T와 v*–V가 연합체를 이루어 목표물을 탐색함으로써 의문사 의문문일 경우 영어에서 T와 V의 지정어 위치로의 주어와 목적어의 인상과 함께 나란히 C나 v*의 지정어 위치로 의문사의 이동도 일어난다고 보는데, 이러한 동시 이동을 평행이동(parallel movement)이라 한다.

위의 의미표상이 주어진다면, (44a)에서는 대용사인 '무엇[1]'과 '누[1]'은 각기 그들의 선행사인 '무엇[2]'와 '누[2]'로부터 국부적으로 결속됨으로써 결속원리(A)를 충족하고 있다. 또한, 자유 뒤섞기에 의해 의문사들 간에 어순의 뒤바뀐 (44b)에서는 '무엇[3]'은 먼저 문자화 이전에 그것의 기저위치인 $(e)^1$에서부터 VP의 지정어 위치인 $(e)^2$의 위치로 자유 뒤섞기(FS)에 의해 이동하여 그것의 격을 점검받고, 다시 vP의 외곽지정어(outer Spec) 위치로 이동하고, 그 뒤 문자화 이후에 비명시적 내부병합에 의해 CP의 지정어 위치로 이동함으로써 의문자질의 점검과 C의 외곽자질(EF)을 충족한다. 이러한 이동 과정에서 '무엇[3]'은 결코 대용사가 되는 그것의 복사(흔적)를 남기지 않음으로써 결속원리(A)의 위반을 초래하지 않는다. 한편, 의문사 '누[2]'는 문자화 이후에 T의 탐색에 의해 그것의 기저위치에 그것의 복사(흔적)인 '누[1]'를 남기고 TP의 지정어 위치로 내부병합(IM)됨으로써 그것의 격을 점검받는다. 이때 대용사인 복사(흔적) '누[1]'은 논항인 '무엇[3]'으로부터 국부적으로 결속됨으로써 결속원리(A)를 충족하게 된다.[20)]

이제, 한국어에서는 의문사 의문문에 나타나는 비대칭 현상이 영어에서와 달리 보충어-비보충어 비대칭이 아니라 논항-비논항 비대칭(argument-nonargument asymmetry)이라는 사실을 다시 한 번 확인해 주는 (40)의 경우는 확대 탐침자-목표물 문법체계 하에서 어떻게 설명될 수 있는지 고려해 보자. (40a-b)의 의미표상은 각기 다음과 같이 표현된다(간략히 의문사 '왜'의 경우만 예로 든다).

20) 자유 뒤섞기에 의해 이동되는 요소는 그것의 기저위치에 복사(흔적)를 남기지 않기 때문에 기저위치에서 부여되는 모든 자격을 그대로 유지한다고 본다. 따라서 (44b)에서 '무엇[3]'은 비록 vP의 (외곽)지정어 위치에 나타날지라도 의미역을 갖는 '논항'으로서의 자격을 그대로 유지한다. 참고적으로, vP의 지정어 위치에 기저생성(base generated)되는 문장의 주어도 논항으로서의 자격을 가지고 있음을 유의하라.

Chorus Q-Agree
Covert Agree

(45) a. [$_{CP}$ 누$^{3}_{copy}$ [$_{C'}$ [$_{C}$ [+Q]][$_{TP}$ 누$^{2}_{copy}$ [$_{T'}$ T [$_{vP}$ 누^{1}가[$_{v'}$ v [$_{VP}$ 왜

IM

[$_{V'}$ 잤니]]]]]]]]] IM

Chorus Q-Agree
Covert Agree

b. [$_{CP}$ 왜$^{3}_{copy}$ [$_{C'}$ [$_{C}$ [+Q]][$_{TP}$ 누$^{2}_{copy}$ [$_{T'}$ 왜^{2} [$_{T}$T [$_{vP}$ 누^{1}가[$_{v'}$ v [$_{VP}$ (e)^{1}

IM IM FS

*A'-binding

[$_{V'}$ 잤니]]]]]]]]]

위와 같은 의미표상이 주어진다면, (45a)에서는 대용사 복사(흔적)인 '누[1]'이 '누[2]'로부터 국부적으로 결속됨으로써 결속원리(A)를 준수하나, (45b)에서는 대용사 복사(흔적)인 '누[1]'이 비논항인 '왜[2]'로부터 국부적으로 비논항 결속(A'-binding)됨으로써 결속원리(A)를 위반한다. 따라서 (40a)는 문법적이나 (40b)의 경우는 비문법적인 문장으로 판정된다.

이제, 아래 예문을 고려해 보자.

(46) a. 철수가 무엇을 언제/어디서 샀니?
b. 철수가 언제/어디서 무엇을 샀니?

(47) a. 누가 언제/어디서 잤니?
b. 언제/어디서 누가 잤니?

만약, 위의 논의에서처럼, 한국어에서는 영어와 달리 논항-비논

항 비대칭 현상이 존재한다는 주장이 사실이라면, (46)~(47)의 경우에도 부가어 의문사인 '언제'/'어디서'가 논항 의문사인 '무엇'/'누(구)'보다도 어순상 먼저 나타나는 (b)의 예문은 (35)~(37)의 (b)와 (40)의 (b)에서와 마찬가지로 결속원리(A)를 위반하는 결과를 초래함으로써 비문법적인 문장으로 판정되어야 할 것이다. 그러나 이러한 예상과 달리 (46)~(47)에서는 (a)의 예문과 함께 (b)의 예문도 모두 문법적인 문장으로 사용된다. 이러한 현상은 일견에 본장에서 주장하고자 하는 확대 탐침자-목표물 문법체계에 심각한 반증으로 제기될 수 있다.

하지만, 이러한 문제점은 김용석(1999d, 2006c)의 분석에 입각하면 쉽게 해결될 수 있다. 김용석(1999d, 2006c)에 의하면, 부가어인 '언제'와 '어디서'는 '왜'/'얼마나'/'어떻게'와 달리 다음 분석에서와 같이 후치사구(Postposition Phrase: PP)로 분석된다.[21)]

(48) a. $[_{PP}$ $[_{DP}$ *언제*](에)]
b. $[_{PP}$ $[_{DP}$ *어디*](에)서]

즉, (48)의 분석 하에서는 '순수 의문사(pure *wh*-phrase)'인 '언제'와 '어디'는 그들을 직접 관할(immediate domination)하는 후치사구 PP 바깥에 있는 어떠한 요소도 성분통어(c-command)하지 못한다. 따라서 (46)~(47)의 (b)의 예문에서 부가어 의문사인 '언제'/'어디서'가 논항 의문사인 '무엇'/'누(구)'보다 선행한다 하더라도 '무엇'/'누(구)'를 결코 결속할 수 없으므로, 결속원리(A)의 위반이 초래되지 않아 (a)의 예문과 함께 모두 문법적인 문장으로 처리된다.

김용석(1999d, 2006c)의 분석과 확대 탐침자-목표물 문법체계의 타

21) Huang(1982)에서도 영어의 의문사의 경우 *when*과 *where*를 *how*/*why*와 구분하여 비가시적 전치사(invisible preposition)의 보충어로 분석하고 있다.

당성은 다음 예문에서 다시 한 번 확인된다.

(49) a. 창수가 무엇을 어디 뒀니?
b. ??창수가 어디 무엇을 뒀니?

(50) a. 누가 어디 갔니?
b. ??어디 누가 갔니?

즉, 위 (49)~(50)의 예문에서는 부가어(비논항)인 의문사 '어디'가 후치사구로 분석되지 않는 순수 의문사의 형태로 사용되고 있기 때문에, '왜'/'얼마나'/'어떻게' 등이 나타나는 (35)~(37)의 경우와 마찬가지로 '어디'가 논항 의문사인 '무엇'/'누(구)'를 선행하는 (b)의 예문은 대용사 복사(흔적)가 비논항 결속되는 결과를 초래함으로써 결과적으로 결속원리(A)를 위반하여 비문법적인 문장으로 판정된다.[22]

또한, 한국어의 의문사 의문문에는 아래 (51)의 예문에서 확인되는 바와 같이 또 다른 유형의 의문사 비대칭 현상이 존재한다.

(51) a. 영희가 [[누가 퍼뜨린] 소문]을 들었니?
b. 영희가 [[무엇을 퍼뜨린] 사람]을 만났니?
c. 영희가 [[창수가 누구를 좋아할] 때] 울었니?
d. 창수가 [[그 소문을 언제/어디서 퍼뜨린] 사람]을 만났니?
e. *창수가 [[그 소문을 왜 퍼뜨린] 사람]을 만났니?
f. *영희가 [[창수가 왜 소개한] 사람]을 만났니?
g. *영희가 [[창수가 순이를 왜 좋아할] 때] 울었니?

---

22) (49)~(50)과 비교하여 볼 때, 부가어 의문사가 후치사구로 분석되는 아래 예문에서는 논항-비논항 비대칭 현상이 나타나지 않음이 확인된다.

(i) a. 창수가 무엇을 어디에 뒀니?
b. 창수가 어디에 무엇을 뒀니?

(ii) a. 누가 어디로 갔니?
b. 어디로 누가 갔니?

위 (51)의 예문은 한국어에서 복합구조(complex structure)를 갖는 의문사(즉, '누(구)+가/를'/'무엇+을'/'언제+(에)'/'어디+(에)서' 등)와 단순구조(simplex structure)를 갖는 의문사 '왜' 사이에 나타나는 소위 '복합-단순구조 비대칭(complex-simplex structure asymmetry)' 현상을 보여주고 있다. 요컨대, '누(구)+가'/'무엇+을'/'언제+(에)'/'어디+(에)서' 등의 복합구조의 의문사들은 복합명사구제약(CNPC)과 같은 섬 제약(island constraints)에 기인하는 장벽범주(barrier category) 내부에 포함될 수 있지만, 단순구조를 갖는 의문사 '왜'는 결코 장벽범주 내부에 포함될 수가 없다. 이러한 복합-단순구조 비대칭 현상도 비명시적 일치 언어에서 문자화 이후 의문사의 비명시적인 내부병합을 가정하는 확대 탐침자-목표물 문법체계 하에서 효과적으로 설명될 수 있다. 즉, 한국어에서 문자화 이후 의문사가 내부병합을 통해 비명시적으로 이동한다면, 다음과 같은 복사(흔적)확인원리(copy(trace) identification principle: CIP)의 설정으로 위에서 관찰한 의문사의 복합-단순구조 비대칭 현상을 포착할 수 있다.[23]

(52) 복사(흔적)는 국면 내에서 확인되어야 한다.
(The copy(trace) must be identified in the phase.)

확인(identification)은 다음과 같이 정의된다.

(53) (i) α가 어휘적으로 선택되거나 선행사에 인접하면, α는 확인된다.
(α is identified iff α is lexically selected or antecedent-adjacent.)

또한, 어휘적 선택(lexical selection)과 선행사 인접(antecedent-adjacency)은 각기 다음과 같이 정의된다.

23) '복사(흔적, copy(trace))'의 개념에 대해서는 본장의 각주 2)를 참조하시오.

(54) (i) α가 어휘적 요소와 병합하면, α는 어휘적으로 선택된다.
(α is lexically selected iff α is merged with a lexical item.)
(ii) α와 그것의 선행사 사이에 장벽이 없으면, α는 선행사에 인접한다.
(α is antecedent-adjacent iff there is no barrier between α and its antecedent.)

사실상, 내부병합으로 결과로 기저위치에 남는 복사(흔적)의 확인은 그 도출의 의미해석에 필수적인 과정이다. 왜냐하면, 내부병합으로 이동한 요소의 문법적 자격(논항/비논항의 자격, 주어/목적어/부가어의 자격 등)은 그것의 기저위치에서 모두 결정되기 때문이다. 확인되지 않는 복사(흔적)는 비가시적이기 때문에 연산과정에서 삭제되며, 그 결과 그것의 선행사는 의미부에서 문법적 자격을 부여받을 수 없게 되어 도출이 파산된다.

이제, (52)의 복사(흔적)확인원리가 주어진다면, '누(구)+가'/'무엇+을'/'언제+(에)'/'어디+(에)서'와 같이 복합구조를 갖는 의문사인 '누(구)'/'무엇'/'언제'/'어디'는 기저위치에 남는 그들의 최초 복사(흔적)가 언제나 어휘적으로 선택되므로 선행사에 인접되지 않더라도 언제나 (52)의 복사(흔적)확인원리를 충족한다. 그러므로 복합구조를 갖는 의문사들은 도출의 과정에서 장벽을 넘어 상위의 국면으로 이동할 수 있다. 왜냐하면, 국면단위의 연속적 순환이동(successive cyclic movement) 시 중간 복사(흔적)(intermediate traces)들이 장벽에 가로막혀 선행사에 인접하지 못한다 할지라도 그러한 중간 복사(흔적)들은 최초 복사(흔적)에 대한 선행사-인접의 책임이 없으므로 자유롭게 생략될 수 있기 때문이다. 그러나 의문사 '왜'의 경우는 단순구조를 가지므로 그것의 최초 복사(흔적)가 반드시 선행사에 인접해야 하며, 국면단위의 연속적 순환이동 시에는 최초 복사(흔적)에 대한 선행사-인접의 책임을 갖는 차상위의 복사(흔적)는 생략될 수 없으므로 차

차상위의 복사(흔적)에 선행사-인접해야 하며, 또한 차차상위의 복사(흔적)도 마찬가지 이유로 그 상위의 선행사에 인접해 있어야 한다. 따라서 단순구조를 갖는 의문사의 연속적 순환이동으로 남는 모든 복사(흔적)는 각자 연쇄적으로 자신의 선행사에 인접해야 하므로, '왜'처럼 단순구조를 갖는 의문사는 국면단위의 연속적 순환이동 과정에서 결코 장벽을 넘어 이동할 수 없다. 왜냐하면, 장벽을 건너 이동할 경우에는 결국 그것의 최초 복사(흔적)가 위 (52)의 복사(흔적)확인원리를 위반하는 결과가 초래되기 때문이다.

그러면, 앞선 논항-비논항 비대칭 현상과 관련하여, '왜'와 동일한 분포를 갖던 '얼마나'와 '어떻게'의 경우는 복합-단순구조 비대칭에서는 어떠한 분포특성을 갖는지 살펴보자.

(55) 창수가 [[그 소문을 얼마나/어떻게 퍼뜨린] 사람]을 만났니?

(55)의 예문은 의문사 '얼마나'/'어떻게'의 경우는 복합-단순구조 비대칭에 관한 한 '왜'와 상이한 분포를 갖는다는 사실을 보여주고 있다. 이러한 분포특성도 김용석(2006c)의 분석을 도입하면 쉽게 포착된다. 김용석(2006c)에서는 '얼마나'/'어떻게'를 다음과 같은 구조로 분석한다.

(56) a. [$_{AdvP_i}$ [얼마]$_i$ 나]
b. [$_{AdvP_i}$ [어떠]$_i$ ㅎ게]

즉, 김용석(2006c)에 의하면, '얼마나'/'어떻게'는 모두 부사구이지만 부사구의 핵(head)인 '얼마'와 '어떠'가 각기 부사적 불변화사(adverbial particle)인 '나'와 'ㅎ게'와 병합해 있다고 분석한다. 따라서 순수 의문사(pure *wh*-phrase)인 '얼마'와 '어떠'가 내부병합에 의해 이동하게 되면, 그들의 최초 복사(흔적)는 언제나 불변화사에 의해 어휘적으로 선택되기 때문에 연속적 순환이동 시 장벽을 개의치 않고 상위의 국면 속으로 장거리 이동을 할 수 있다.

또한, 다음 문장을 고려해 보자.

(57) a. 창수가 [[그 소문을 어떤 이유로 퍼뜨린] 사람]을 만났니?
b. 영희가 [[창수가 어떤 이유로 소개한] 사람]을 만났니?
c. 영희가 [[창수가 순이를 어떤 이유로 좋아할] 때] 울었니?

위 (57)의 예문들은 앞선 (51e-g)의 예문들과 비교해 볼 때, 의미적으로는 매우 흡사하지만, 문법성에서는 완전한 차이를 나타낸다. 이는 단순구조를 갖는 '왜'가 복합구조의 의문사와 비대칭 관계를 유지하는 것은 의미적 이유가 아니라, 바로 그들의 내부 구조적 특성에 기인한다는 것을 다시 한 번 확인해 준다. 즉, (57)의 예문들이 (51e-g)와 달리 문법적인 이유는 (57)의 예문들에 나타나는 부가어 의문사구 '어떤 이유로'가 [[어떠+(하)ㄴ]+[이유]로]의 구조로 분석됨으로써 순수 의문사 '어떠'가 형용사 접사(adjective affix)인 '(하)ㄴ'와의 병합적 선택 관계를 유지하기 때문이다. 요컨대, (57)의 각 예문에서는 순수 의문사 '어떠'가 내부병합한 후 그것의 기저위치에 남기는 최초 복사(흔적)가 (52)의 복사(흔적)확인원리를 충족한다.

의문사의 복합-단순구조 비대칭에 대한 (52)의 복사(흔적)확인원리에 입각한 확대 탐침자-목표물 문법체계의 설명은 다음 예문에 나타나는 문법성의 대조에 의해 그 타당성이 다시 확인된다.

(58) a. *영희가 [[창수가 왜 죽었다는] 소문]을 들었니?
b. 누(구)가 [[창수가 왜 죽었다는] 소문]을 들었니?

즉, (58a)에서는 종속절 속의 '왜'가 연속적 순환이동을 통해 주절 CP의 지정어 위치로 내부병합되는 도출의 과정에서 복합명사구제약(CNPC)에 기인하는 장벽을 넘음으로써 그것의 최초 복사(흔적)가 (52)의 복사(흔적)확인원리를 위반하게 되어, 결국 (58a)가 비문법적인 문장으로 판정된다. 그러나 (58b)에서는 주절의 주어인 '누(구)가'가 복합구조의 의문사이고, 이 의문사에 내포되는 순수 의문사인 '누(구)'가 종속절의 의문사인 '왜' 대신 연속적 순환이동을 통하여 주절 CP의 지정어 위치로 내부병합됨으로써, 이 문장에서는 결코 (58a)에서와 같은 복사(흔적)확인원리의 위반이 초래되지 않는다. 따라서 (58b)는 (58a)와 달리 문법적인 문장으로 판정된다(참고적으로, (58b)에서는 종속절 속의 의문사 '왜'는 순수 제자리 의문사(real *wh*-in-situ)로서 의미부에서 일제 의문자질 일치(Chorus Q-Agree)에 의해 그것의 작용역이 결정된다).

위의 논의로부터 추론되는 하나의 명제는 '의문사 '왜'가 (장벽의 내부에 나타난다 하더라도) 이동하지 않는 경우라면, 언제나 문법적인 문장이 도출된다'인데, 이 명제는 다음 예문들이 문법적이라는 사실에 의해 그 타당성이 입증된다.

(59) a. 창수가 [[누(구)가 왜 죽었다는] 소문]을 들었니?
　　b. 영희가 [[창수가 무엇을 왜 좋아한다는] 소문]을 들었니?
　　c. 영희가 [[창수가 어떻게/언제/어디서 왜 죽었다는] 소문]을 들었니?

즉, 위의 예문들에서는 의문사 '왜'가 장벽에 의해 관할되는 종속절 속에 나타나지만, 주절 [$_C$ [+Q]]에 더욱 가까운 다른 종류의 의문사들이 존재하기 때문에, 이들 의문사가 '왜' 대신에 주절 CP의 지정어 위치로 연속적 순환이동을 통해 내부병합될 수 있으므로, 이들 문장은 모두 문법적인 문장으로 판정된다.

그러면, 다음 예문들을 고려해 보자.

(60) a. 철수가 무엇을 왜 샀니?
b. 무엇을 철수가 왜 샀니?

(61) a. ??철수가 왜 무엇을 샀니?
b. ??왜 철수가 무엇을 샀니?

(62) a. *영희는 [[왜 철수가 무엇을 샀다는] 소문]을 들었니?
b. *영희는 [[철수가 왜 무엇을 샀다는] 소문]을 들었니?

먼저, 위 (60)과 (61) 사이에 나타나는 문법성의 대조는, 이미 앞서 논의한 바와 같이, '의문사의 내부병합은 우위성 조건을 준수하므로 언제나 [$_C$ [+Q]]에 가장 가까운 의문사가 이동한다'는 확대 탐침자-목표물 문법체계의 가정 하에서 결속원리(A)에 의해 포착된다. 그러나 이 경우도 결국은 '의문사 '왜'가 (장벽의 내부에 나타난다 하더라도) 이동하지 않는 경우라면, 언제나 문법적인 문장이 도출된다'의 명제에 부합된다. 왜냐하면, (60)에서는 '왜' 대신 '무엇'이 이동하지만, (61)의 경우는 '왜'가 직접 이동하기 때문이다.

또한, (61)과 (62) 사이에 나타나는 문법성의 대조는, 두 경우 모두 '왜'가 직접 이동하지만, (61)에서는 결속원리(A)가 위반되나, (62)에서는 (결속원리(A)는 물론) 더욱 심각한 원리인 (52)의 복사(흔적)확인원리를 위반함으로써 (61)에 비해 그 문법성의 정도가 더욱 하락함을 보여주고 있다.

7.4 다중 의문사 전치 현상과 언어의 유형화

지금까지 논의한 본장의 핵심적 주장은, 자연언어는 (9)의 매개변인화에 따라 명시적 의문사 이동(overt *wh*-movement)을 수행하는 언어와 비명시적 의문사 이동(covert *wh*-movement)을 수행하는 언어로 나뉠 수 있지만, 어떤 언어에서든 의문사 의문문에서 반드시 하나의 의문사가 [C [+Q]]의 외곽자질(EF)을 충족하기 위해 그것과 일치를 통해 CP의 지정어 위치로 이동한다는 것이다. 따라서 이러한 이동의 결과로 모든 자연언어의 의문사 의문문은 비록 음운표상(PHON)의 형태는 다를지라도 의미표상(SEM)은 동일한 형태를 취한다는 것이다. 이러한 주장은 사실상 앞서 (3)에서 제시한 획일성 원리(uniformity principle)를 기본 가설로 갖는 Chomsky(1999, 2004, 2005a, 2005b)의 탐침자-목표물 문법체계(Probe-Goal Framework)의 타당성을 뒷받침하는 언어학적으로 매우 의미 있는 주장이 된다.

이러한 주장에 비추어 볼 때, 앞선 논의에서 제기되는 하나의 문제가 한국어, 중국어, 일본어 등의 비명시적 일치 언어(-OA languages)가 갖는 자유 뒤섞기(FS)가 의미표상의 형태에 영향을 미치지 않는가?'인데, 사실상 이 문제는 본장의 관련 주장에 따르면 쉽게 해소된다. 즉, 본장에서는 자유 뒤섞기에 의해 이동하는 요소는 복사(흔적)를 남기지 않음으로써 그 요소는 그것이 기저위치에서 갖는 모든 자질과 자격(논항/비논항, 주어/목적어/부가어 등으로서의 자격)을 그대로 유지한다고 보고 있고, 또한 의미표상에서는 선형상 어순(linear order)이 무시되기 때문에, 결과적으로 자유 뒤섞기는 문장의 의미구조에 전혀 영향을 미치지 않는다. 따라서 명시 통사부(overt syntax)에서 문자화 이전에 적용되는 자유 뒤섞기의 존재에도 불구하고, '모든 자연언어는 여전히 의문문에 관하여 동일한 의미표상을 갖는다'는 주장이 그대로 유지된다.

이처럼, 본장의 핵심적 주장은 '모든 자연언어의 의문사 의문문에서는 명시적이든 비명시적이든 [C [+Q]]에 가장 가까운 단 하나의 의문사만이 [C [+Q]]와의 일치를 통해 그것의 지정어 위치로 내부병합(즉, 의문사 이동(*wh*-movement))을 한다'고 보는 것인데, 이러한 관점에서 보면, 아래 예문들에서 보여주는 바와 같은 슬래빅 언어(Slavic languages)에서 광범위하게 나타나는 소위 '다중 의문사 전치 현상(multiple *wh*-fronting phenomena)'이 일견에 심각한 문제점으로 제기된다.

(63) a. 폴란드어(Polish):
Kto co robil?
who what did
'Who did what?'

b. 서보-크로아티아어(Serbo-Croatian):
Ko koga vidi?
who whom sees
'Who sees whom?'

c. 불가리아어(Bulgarian):
Koj kogo vizda?
who whom sees
'Who sees whom?'

d. 러시아어(Russian):
Kto cto kogda skazal?
who what when said
'Who said what when?'

즉, 이들 언어에서는 의문사 의문문에 나타나는 모든 의문사가 문두로 이동한다는 사실이 확인된다. 그렇다면, 이제 이러한 다중 의문사 전치 현상에도 불구하고, 모든 자연언어의 의문사 의문문은 하나의 의문사만이 의문사 이동(*wh*-movement)을 하며, 따라서 동일한 의미표상을 갖는다고 보는 확대 탐침자-목표물 문법체계의 주장이 과연 계속 유지될 수 있는지 살펴보자.

먼저, Ruddin(1988)의 분석에 따르면, 의문사 의문문에서 모든 의문사가 모두 문두로 이동하는 슬래빅 언어의 다중 의문사 전치 현상에서도 오직 [$_C$ [+Q]]와의 일치를 통해 CP의 지정어 위치로 내부병합(즉, 의문사 이동(*wh*-movement))하는 의문사는 맨 왼쪽에 나타나는 의문사 하나뿐이라는 것이다. 그 뒤에 후속되는 나머지 의문사들은 초점(focus)의 영향으로 문두로 초점화(focalization: FOC)되었다는 것이다. 초점화의 위치는 CP의 지정어 위치가 아니라 아래 구조표현에서와 같이 TP에 부착되는 위치로 본다(서보-크로아티아어의 경우를 대표적인 예로 든다).

(64)

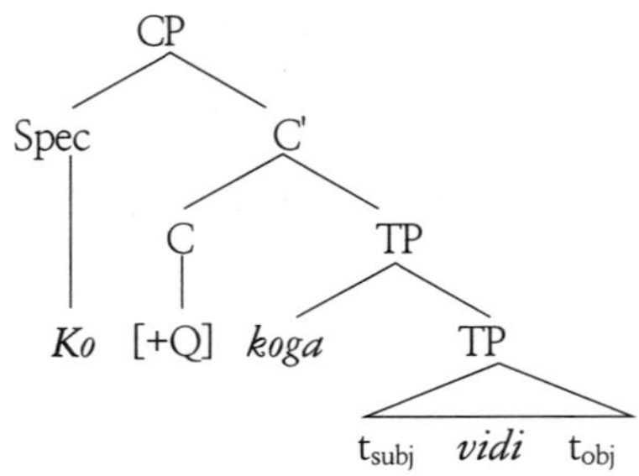

만약, Ruddin(1988)의 제안이 받아들여진다면, 슬래빅 언어에 나타나는 다중 의문사 전치 현상은 명시 통사부에서 적용되는 명시적 초점화(overt focalization: OF)의 결과로 발생하는 현상으로 볼 수 있으므로, 본장에서는 다중 의문사 전치 현상을 갖는 슬래빅 언어와 그 이외의 비슬래빅 언어(non-Slavic languages)를 구분하기 위해 다음과 같은 매개변인화로 언어의 유형화(language typology)를 꾀하고자 한다.

(65) 명시적 초점화 매개변인([±OF])에 의한 언어의 유형화:

[+OF]	러시아어, 불가리아어, 서보-크로아티아어, 폴란드어 등등의 슬래빅 언어
[-OF]	영어, 불어, 한국어, 일본어, 중국어 등등의 비슬래빅 언어

위의 매개변인화가 암시하는 바는 모든 언어에서 의문사들은 초점(focus)의 자질을 가지며, 따라서 다중 의문사 전치 현상을 갖지 않는 비슬래빅 언어에서도 다중 의문사 의문문(multiple *wh*-questions)의 경우 [$_C$ [+Q]]와의 일치를 통해 CP의 지정어 위치로 내부병합(의문사 이동(*wh*-movement))하는 의문사를 제외한 나머지 의문사들은 문자화 이후 비명시 통사부(covert syntax)에서 적용되는 비명시적 초점화(covert focalization: CF)에 의해 초점의 위치(즉, TP의 부착위치(adjunction position))로 이동하게 된다.

이러한 초첨화의 결과는 의문사 의문문에서 의문사에 대한 음성표상 상의 어순은 [±OF]의 매개변인화에 따라 차이가 날지라도, 의미표상상에서는 동일한 형태를 취하게 된다. 따라서 여전히 (3)의 획일성 원리와 확대 탐침자-목표물 문법체계의 핵심적 주장이 슬래빅 언어의 다중 의문사 전치 현상에도 불구하고 아무런 손상 없이 그대로 유지된다.

따라서 의문사 의문문과 관련하여 협소통사부(narrow syntax)에서 적용되는 일련의 규칙들에 대한 적용순서를 정리하면 다음과 같다.

(66) 의문사 관련 규칙의 적용순서(협소통사부):

자유 뒤섞기 > 명시적 의문사 이동 > 명시적 초점화 >
← 명시통사부 →

문자화 > 비명시적 의문사 이동 > 비명시적 초점화
← 비명시통사부 →

음성표상에 나타나는 의문사의 어순과 관련하여 볼 때, 자유 뒤섞기(free scrambling)는 의문사 간의 자유로운 어순을 보장하고, 명시적 의문사 이동(overt *wh*-movement)은 우의성 조건을 준수하며, 명시적 초점화(overt focalization)는 다중 의문사 전치를 유발한다.

한편, Bošković(2002, 2003)의 관찰에 따르면, 다중 의문사 전치 현상을 갖는 슬래빅 언어들 중에서도 의문사가 문두로 이동할 때 불가리아어는 우위성 조건을 항상 준수하고, 서보-크로아티아어는 우위성 조건을 경우에 따라 부분적으로 준수하지만, 러시아어에서는 우위성 조건이 전혀 나타나지 않는다는 것이다. 이러한 관찰이 암시하는 바는 러시아어가 한국어, 일본어, 중국어처럼 '자유 뒤섞기 언어(free scrambling languages: [+FS] languages)'로 분류된다는 사실이다. 자유 뒤섞기 언어들은 명시적 의문사 이동(overt *wh*-movement)이 적용되기 전에 먼저 의문사들의 자유로운 어순을 허용함으로써, 비록 우위성 조건을 준수하는 명시적 의문사 이동을 수행하는 언어에서까지도 겉으로 보기에는 의문사 이동에 있어 우위성 조건이 전혀 준수되지 않는 것처럼 나타난다.

이러한 자유 뒤섞기(free scrambling: FS)의 특성까지도 매개변인화한 새로운 언어의 유형화를 제시하면, 다음과 같다.

(67) 의문사 순에 관한 새로운 언어의 유형화:

매개변인	[+FS]	[-FS]
[+OF]	러시아어	불가리아어, 서보-크로아티아어
[-OF]	한국어, 일본어, 중국어	영어, 불어

(67)의 유형화에 따르면, 러시아어는 다중 의문사 전치 현상을 가지면서도 의문사들 간의 어순이 자유로운 언어이며, 한국어, 일본어, 중국어는 의문사들 간에 어순은 자유로우나 다중 의문사 전치는 일어나지 않는 언어이고, 불가리아어와 서보-크로아티아어는 다중 의문사 전치는 일어나나 우위성 조건을 준수함으로써 의문사들 간에 어순이 자유롭지 못한 언어이지만, 영어와 불어는 다중 의문사 전치 현상도 나타나지 않을 뿐만 아니라 하나의 의문사가 문두로 이동할 때 우위성 조건이 반드시 준수되는 언어군에 속한다.

또 다른 Bošković(2002, 2003)의 관찰에 의하면, 서보-크로아티아어의 경우는 불가리아어와 달리 단문(simplex sentence)에서는 의문사들 간에 어순이 자유로우나, 복문의 경우는 종속절 속에서 의문사들이 주절의 문두로 전치될 때 불가리아어와 마찬가지로 우위성 조건을 준수하는 특성을 보인다. 의문사 이동과 관련하여 단문과 복문 사이에 나타나는 차이는 다중 의문사 전치를 갖지 않는 불어에서도 발견된다. 즉, 불어는 단문의 경우에 영어와 달리 의문사의 이동이 선택적이나, 복문의 경우는 종속절 속에 있는 의문사가 주절의 문두로 이동할 때 영어와 마찬가지로 의문사 이동이 의무적이며, 동시에 우위성 조건을 준수하는 특성을 갖는다. 이러한 특성은 불어와 서보-크로아티아어가 명시적 일치(overt Agree: OA)에 관한 매개변인화에서 동일하게 [±OA]의 매개변인을 갖는 언어군으로 분류되며, 또한 [±OA]의 매개변인을 갖는 언어군은 종속절 속의 의문사에 관한 한 비명시적 일치를 허용하지 않는다는 것을 의미한다. 이러한 관찰에 입각해 앞서 (9)에서 제시한 일치(Agree)의 매개변인화를 확대하면, 다음과 같은 언어의 유형화가 가능하다.

(68) 일치의 매개변인화에 따른 언어의 유형화:

매개변인	[+OA]	[−OA]	[±OA]
언어군	불가리아어, 영어, 러시아어	한국어, 일본어, 중국어	서보-크로아티아어, 불어

위의 유형화에 따르면, [+OA]의 매개변인을 갖는 불가리아어, 영어, 러시아어는 의문사 의문문에서 반드시 하나의 의문사가 우위성 조건을 준수하면서 명시적 의문사 이동(overt *wh*-movement)을 수행해야 하며, [−OA]의 매개변인을 갖는 한국어, 일본어, 중국어는 하나의 의문사가 우위성 조건을 준수하면서 비명시적으로 의문사 이동을 수행하지만, 비명시적인 이동이기 때문에 이동의 결과로 나타나는 어순이 명시적으로 확인되지는 않는다. 또한 [±OA]의 매개변인을 갖는 서보-크로아티아어와 불어는 단문의 경우는 우위성 조건을 준수하는 명시적 의문사 이동이 선택적으로 적용될 수도 있지만, 복문의 경우는 반드시 우성 조건을 준수하는 장거리 명시적 의문사 이동(long-distance overt *wh*-movement)이 적용되어야 한다.

이러한 특성을 반영하는 (68)의 유형화에 다시 (67)의 유형화를 중복적으로 적용하면, (3)의 획일성 원리를 유지하면서도, 사실상 자연언어의 의문사 의문문에 나타나는 언어별 의문사들의 선형상 분포특성이 본장의 확대 탐침자-목표물 문법체계 하에서 효과적으로 포착된다. 이러한 유형화로 분류되는 언어와 그 언어가 갖는 의문사들의 선형상 분포특성을 확인하면 다음과 같다.

(69) (i) [+FS]/[+OF]/[+OA] 언어군: {러시아어, … }

⇨ 의문사 간에 자유로운 어순이 허용되며, 다중 의문사 전치 현상이 나타나고, 우위성 조건을 준수하지만 우위성 조건의 준수여부가 가시적으로는 확인되지 않음.

(ii) [−FS]/[+OF]/[+OA] 언어군: {불가리아어, … }

⇨ 의문사 간에 자유로운 어순은 허용되지 않으나, 다중 의문사 전치 현상이 나타나고, 우위성 조건을 준수하며, 그 우위성 조건의 준수여부가 가시적으로 확인됨.

(iii) [−FS]/[−OF]/[+OA] 언어군: {영어, … }

⇨ 의문사 간에 자유로운 어순도 허용되지 않고, 다중 의문사 전치 현상도 허용되지 않으나, 오직 하나의 의문사만이 우위성 조건을 준수하며 가시적으로 문두로 이동함.

(iv) [−FS]/[−OF]/[±OA] 언어군: {불어, … }

⇨ 의문사 간에 자유로운 어순도 허용되지 않고, 다중 의문사 전치 현상도 허용되지 않으며, 가시적으로 하나의 의문사가 이동할 경우는 우위성 조건이 준수되나, 이러한 의문사 이동은 단문에서는 선택적으로 일어나고, 복문의 경우는 오직 종속절 내부의 의문사에 대해서만 의무적으로 적용됨.

(v) [−FS]/[+OF]/[±OA] 언어군: {서보-크로아티아어, … }

⇨ 의문사 간에 자유로운 어순은 허용되지 않으나, 다중 의문사 전치 현상이 나타나며, 이 경우 단문에서는 우위성 조건이 준수되지 않음으로써 마치 의문사 간에 자유로운 어순이 허용되는 것처럼 보이나, 복문의 경우는 종속절 내부의 의문사에 대해서 가시적으로 우위성 조건이 적용됨.

(vi) [+FS]/[−OF]/[−OA] 언어군: {한국어, 일본어, 중국어, … }

⇨ 문장 내부에서 의문사 간에 자유로운 어순이 허용되나, 문두로의 가시적인 다중 의문사 전치와 명시적인 의문사 이동은 존재하지 않는다.

7.5 맺음말

지금껏 본장에서는 Chomsky(1999, 2004, 2005a, 2005b)의 '획일성 원리(uniformity principle)'에 입각하여, 먼저 자연언어의 의문사 의문문에 나타나는 의문사들이 언어의 유형에 따라 상이한 분포특성을 갖지만, 이러한 분포특성은 오로지 음성표상 상의 현상이며. 의미표상상에서는 모든 자연언어의 의문사 의문문이 동일한 구조를 가질 것이라는 가정을 수립하고, 이러한 가정의 타당성을 본장의 '확대 탐침자-목표물 문법체계' 하에서 의문사 의문문에 관련되는 다양한 경험적 자료분석을 통해 논증하였다.

이러한 논증 과정에서 본장의 확대 탐침자-목표물 문법체계가 경쟁관계에 있는 Huang(1982), May(1985), Watanabe(1992, 1993), Reinhart (1993), Chomsky(1995), Bošković(2002, 2003) 등에서 제안하는 이론보다 우수한 이론이라는 사실이 또한 영어와 한국어의 의문사 의문문에 관련되는 다양한 문법적 현상을 통해 검증되었다.

의문사 의문문과 관련하여 확대 탐침자-목표물 문법체계에서 제안하는 핵심적인 가설과 원리는 앞선 (9)에서 제시한 일치에 관한 매개변인화와 (18)의 의문자질 일제일치인데, 바로 이 가설과 원리에 입각해 확대 탐침자-목표물 문법체계에서는 모든 자연언어의 의문사 의문문에서 우위성 조건을 준수하는 의문사 이동(*wh*-movement)은 오로지 하나의 의문사에만 적용되고, 나머지 의문사들은 모두 제자리 의문사로 남는다고 주장한다. 이러한 주장에 의하면, 모든 자연언어의 의문문에서는 동일한 의문사의 분포가 나타나는데, 이러한 분포는 오로지 비가시적인 의미표상에서만 확인되는 현상이며, 음성표상에서는 (9)의 매개변인화에 기인하는 언어 유형별 다양한 의문사의 분포가 나타나는데, 이 음성표상의 분포가 바로 의문사 의문문의 가시적인 표면어순이 된다. 한편, 명시적, 비명시적 의문사 이동이 모두 적용된 후에도 여전히 제자리에 남아 있는 소위 '순수 제자리 의문사(real *wh*-in-situ's)'들은 선행사와 복사(흔적)의 관계가 아니라 의미부에서 적용되는 (18)의 의문자질 일제일치에 의해 그들의 작용역이 결정된다.

또한, 끝으로 본장에서는 (9)의 일치매개변인화를 (68)에서처럼 확장하고, (67)에서와 같은 새로운 매개변인를 도입함으로써 더욱 세분된 자연언어의 유형분류를 제시한다. 이러한 세분된 유형분류는 그동안 확대 탐침자–목표물 문법체계에서 쉽게 포착할 수 없었던 슬래빅 언어의 소위 '다중 의문사 전치' 현상까지도 확대 탐침자–목표물 문법체계 하에서 설명할 수 있는 방안을 제공해 준다.

8장
v*P, 과연 국면인가?

8.1 머리말

본장에서는 Chomsky(2005a, 2005b, 2006)의 강력 최소주의 이론(SMT)의 수정 탐침자-목표물 문법체계(Revised Probe-Goal Framework) 내에서 v*P를 국면으로 정의함으로써 발생하는 문제점이 무엇인지 검토하고, v*P의 국면성에 대한 새로운 대안을 모색하고자 한다.[1)]

먼저, 아래 (1)의 예문들을 고려해 보자.

(1) a. *it was the CAR (not the TRUCK) [$_{CP}$ of which [$_{TP}$ the (driver, picture) [$_{v*P}$ *t* [$_{VP}$ caused a scandal]]]]

b. *[$_{CP}$ of which car did [$_{TP}$ the (driver, picture) [$_{v*P}$ *t* [$_{VP}$ cause a scandal]]]]?

---

1) 수정 탐침자-목표물 문법체계에서는 동사구(VP)를 보충어로 취하는 기능범주에는 v*와 v가 있는데, 이 중 v*의 최대투사인 v*P는 기저구조에서 대격구문(accusative construction)과 비능격구문(unergative construction)의 주어에 해당되는 논항을 그것의 지정어 위치에 갖는다고 가정하는데, 이처럼 주어 논항을 그것의 지정어 위치에 갖는 v*P는 국면으로 규정하며, 수동태구문과 비대격구문에서처럼 주어 논항을 지정어 위치에 갖지 못하는 v의 최대투사 vP는 국면으로 취급하지 않는다.

Chomsky(2005b)에 따르면, (1)의 예문에 나타나는 비문법성은 국면 국부성 조건(phase locality condition) (2)에 의해 포착될 수 있다고 본다.

(2) The elements in α embedded in the lower phase, which has already been passed in the derivation, cannot be accessed in the next higher phase.

그러면, 다음 (3)의 예문을 고려해 보자.

(3) a. it was the CAR (not the TRUCK) [$_{CP}$ of which [$_{TP}$ the (driver, picture) is likely [$_{TP}$ to [$_{v*P}$ *t* [$_{VP}$ cause a scandal]]]]]
b. [$_{CP}$ of which car is [$_{TP}$ the (driver, picture) likely [$_{TP}$ to [$_{v*P}$ *t* [$_{VP}$ cause a scandal]]]]]?

(3)의 예문들에서도, (1)의 경우와 동일하게, 이미 도출과정을 통과한 하위국면 v*P에 매입되어 있는 지정어(주어) 내부에 나타나는 요소(of which (car))가 상위국면 CP의 연산에 참가하여 CP의 지정어 위치에 내부병합(internal Merge: IM)이 일어났지만, (3)의 예문들은 (2)의 예측과는 달리 문법적이다.

이러한 문제를 해결하기 위해, Chomsky(2005b)에서는 외곽자질(edge feature: EF)에 대해 다음과 같은 가정을 한다.

(4) The inherited EF extends, by some kind of feature-spread, to all T's in the phase.

이 가정에 의하면, (3)의 예문들은 사실상 다음 (5)와 같은 도출을 갖게 되므로, (1)의 경우와 달리, (2)의 조건에 저촉되지 않아 문법적인 문장으로 판정된다.

(5) a. it was the CAR (not the TRUCK) [$_{CP}$ of which [$_{TP}$ the (driver, picture) is likely [$_{TP}$ *t* to [$_{v*P}$ *t* [$_{VP}$ cause a scandal]]]]

b. [$_{CP}$ of which car is [$_{TP}$ the (driver, picture) likely [$_{TP}$ *t* to [$_{v*P}$ *t* [$_{VP}$ cause a scandal]]]]]?

그러나 위의 가정 (4)는 이미 외곽자질(EF)에 의해 흡수된 EPP-효과를 다시 상정하는 이론적인 문제점뿐만 아니라 도출 자체를 복잡하게 함으로써 연산의 효율성(computational efficiency, 즉 최소도출조건(minimal derivation condition: MDC))을 위반하는 문제점을 낳는다.[2)] 따라서 본장에서는 이러한 문제점들을 해결하기 위해 (4)의 대안으로 아래 (6)를 가정하고자 한다.

(6) v*P is a phase only if it is selected by a tensed T. (cf. Tensed-S Condition)

8.2 국면과 주어섬 제약

Chomsky(2005a, 2005b, 2006)의 강력 최소주의 이론(strong minimalist thesis: SMT)에 따르면 개념의도체계의 요구에 의한 다양한 사고표현

---

2) Chomsky(2005a, 2005b, 2006)의 수정 탐침자-목표물 문법체계에서는 생물언어학적 관점(biolinguistic perspective)에 따라 언어의 성장과 발전에는 다음과 같은 세 가지 요인이 관여한다고 본다.

(i) (I) external data

(II) genetic endowment

(III) principles of structural architecture and developmental constraints

이 중에 (5III)은 언어기관에 국한되는 제약이 아닐 뿐만 아니라 유기체와 독립된 일반적 원리이며, 언어체계와 같은 연산체계에 대해선 연산의 효율성(computational efficiency)을 제공하는 원리이다. 즉, 언어기능은 의미/개념의도접합부(semantic/C-I interface)의 조건을 충족함에 있어서는 원리적 설명이 완벽해야 할 뿐만 아니라 연산의 효율성(computational efficiency)이 극대화되어 있어야 한다. 또한, 연산과정에서 효율적 연산의 당연한 요구인 불변경조건(no-tampering condition: NTC)이 준수되어야 한다.

을 만들어 내기 위해 언어기능(내재언어)은 병합(Merge)이라는 연산(computation)을 갖게 되었으며, 무한계병합(unbounded Merge)가설[3]에 따라 병합은 반복적으로 적용될 수 있고, 이러한 반복적 병합작용에 의해 다양한 사고를 표현할 수 있는 다양한 계층적 구조의 통사대상들을 도출하게 된다. 따라서 병합작용은 언어기능이 갖는 가장 핵심적이며, 기본적인 연산이라 볼 수 있다. 연산은 연산의 효율성 원리(principles of computational efficiency)를 준수해야 하는데, 병합의 연산이 준수해야 하는 중요한 연산의 효율성 원리가 바로 불변경조건(no-tampering condition)이다. 이러한 불변경조건에 의하면, 만약 X와 Y가 병합에 의해 결합될 때는 그들에 새로운 자질이 첨가될 수 없음은 물론 X나 Y가 파편(segments)으로 나누어지는 일도 없어야 한다. 그러므로 병합은 항상 외곽(edge)에 이루어져야 한다. Chomsky(2005b)의 수정 탐침자-목표물 문법체계(Revised Probe-Goal Framework)에 의하면, 한 어휘항목 LI가 어휘부(Lexicon)에서 협소통사부(narrow syntax: NS)의 연산체계로 유입되어 병합(Merge)에 의해 이미 도출되어 있는 통사대상 SO의 외곽에 병합되기 위해서는 병합을 유발하는 자질을 가지고 있어야 하는데, 바로 이 자질이 이른바 '외곽자질(*edge feature*: EF)'이다.

(7) All LI's except for interjections have EF.[4]

무한계병합(unbounded Merge) 가설에 의한 반복적 병합(iterative Merge)은 바로 다음과 같은 외곽자질의 특성에 기인하는 것으로 본다.

(8) EF permits free Merge to the edge, indefinitely.

---

3) 수정 탐침자-목표물 문법체계에서는 무한계병합 가설이 자유병합체계(free Merge system)와 표찰자유체계(label-free system)에 기초하고 있다고 본다.

4) 간투사(interjection)는 결합을 이루지 않고 혼자서 완전한 표현을 만들 수 있기 때문에 외곽자질을 갖지 않는다고 가정한다.

즉, 어휘항목의 외곽자질은 한 번의 병합으로 사라지지 않고 여러 번의 병합을 반복적으로 일으킬 수 있다고 본다.5)

한편, Chomsky(2005b)에서는 국면(phase)에 대해 다음과 같이 가정한다.6)

(9) (i) Only CP and v*P are phases.
(ii) C and v* are the phase-heads, and their Agree-feature is inherited by the LI they select.

또한, Chomsky(2005b)의 수정 탐침자-목표물 문법체계에서는 EPP-자질(EPP-feature)을 가정하지 않는다. 그렇다면 일치자질의 탐색에 의한 T와 V의 지정어 위치로 이동하는 내부병합(IM)의 유발력(triggering force)은 무엇인가? 이러한 문제는 다음과 같은 외곽자질에 대한 Chomsky(2005b)의 가정에 의해 그 해답을 찾을 수 있다.

(10) (i) Only C and v* have EF that can trigger second-Merge by IM.
(ii) The second-Merge triggering EF can be inherited from the phase head along with the Agree-feature.

위의 가정에 의하면, T와 V는 각기 C와 v*에 의해 선택될 때까지

---

5) 이때 아래 정의 (i)에서와 같이 어휘항목과 처음으로 이루어지는 통사대상을 그 어휘의 보충어(complement)이라 하고, 그 이후에 병합되는 통사대상들을 지정어(specifier: Spec)라 한다. 따라서 (i)의 정의에 의하면 한 어휘항목에 여러 개의 지정어가 허용되는 다중지정어구문(multiple Spec construction: MSC)이 생성된다.

(i) The number of specifiers is unlimited, and the specifier-complement distinction itself reduces to first-Merge, second-Merge, etc.

6) 기존의 탐침자-목표물 문법체계에서는 국면은 양도(TRANSFER), 문자화(Spell-Out), 일치(Agree), 내부병합(IM) 등의 연산이 적용되는 문법작용의 최소단위가 되는데, Chomsky(2005b)에서는 더 이상 강국면(strong phase)과 약국면(weak phase)의 구분이 필요하지 않다고 본다. 한편, DP의 경우도 구조적으로 CP와 유사하다는 측면에서 국면으로 취급해야 한다는 주장에 대해서는 Svenonius(2003)과 Hiraiwa(2005)를 참조하기 바란다.

는 도출상에서 일치(Agree)나 외곽자질에 의한 내부병합의 연산에 참여할 수 없게 된다.[7] 따라서 T는 C에 의해 선택될 때만 CP의 국면 단위에서 C-T의 연합체(C-T complex)로서 국면에 적용되는 연산에 참여하게 되며, V 또한 v*에 의해 선택될 때만 v*-V의 연합체(v*-V complex)로서 국면에 적용되는 연산에 참여하게 된다. 즉, 연합체를 이루는 C-T나 v*-V의 탐색에 의해 T와 V의 지정어 위치로 인상되는 내부병합은, (10ii)의 가정에 비추어 보면, 바로 C와 v*로부터 계승된 T와 V의 외곽자질에 기인한다고 볼 수 있다. 이러한 가정을 채택하면, 이제 T에 독립적인 EPP-자질을 설정하지 않고도 T의 지정어 위치로 주어 명사구가 인상되는 EPP-현상을 포착할 수 있다.

그러면, 아래 (11)과 (12)의 예문들 간에 나타나는 문법성의 대조를 고려해 보자.

(11) a. it was the CAR (not the TRUCK) of which [they found the (driver, picture)]
b. of which car did [they find the (driver, picture)]?

(12) a. *it was the CAR (not the TRUCK) of which [the (driver, picture) caused a scandal]
b. *of which car did [the (driver, picture) cause a scandal]?

위의 (11)과 (12)의 대조는 *Wh*-이동(*of which* (*car*)의 이동)이 보충어 내부로부터는 가능하나 주어 내부로부터는 불가능하다는 소위 '주어섬 효과(subject island effect)'를 잘 나타내어 주고 있다.

그렇다면, 먼저 이러한 주어섬 효과가 Chomsky(2005b)에서 제안하는 다음 (13)과 같은 비활동성 조건(inactivity condition)에 의해 포착될

7) T가 C에 의해 선택되지 않으면 시제나 파이자질을 갖지 않는 소위 인상구문(raising construction)이나 예외격표시구문(ECM construction)과 같은 부정사구문을 이룬다.

수 있는지 검토해보자.

(13) A nominal element DP or NP is inactivated, with all its uninterpretable features valued by Agree, then it cannot enter into further computations.

(11)과 (12)의 대조에서 보여주는 주어섬 효과 현상이 (13)에 의해 포착되려면, (11)과 (12)의 예문은 각기 아래 (22a-b)의 중간단계를 거쳐 도출된다고 보아야 한다.

(14) a. C [$_{TP}$ they$_i$ [$_{T'}$ T [$_{v*P}$ t$_i$ [$_{v*'}$ v* [$_{VP}$ found [$_{DP}$ the (driver, picture) of which (car)]]]]]]

b. C [$_{TP}$ [the (driver, picture) of which (car)]$_i$ [$_{T'}$ T [$_{v*P}$ t$_i$ [$_{v*'}$ v* [$_{VP}$ caused a scandal]]]]]

즉, (23)에 의하면, (14)의 도출에서, 그 내부로부터 *Wh*-이동이 일어날 DP인 [*the (driver, picture) of which (car)*]가 (14a)의 경우에서는 동사의 목적어 위치에 나타나 있어 활동적(active)이지만, (14b)에서는 일치자질(Agree-feature)을 갖는 탐침자인 T와의 일치를 통해 그것의 비해석성 자질인 격자질이 값을 부여받고 문장의 주어(즉, T의 지정어) 위치로 인상되었으므로 비활동적이다. 따라서 (14b)에서 주어 위치에 나타나는 DP는 비활동성 조건 (13)의 정의에 따라 더 이상의 연산에 참여하지 못한다. 또한 비활동적인 통사대상은 비가시적(invisible)이기 때문에 더 이상 그 자신도 상위의 위치로 인상될 수 없지만, 그 내부에 나타나는 어떤 요소도 상위로 인상될 수 없다.[8)]

---

8) 이러한 관계를 일반화하여 Chomsky(2005b)는 다음과 같은 일반 주어섬 효과(generalized subject island effect)를 제시하고 있다.

(i) If the Agree featue of PH inherited by PH$_s$ has raised XP to Spec-PH$_s$, then XP is invisible; it cannot be raised and nothing can be extracted from it.

그러면 이러한 점에 주목하며 다음 예문을 살펴보자.

(15) a. it was the CAR (not the TRUCK) of which [the (driver, picture) was found]
b. of which car was [the (driver, picture) found]?

(15)의 예문들도 (12)와 마찬가지로 주어 위치로 인상된(즉, 비활성화된) DP 내부로부터 *Wh*-이동(*of which (car)*의 이동)이 일어난 경우이나 (12)와는 달리 문법적인 문장으로 판정된다. 즉, (15)는 주어섬 효과의 측면에서 보면 (12)보다 오히려 (11)과 대등한 문법성을 갖는다. (12)와 (15)의 비교에서 확인되는 차이점은 (12)는 그 내부로부터 *Wh*-이동이 일어난 주어 DP가 능동태의 주어이고, (15)에서는 수동태의 주어라는 점이다. 바로 이러한 관점에서 Chomsky(2005b)에서는 주어섬 효과가 나타나지 않는 (15)와 같은 수동태구조에서는 *Wh*-이동의 적용시점이 주어 DP가 문장의 주어(T의 지정어) 위치로 인상된 후가 아니라 동사의 목적어로 기저위치에 남아 있을 때라고 주장한다. 즉, Chosmky(2005b)에 의하면 아래 구조분석 (16)을 통해 확인되는 바와 같이[9] (11)과 (15)의 경우는 모두 DP인 *{the (driver, picture) of which (car)}*가 동사의 목적어 위치에 있는 (16)의 구조에서 *of which (car)*가 C의 탐색에 의해 C의 지정어(Spec-C) 위치로 인상된 경우이므로,[10] (15)는 (12)와 달리 비활동성 조건에 기인하는 주어섬 효과가 전혀 나타나지 않는다는 것이다.

9) (25)의 v는 비대격/수동태의 동사성 형태소(기능범주)이다. 대격의 동사성 형태소 v*를 갖는 경우에만 독립적인 내부국면(internal phase)인 v*P를 형성한다.

10) 이 경우를 좀 더 섬세히 기술한다면, (24)의 수동태구문의 경우는 *of which (car)*가 C의 지정어 위치로 직접 인상된다고 보지만, (11)의 타동사구문의 경우는 국면불가침조건(PIC)의 효과에 의해 중간 국면인 v*의 지정어를 경유해 C의 지정어로 인상된다.

(16) C [T [$_{vP}$ v [V [the (driver, picture) of which (car)]]]]

그렇다면, 이제 (12)의 경우에 있어서도, 만약 *of which (car)*의 *Wh*-이동이 DP *{the (driver, picture) of which (car)}*가 T와의 일치에 의해 주어 위치로 인상되기 전 다음 구조에서와 같은 기저위치에서 적용된다면 어떠한가?

(17) C [T [$_{v*P}$ [the (driver, picture) of which (car)] [v* [V XP]]]]

즉, (12)가 (17)의 구조에서 *of which (car)*가 C의 탐색에 의해 C의 지정어(Spec-C) 위치로 인상된 경우라면, (23)의 정의에 비추어 (12)도 실제의 경험적 현상과는 달리 주어섬 효과가 나타나지 않아야 한다. 그럼에도 불구하고 실상 (12)는 비문법적인 문장으로 판정된다. Chomsky(2005b)에 의하면, 바로 이러한 문제는 위의 국면국부성 조건(phase locality condition) (2)에 의해 포착된다고 주장한다. 즉, 국면국부성 조건 (2)에 의하면, 하위국면의 지정어 내부에 나타나는 요소는 어떤 것이라도 상위국면 탐침자의 탐색영역에 포함되지 못하므로(요컨대, 이미 지나간 국면 v*P에 깊게 매입(deeply embedded)되어 있으므로) 그 지정어 내부로부터 상위국면으로 적출될 수 없다. 따라서 (17)의 기저구조에서도 C가 직접 *of which (car)*를 탐색할 수 없으므로, (12)의 경우는 여전히 비문법적인 문장으로 판정된다. 이러한 섬효과(island effect)를 주어섬 효과와 구분하여 소위 '외재논항섬 효과(external argument island effect)'라 한다.

위와 같은 분석을 받아들인다면, 이제 (11)~(14)의 대조에서 나타나는 주어섬 효과와 관련되는 문법성은 탐침자의 탐색영역의 결정에 적용되는 아래 (18)의 국면국부성 조건(phase locality condition)에 의해 설명될 수 있다(참조, (18)=(2)).[11]

(18) The elements in α embedded in the lower phase, which has already been passed in the derivation, cannot be accessed in the next higher phase.

그러나 이러한 (16)~(17)의 구조분석 하에서는 엄밀순환조건(strict cycle condition)과 관련되는 다음과 같은 중요한 문제가 제기된다.

(19) (i) T의 지정어(Spec-T) 위치로의 주어인상은 언제 일어나는가?
(ii) 국면의 외재논항(혹은 지정어)에 내포되는 요소는 그 국면의 외곽지정어를 경유해 상위국면의 지정어로 인상될 수 없는가?

우선, 비교적 간단한 (28ii)의 문제를 먼저 고려해 보자. 위의 논의와 관련하여 (28ii)는 '(17)과 같은 구조에서 v*의 외재논항 내부에 나타나는 *of which (car)*가 v*의 외곽지정어(outer Spec)를 경유해 순환적으로 C의 지정어 위치로 인상될 수는 없는가?'로 구체화할 수 있다. 위에서 확인한 바와 같이 국면국부성 조건 (18)에 의해 (17)의 구조에서 v*의 외재논항의 내부요소인 *of which (car)*는 상위국면의 탐침자에 의해 탐색될 수 없으므로 상위국면의 연산에 참여할 수 없다. 그러나 (28ii)의 문제제기에서처럼 외재논항 내부에 있는 *of which (car)*가 v*의 외곽지정어(outer Spec)로 먼저 이동할 수 있다면, *of which (car)*는 이제 더 이상 국면국부성 조건 (18)에 저촉되지 않으므로(즉, 국면불가침조건(PIC)의 정의에 따라) 상위국면의 탐침자인 C에 의해 탐색될 수 있게 되어 C의 지정어 위치로 인상할 수 있게 된다. 그러나 이러한 문제는 아래 (17)의 정의에서처럼 β가 국면의 핵일

---

11) 사실상, Chomsky(2005b)에서 제안하고 있는 국면국부성 조건 (27)은 외재논항섬 효과(external argument island effect)와 상위국면의 탐침자가 하위국면의 보충어에 접근할 수 없다는 아래 (i)의 국면불가침조건(PIC) 효과를 모두 흡수한다.

(i) The domain of H is not accessible to operations at ZP, but only H and its edge, (where H is the head of strong phase HP, and ZP is the next strong phase.

경우 β의 탐색영역은 그것의 성분통어영역(c-domain)이 된다고 가정함으로써 해결될 수 있다.

(20) The search domain of β is the c-domain of β under the phase locality condition (18), where β is the head of a phase.

즉, 위의 (17)에서 v*의 지정어 위치에 나타나는 DP *{the (driver, picture) of which (car)}* 자체가 v*의 탐색영역에 있지 않으므로 그 내부에 나타나는 *of which (car)*가 v*의 탐색에 의해 v*의 외곽지정어(outer Spec)로 내부병합된다는 것은 불가능하다. 사실상 (19)의 정의와 관련하여, 국면의 핵이 탐침자로 목표물을 탐색하는 그것의 탐색영역은 그것의 성분통어영역인 보충어와 그 보충어의 모든 항이 되며, 그 보충어가 또 다른 국면을 이루면 국면국부성 조건 (18)(혹은, 국면불가침조건(PIC))의 효과에 의해 그것의 지정어로 국한되므로, 한 통사대상이 국면을 이룰 때 그 핵의 지정어는 그 핵의 탐색영역에 있지 않게 된다. 따라서 위의 (17)에서 *of which (car)*는 결코 v*의 탐색에 의해 v*의 외곽지정어로 내부병합되지 못한다.

이제 (19i)의 문제를 살펴보자. 위의 (9ii)와 (10ii)의 정의에 의하면 T는 그것을 선택하는 C로부터 비해석성 자질(uninterpretable feature)인 일치자질(Agree-feature)과 외곽자질(EF)을 함께 물려받는다. 따라서 T는 C에 의해 선택될 때까지는 일치의 연산에 참여할 수 없게 되며, T는 오로지 C에 의해 선택되어 C로부터 자질을 계승받은 이후의 CP의 국면에서만 일치자질에 대한 값을 부여받기 위해 연산에 참여하게 된다. 이러한 관점에서 Chomsky(2005b)의 수정 탐침자-목표물 문법체계에서는 C와 T는 T가 일치자질을 계승한 이후에 C-T의 연합체를 이루어 동시에 CP 국면의 연산에 참여한다고 본다. 따라서 (15)의 문장은 (16)의 구조에서 C의 외곽자질(EF)의 의한 *of which* *(car)*의 인상과 T의 일치자질(Agree-feature)에 의한 *{DP the (driver, picture) of which (car)}*의 인상이 동시에 나란히 일어난다고 본다. 이러한 인상의 형태를 소위 '병렬이동(parallel movement)'이라 한다. 병렬이동의 결과로 다음과 같은 통사대상이 도출된다(참고적으로 말하면, 본장에서는 아래 구조표현을 포함해 이하 모든 구조표현에서 기존 탐침자-목표물 문법체계의 복사이론(copy theory)에 입각해 흔적(trace)을 이동한 요소의 복사(copy)로 나타내며, 복사는 이탤릭체로 표현한다. 그리고 이러한 복사는 음성접합부의 문자화(SPELL-OUT) 과정에서 삭제되며, (조/경)동사의 어순도 음성접합부에서 적용되는 V-to-v(v*), v(v*)-to-T, T-to-C 인상 등에 의해 최종 결정됨을 유의하라).

(21) [$_{CP}$ of which (car) [$_{C'}$ C [$_{TP}$ [$_{DP}$ the (driver, picture) *of which (car)*] [$_{T'}$ T [$_{vP}$ v [$_{VP}$ was found [$_{DP}$ *the (driver, picture) of which (car)*]]]]]]]

이렇게 볼 때, 아래 (22)에서처럼 (12)의 경우도 (17)의 구조에서 C-T 연합체의 탐색으로 C의 지정어 위치로의 *of which (car)*의 인상과 T의 지정어 위치로의 *{DP the (driver, picture) of which (car)}*의 인상이 병렬이동의 형태로 동시에 나란히 일어난다고 볼 수 있지만, 이 경우는 위의 논의에서처럼 C의 지정어 위치로 인상되는 *of which (car)*의 적출이 (18)의 국면국부성 조건을 위반함으로써 비문법적인 문장으로 처리된다.

(22) [$_{CP}$ of which (car) [$_{C'}$ C [$_{TP}$ [$_{DP}$ the (driver, picture) *of which (car)*][$_{T'}$ T [$_{v*P}$ [$_{DP}$ *the (driver, picture) of which (car)*] [$_{v*'}$ v* [$_{VP}$ V XP]]]]

8.3 v*P 국면과 연산의 일반화

위의 (9ii)과 (10ii)가정에 의하면, 이제 C뿐만 아니라 v*의 경우도 그것의 일치자질(Agree-feature)과 함께 그것의 외곽자질(EF)을 그가 선택하는 어휘항목(LI)인 V에게 물려준다. 따라서 v*의 경우도 v*-V의 연합체를 이루어 V의 목적어 DP를 일치의 연산을 통해 그가 선택하는 어휘항목의 지정어(즉, 여기서는 동사의 지정어(Spec-V)) 위치로 인상하게 된다. Chomsky(2005b)의 수정 탐침자-목표물 문법체계에서는 타동사 구문에서 격자질을 갖는 목적어 DP가 다음 구조에서처럼 언제나 동사의 지정어 위치에 나타난다고 본다(실제 어순상에 있어 동사가 목적어에 앞서는 것은 문자화가 이루어질 때 음성접합부에서 적용되는 V-to-v* 인상(V-to-v* raising)의 결과임을 유의하라).

(23) [$_{v^*P}$ they [$_{v^{*'}}$ v* [$_{VP}$ [$_{DP}$ a picture of John] [$_{V'}$ bought [$_{DP}$ *a picture of John*]]]]]

위의 구조표현에서도 동사의 지정어 위치로 인상한 {$_{DP}$ *a picture of John*}은 이미 일치에 의해 그것의 격자질이 값을 부여받아 비활성화(inactivated)되었으므로 (13)의 비활동성 조건에 의해 자신을 물론 그 내부에 나타나는 어떠한 요소도 더 이상의 연산에 참여할 수 없게 된다. 그렇다면, 이러한 관점에서 타동사의 목적어 내부로부터 *Wh*-이동이 일어나는 (11)의 도출과정을 다시 고려해 보자. (11)은 다음 (24)와 같은 중간도출 단계를 거치게 된다.

(24) [$_{v^*P}$ they [$_{v^{*'}}$ v* [$_{VP}$ [$_{DP}$ the (driver, picture) of which (car)] [$_{V'}$ found [$_{DP}$ *the (driver, picture) of which (car)*]]]]]

이제 (24)의 경우, 동사의 지정어 위치로 인상된 {DP *the (driver, picture) of which (car)*}가 일치의 결과로 비활성화되었다면 (13)의 비활동성 조건에 의해 그 내부로부터의 *wh*-구의 인상이 허용되지 않아 (11)의 도출이 불가능하게 된다. Chomsky(2005b)에서는 이러한 문제를 해결하기 위해 v*P 내부에서 진행되는 연산도, CP의 국면에서 진행되는 C-T 연합체의 경우와 같이, v*가 V와 함께 v*-V의 연합체를 이룸으로써 v*의 탐색이 진행될 때 V의 탐색도 나란히 함께 진행되어 V의 지정어(Spec-V)로의 DP의 인상과 v*의 지정어(Spec-v*)로의 *wh*-구의 인상이 병렬이동(parallel movement)의 형태로 동시에 진행된다고 본다. 그 결과 (11)의 도출은 사실상 다음 (25)와 같은 중간 단계의 도출을 거치게 된다.

(25) [$_{v*P}$ of which [$_{v*'}$ they [v* [$_{VP}$ [$_{DP}$ the (driver, picture) *of which*] [$_{V'}$ found [$_{DP}$ *the (driver, picture) of which*]]]]]]

이후 CP의 국면에 이르러 C-T 연합체에 의한 탐색의 결과로 주어 인상과 *Wh*-이동이 병렬이동이 형태로 나란히 동시에 일어나면, (25)는 다음과 같은 도출로 이어진다(이 경우 국면국부성 조건(phase locality condition) (18)(혹은, 국면불가침조건(PIC))에 의하면, v*P의 지정어는 상위국면의 핵인 C의 탐색영역임을 상기하라).

(26) [$_{CP}$ of which [$_{C'}$ C [$_{TP}$ they [$_{T'}$ T [$_{v*P}$ *of which* [$_{v*'}$ *they* [$_{v*'}$ v* [$_{VP}$ [$_{DP}$ the (driver, picture) *of which*] [$_{V'}$ found [$_{DP}$ *the (driver, picture) of which*]]]]]]

일치자질과 외곽자질의 계승으로 인해 동사의 지정어(Spec-V)로 목적어 DP가 인상한다는 가정은 예외격표시구문(ECM)에 대해서도 새로운 분석을 낳는다. 즉, 아래 (38a-b)에서와 같이 예외격(즉, 대격)을 갖는 종속절의 주어 DP가 사실상 종속절 T의 지정어(Spec-T) 위치가 아니라 예외격 표시동사인 주절 동사의 지정어(Spec-V) 위치로 인상되어 나타난다는 것이다(위에서 언급한 바처럼, 동사 *expected*는 어순이 결정되는 음성접합부(phonetic interface)에서 V-to-v(v*) 인상에 의해 v*로 인상됨을 유의하라).

(27) a. the slave expected [$_{DP}$ (the picture, the owner) of him] to be somewhere else

b. [$_{CP}$ C [$_{TP}$ the slave [$_{T'}$ T [$_{v*P}$ ***the slave*** [$_{v*'}$ v* [$_{VP}$ [$_{DP}$ (the picture, the owner) of him]$_j$ [$_{V'}$ expected [$_{TP}$ (t_j) to [$_{vP}$ v [$_{VP}$ ***(the picture, the owner) of him***$_j$ be somewhere else]]]]]]]]][12]

8.4 순수 EPP-효과

이제 Chomsky(2005b)의 수정 탐침자-목표물 문법체계에서 순수 EPP-효과(pure EPP-effect)에 의해 요구되는 연속적 순환 논항이동(successive cyclic A-movement)의 사례를 살펴보자.

먼저 아래 예문 (28)과 (29)의 비교에서 나타나는 문법성의 차이를 고려해 보자((28)≒(12), (29)≒(3)).

(28) a. *it was the CAR (not the TRUCK) [$_{CP}$ of which [$_{TP}$ [$_{DP}$ the (driver,

12) (27b)의 구조표현에서 주절 V에 의해 선택되는 종속절 TP와, 그리고 T에 의해 선택되는 종속절 vP는 독립적인 국면을 형성하지 못하므로 대격의 격자질을 갖는 DP는 기저위치인 종속절 VP 내부에서 직접 주절의 V와 일치를 이루어 주절 V의 지정어 위치로 인상된다고 본다. (27b)의 구조기술에서와 같이 예외격표시구문에서 대격을 갖는 종속절의 주어 DP가 주절의 v*P 국면에서 v*-V 연합체와의 일치를 통해 사실상 주절 동사의 지정어(Spec-V) 위치로 인상된다는 가정은 (27)에서 대명사 *him*이 결코 주절의 주어와 동일지시를 갖지 못한다는 사실에 의해 입증된다.

picture) *of which*] [$_{T'}$ T [$_{v*P}$ [$_{DP}$ *the (driver, picture) of which*] [$_{v*'}$ v* [$_{VP}$ caused a scandal]]]]]]

b. *[$_{CP}$ of which car [$_{C'}$ C [$_{TP}$ [$_{DP}$ the (driver, picture) *of which car*] [$_{T'}$ T [$_{v*P}$ [$_{DP}$ *the (driver, picture) of which*] [$_{v*'}$ v* [$_{VP}$ cause a scandal]]]]]]]]?

(29) a. it was the CAR (not the TRUCK) [$_{CP}$ of which [$_{TP}$ [$_{DP}$ the (driver, picture) *of which*] [$_{T'}$ T [$_{VP}$ is likely [$_{TP}$ to [$_{v*P}$ [$_{DP}$ *the (driver, picture) of which*] [$_{v*'}$ v* [$_{VP}$ cause a scandal]]]]]]]]

b. [$_{CP}$ of which car [$_{C'}$ C [$_{TP}$ [$_{DP}$ the (driver, picture) *of which car*] [$_{T'}$ T [$_{VP}$ is likely [$_{TP}$ to [$_{v*P}$ [$_{DP}$ *the (driver, picture) of which*] [$_{v*'}$ v* [$_{VP}$ cause a scandal]]]]]]]]?

위에서 논의한 바에 따르면, (28)의 예문에 나타나는 비문법성은 국면국부성 조건 (18)에 의해 포착될 수 있다. 즉, (28)에서 종속절 CP 내에서 C-T 연합체의 탐색에 의해 C의 지정어(Spec-C) 위치로 인상된 *of which (car)*는 {$_{DP}$ *the (driver, picture) of which (car)*}가 기저위치(즉, v*의 지정어 위치)에 있을 때 그 DP 내부로부터 적출된 것이라고 주장함으로써 (28)의 비문법성이 국면국부성 조건 (18)(혹은, 외재논항섬조건(external argument island condition))에 의해 포착된다. 이러한 주장에 비추어보면, (29)의 경우에도 C의 지정어(Spec-C)로 인상된 *of which (car)*는 {$_{DP}$ *the (driver, picture) of which (car)*}가 그것의 기저위치인 종속절 v*의 지정어 위치에 있을 때 그 내부로부터 적출된 것이므로 (29)도 역시 국면국부성 조건 (18)(혹은 외재논항섬조건)에 의해 비문법적인 문장으로 판정되어야 한다. 그러나 이러한 예상과는 달리 (29)의 경우는 외재논항섬 효과가 전혀 나타나지 않는 문법적인 문장으로 판정된다.

사실상 이러한 문제를 해결하기 위해서 Chomsky(2005b)에서는 외곽자질(EF)에 기인하지 않는 순수 EPP-효과(pure EPP-effect)가 여전히 존재한다고 본다. 즉, T와 V의 지정어 위치로 이동하는 논항이동은 일치자질과 외곽자질의 유무와 상관없이 이동 과정에 나타나는 모든 하위 T의 지정어 위치를 경유하는 연속적 순환 논항이동(successive cyclic A-movement)을 한다고 가정한다. 다시 말하면, Chomsky(2005b)에서는 국면핵(C와 v*)으로부터 일치자질을 계승받은 어휘범주(T와 V)에 의해 그것의 지정어로 유인되는 이동은 논항이동(A-movement)인데, 이러한 논항이동은 유인되는 과정에 나타나는 모든 논항위치(A-position)를 순차적으로 경유한다고 가정한다. 이러한 연속적 순환 논항이동의 가정에 따르면, 위의 (28)과 (29)의 예문 사이에 나타나는 차이는 (29)에서는 주절의 C-T 연합체가 CP의 국면에서 v*의 외재논항인 {$_{DP}$ *the (driver, picture) of which (car)*}와 의문사 *of which (car)*를 유인하는 경로에 논항위치인 종속절 T의 지정어가 존재한다는 점인데, 바로 (29)에서 C-T 연합체의 탐색에 의해 주절 T의 지정어로 유인되는 {$_{DP}$ *the (driver, picture) of which (car)*}의 이동은 논항이동으로서 유인 도중에 아래 (30)의 구조표현에서와 같이 바로 이 종속절 TP의 지정어 위치를 경유한다는 것이다.

(30) [$_{CP}$ C [$_{TP}$ T [$_{vP}$ v [$_{VP}$ is likely [$_{TP}$ [$_{DP}$ the (driver, picture) of which (car)] [$_{T}$ to [$_{v*P}$ [$_{DP}$ *the (driver, picture) of which (car)*] [$_{v*'}$ v* [$_{VP}$ cause a scandal]]]]]]]]?

이와 같이 {*the (driver, picture) of which (car)*}가 종속절 TP의 지정어 위치에 당도했을 때, 바로 국면의 핵인 주절의 C의 외곽자질(EF)이 C-T의 연합체로서 의문사 *of which (car)*를 탐색하여 그것을 주절 CP의 지정어 위치로 유인하는 것이라면, 종속절의 T는 일치자질을 모두 갖지 않으므로 종속절 TP의 지정어 위치에 당도한 DP는 일치의 연산에 의해 비활성화된 논항연쇄의 머리도 아니며 v*의 외재논항과 같은 하위국면의 지정어도 아니기 때문에, 위의 비활동성 조건(inactivity condition) (13)나 국면국부성 조건 (18)에 저촉됨이 없이 문법적인 문장을 도출할 수 있게 된다.[13] 요컨대, C에 의해 선택되지 않는 종속절 TP의 지정어 위치는 상위 국면의 입장에서 보면 마치 국면을 이루지 않는 vP에 내포되는 V의 목적어 위치와 같은 효과를 나타낸다.

그러므로 위에서 살펴본 인상구문(raising construction)은 물론, 아래 (31)에서와 같이 예외격표시구문(ECM construction)도 C에 의해 선택되지 않는 TP를 종속절로 가지므로 (18)의 국면국부성 조건에 기인하는 외재논항섬 효과가 나타나지 않는다.

(31) of which car did they believe the (driver, picture) to have caused a scandal?

위의 예문에서 [*the (driver, picture) of which car*]의 이동 경로는 종속절 v*의 지정어 위치에서 시작하여, 종속절 T의 지정어를 거쳐 주절동사 *believe*의 지정어 위치까지이다. 이 경우 [*the (driver, picture) of which (car)*]가 종속절 T의 지정어 위치에 당도했을 때 그 내부에 나타나는 의문사 *of which car*가 주절 v*의 외곽자질에 의해 v*의 지정어로 유인되고, 다시 그곳에서 주절 C의 유인에 의해 그것의 지정어 위치로 인상된다. (31)의 도출과정을 제시하면 다음 (32)와 같다.

(32) [$_{CP}$ of which car [$_{C'}$ C [$_{TP}$ they [$_{T'}$ T [$_{v^*P}$ *of which car* [$_{v^{*'}}$ *they* [$_{v^{*'}}$ v* [$_{VP}$ the (driver, picture) *of which car* [$_{V'}$ believe [$_{TP}$ *the (driver, picture)*

13) 사실상 (9ii)와 (10ii)에 의하면 C에 의해 선택되지 않는 T는 일치자질을 물려받지 않으므로 그것의 지정어 위치를 경유하는 통사대상에게 값을 부여하지 않는다. 따라서 그 통사대상은 (13)의 비활동성 조건에 영향을 받지 않는다.

of which car [$_T$ to [$_{v^*P}$ *the (driver, picture) of which car* [$_{VP}$ have caused a scandal]]]]]]]]?

사실상, Chomsky(2005b)에서는 EPP-자질을 없애고 (6)에서와 같이 외곽자질(EF)을 가정함으로써 T의 지정어 위치로 내부병합되는 EPP-현상을 포함하여 모든 병합의 연산을 설명하고자 하였으나, (9i)의 가정으로 외재논항을 갖는 모든 v*P를 CP와 함께 일괄적으로 국면으로 규정함으로써, 위의 예문 (29)~(31)에서와 같이 외재논항섬 효과가 전혀 나타나지 않는 인상구문과 예외격표시구문의 문법성을 포착하기 위해 (외곽)자질의 점검과 무관하게 진행되는 새로운 유형의 (내부)병합을 탐침자-목표물 문법체계 내에서 가정해야 하는 부담을 안게 되었다. (외곽)자질의 점검과 상관없이 T의 지정어 위치로 명사구가 이동하는 내부병합의 현상을 순수 EPP-효과(pure EPP-effect)라 할 때, 연산의 효율성을 추구하는 탐침자-목표물 문법체계 내에서 제기되는 문제점을 다음과 같이 요약할 수 있다.

(33) There exists a pure EPP-effect, which is not triggered by EF.

이러한 문제를 해결하기 위해서 Chomsky(2005b)에서는 외곽자질에 대해 (10) 이외에 다음과 같은 추가가정을 제안하고 있다(참고, (34)=(4)).

(34) The inherited EF extends, by some kind of feature-spread, to all T's in the phase.

즉, 추가가정 (34)에 의하면 국면핵(C와 v*)으로부터 일치자질과 외곽자질(EF)을 계승받은 어휘항목(T와 V)은 그가 속한 국면 속에 나타나는 모든 하위 T들에게 그가 계승받은 외곽자질을 다시 확산하게 된다. 따라서 국면 내부에서 연산이 진행될 때, 국면의 핵인 C와 v*으로부터 각기 계승받은 외곽자질에 의해 T와 V의 지정어 위치로 유인되는 DP의 이동은, (34)에 의해 다시 확산된 외곽자질의 유인에 의해, 모든 하위 T의 지정어 위치를 순차적으로 경유하는 소위 연속적 순환 논항이동을 겪게 된다. 요컨대, 추가가정 (34)을 설정함으로써 이제 순수 EPP-효과까지도 외곽자질의 자질점검으로 포착할 수 있게 된다.

그러나 추가가정 (34)는, 다음 (35)에서 요약되는 바와 같은, 연산의 효율성과 관련하여 또 다른 문제점들을 낳거나 여전히 해소되지 않는 여러 문제점들을 안고 있다.

(35) (i) 자질확산(feature-spread) 작용은 다음과 같은 이유에서 특수약정(ad hoc stipulation)에 지나지 않는다.
- (a) 외재논항성 효과가 나타나지 않는 인상구문과 예외격표시구문에만 적용된다.
- (b) 일치자질에는 적용되지 않고 오직 외곽자질에만 적용된다.
- (c) T와 V로부터 확산되지만 확산대상은 오직 T에만 국한된다.

(ii) 외곽자질의 확산에 기인하는 내부병합(internal Merge: IM)은 다음과 같은 이유로 연산의 효율성(computational efficiency)에 저촉된다.
- (a) 불변경조건(no-tampering condition: NTC, 즉 확장조건(extension condition))을 위반한다.[14]
- (b) 연속적 순환 이동(successive cyclic movement)은 경제성 조건(economy condition, 즉 최소도출조건(minimal derivation condition: MDC))을 위반한다.

---

14) 탐침자-목표물 문법체계에서는 불변경조건에 내포성 조건(inclusiveness condition)과 확장조건(extension condition) 등이 포함된다고 보았으나 chomsky(2005b)의 수정 탐침자-목표물 문법체계에서는 엄격한 개념의 확장조건 대신에 완화된 개념의 확장조건을 채택하고 있다.

(c) 이미 병합작용이 완료된 순환에 다시 병합을 요구하므로 엄밀순환성 조건(strict cyclicity condition)을 위반한다.

8.5 대안의 모색

본장에서는 (35)에서 지적하고 있는 문제점들을 해소하기 위해 Chomsky(2005b)에서 제안하고 있는 추가가정 (34)을 문법체계에서 배제하고 그 대안으로 다음과 같은 유시제소조건(tensed-T condition)을 제안하고자 한다(참고, (36)=(6)).

(36) v*P is a phase only if it is selected by a tensed T. (cf. Tensed-S Condition)

사실상, 유시제소조건 (36)은 국면의 정의 (9)에 적용되는 조건이다. (36)에 의하면, v*P의 경우는 CP와 달리 본질적 국면(inherent phase)이 아니라 상대적 국면(relativized phase)이라는 것이다. 즉, CP는 그것의 핵인 C의 본질적 특성에 의해 자동적으로 국면으로 규정되지만, v*P의 경우는 상대적으로 그것의 핵인 v*가 시제자질을 갖는 T에 의해 선택될 때만 국면으로 규정된다.

이러한 본장의 주장에 의하면, 상위국면에서 C-T의 연합체에 의한 v*P 내부로의 탐색이 진행될 때 국면국부성 조건(phase locality condition, 혹은 외재논항섬조건)과 관련하여 유시제소(tensed-T)에 의해 선택되는 v*P에 경우에는 Chomsky(2005b)의 수정 탐침자-목표문 문법체계에서와 동일한 결과를 낳지만, 인상구문과 예외격표시구문의 종속절에서와 같이 무시제소(non-tensed T)에 의해 선택되는 v*P의 경우에는 상이한 결과를 낳게 된다. 따라서 본절에서는 인상구문과 예외격표시구문을 중심으로 국면국부성 조건(phase locality condition)(혹은, 외재논항섬조건)과 관련하여 그 도출과정상에서 어떠한 차이가 나타나는지 살펴보고자 한다.

먼저 아래 도출을 고려해 보자. 이 도출은 CP의 상위국면을 갖는 타동사구문의 한 중간 도출과정으로, 위에서 살펴본 예문 (28b)의 도출과정의 한 단계이다.

(37) [$_{CP}$ C [$_{TP}$ T [$_{v*P}$ the (driver, picture) of which car [$_{v*'}$ v* [$_{VP}$ a scandal [$_{V'}$ cause *a scandal*]]]]?

이 표현에서 T는 시제를 갖는 유시제소이므로, (36)의 유시제소조건에 따라, T에 의해 선택되는 v*P가 국면을 형성한다. 따라서 상위 CP의 국면에 이르게 되면, C-T 연합체가 탐색을 시작하게 되고, 탐색과정에서 v*P의 지정어 위치에 나타나는 DP *the (driver, picture) of which car*와 일치를 이루게 되며, 이때 T의 (계승) 외곽자질은 일치를 이루게 된 DP 전체를, C의 외곽자질은 DP 속에 내포되어 있는 의문사구인 *of which car*를 각각 그들의 지정어 위치로 병렬이동(parallel movement)의 형태로 동시에 나란히 유인하게 된다. 이 경우, T의 지정어 위치로 유인되는 DP *the (driver, picture) of which car*의 경우에는 v*P의 지정어 전체가 이동하는 경우이므로 아무런 위반이 야기되지 않으나, C의 지정어 위치로 유인되는 의문사구인 *of which car*의 경우는, 사실상 이미 지나간 하위국면인 v*P의 지정어에 내포되어 있는 요소이므로, (18)의 국면국부성 조건을 위반하게 된다. 따라서 최종도출인 (38)은 (28b)에서 살펴본 바와 같이 비문법적인 표현이 된다.

(38) *[$_{CP}$ of which car [$_{C'}$ C-did [$_{TP}$ the (driver, picture) *of which car* [$_{T'}$ T [$_{v^*P}$ *the (driver, picture) of which car* [$_{v^{*'}}$ v* [$_{VP}$ a scandal [$_{V'}$ cause *a scandal*]]]]?

따라서 (18)의 국면국부성 조건과 관련하여 보면, 시제를 갖는 일반타동사구문의 경우는 본장 (36)의 가정 하에서도 Chomsky(2005b)의 문법체계와 동일한 결과를 얻게 된다.

이제 인상구문과 예외격표시구문의 경우를 고려해 보자.

(39) a. [$_{CP}$ C [$_{TP}$ T [$_{vP}$ v [$_{VP}$ is likely [$_{TP}$ T-to [$_{v^*P}$ the (driver, picture) of which car [$_{VP}$ cause a scandal]]]]]]?

b. [$_{v^*P}$ they [$_{v^{*'}}$ v* [$_{VP}$ believed [$_{TP}$ T-to [$_{v^*P}$ the (driver, picture) of which car [$_{VP}$ have caused a scandal]]]]]]]?

위에서 (39a)는 인상구문, (39b)는 예외격표시구문의 도출상에 나타나는 한 중간단계이다. 이 도출들에 매입되어 있는 하위 v*P는 시제를 갖지 않는 시제소 T-to에 의해 선택되므로, 위의 유시제소 조건 (36)에 따르면, 국면을 형성하지 못한다. 따라서 이들 도출이 (차)상위국면인 주절의 CP와 v*P에 이르게 되면, 각기 C-T 연합체와 v*-V 연합체의 탐색에 의해 하위 v*P의 지정어 위치에 나타나는 DP *the (driver, picture) of which car*가 탐색되어 일치와 내부병합의 연산이 진행된다. 이때 T와 V의 (계승) 외곽자질은 각기 일치를 이루게 된 DP 전체를, C와 v*의 외곽자질은 각기 DP 속에 내포되어 있는 의문사구인 *of which car*를 (하위 TP의 지정어 위치를 경유하지 않고) 곧바로 병렬이동의 형태로 그들의 지정어 위치로 유인하게 된다. 이 경우, T와 V의 유인에 의해 TP와 VP의 지정어 위치에 내부병합되는 DP인 *the (driver, picture) of which car*는 물론이고, C와 v*의 유인에 의해 CP와 v*P의 지정어 위치로 내부병합되는 *of which* *car*의 경우도 이제 하위 v*P가 국면을 이루지 않으므로 (18)의 국면국부성 조건에 전혀 저촉되지 않는다. 따라서 이들의 도출과정은 아무런 위반 없이 아래 (40)과 같은 도출에 이르게 된다.

(40) a. [$_{CP}$ of which car [$_{C'}$ C–is [$_{TP}$ the (driver, picture) *of which car* [$_{T'}$ T [$_{vP}$ v [$_{VP}$ is likely [$_{TP}$ T–to [$_{v*P}$ *the (driver, picture) of which car* [$_{v*'}$ v* [$_{VP}$ cause a scandal]]]]?

b. [$_{v*P}$ of which car [$_{v*'}$ they [$_{v*'}$ v* [$_{VP}$ the (driver, picture) *of which car* [$_{V'}$ believe [$_{TP}$ T–to [$_{v*P}$ *the (driver, picture) of which car* [$_{v*'}$ v* [$_{VP}$ have caused a scandal]]]]?

또한, (40b)의 경우는 다음 국면인 CP에 이르러 최종도출에 이르게 된다. 그 도출과정은 다음과 같다.

(41) [$_{CP}$ of which car [$_{C'}$ C–did [$_{TP}$ they [$_{T'}$ T [$_{v*P}$ *of which car* [$_{v*'}$ *they* [$_{v*'}$ v* [$_{VP}$ the (driver, picture) *of which car* [$_{V'}$ believe [$_{TP}$ T–to [$_{v*P}$ *the (driver, picture) of which car* [$_{v*'}$ v* [$_{VP}$ have caused a scandal]]]]?

즉, 상위 CP의 최종국면에 이르게 되면, 최종국면의 C–T 연합체가 탐색을 시작하게 되고, 탐색과정에서 v*P의 외곽지정어(outer Spec) 위치에 나타나는 의문사 *of which car*를 C가 탐색하게 되고, T는 v*P의 지정어 위치에 나타나는 주어 *they*을 탐색하게 일치와 내부병합의 연산이 진행되게 된다. 이때 T의 (계승) 외곽자질은 일치를 이루게 된 they를, C의 외곽자질은 *of which car*를 각각 TP와 CP의 지정어 위치로 병렬이동(parallel movement)의 형태를 통해 동시에 나란히 유인하게 된다. 이와 같이, (40a)와 (41)의 도출과정에는, (38)의 도출과정에서와 달리, 국면국부성 조건 (18)과 관련하여 아무런 위반을 초래하지 않으므로 합법적인 최종도출에 이르게 된다.

결과적으로, 본장 (36)의 유시제소조건 하에서는 탐침자-목표물 문법체계 내에서 연속적 순환 논항이동에 기인하는 순수 EPP-효과나 Chomsky(2005b)의 추가가정 (34)에서 제안하는 자질확산 작용에 의존하지 않고도 (18)의 국면국부성 조건(혹은, 외재논항섬조건)의 위반 없이 (40a)와 (41)의 최종도출에 이를 수 있다. 이러한 점에서 Chomsky(2005b)의 추가가정 (34)의 대안으로 본장 제안하는 (36)의 유시제소조건은 (35)에 요약하고 있는 추가가정 (34)의 모든 문제점들을 해결하고 있다고 볼 수 있다.

한편, 수동태구문과 비대격구문에 내포되는 기능범주 v는 외재논항에 해당되는 주어를 갖지 않기 때문에 그것의 투사(projection) vP가 잠재적 국면인 v*P를 이루지 못하므로 (36)의 유시제소조건 하에서 (9i)의 정의에 의하면 국면으로 규정되지 않는다. 따라서 수동태구문과 비대격구문에서의 주어와 의문사의 내부병합 과정은 Chomsky(2005b)의 수정 탐침자-목표물 문법체계에서와 동일하다.

그러면, 참고적으로 아래 예문 (42)을 통해 이제 수동태구문과 비대격구문에서 도출되는 의문사 의문문이 본장 (36)의 가정 하에서 어떻게 도출될 수 있는지 살펴보자.

(42) a. of which car was [$_{TP}$ the (driver, picture) found in New York]?
b. of which car did [$_{TP}$ the (driver, picture) arrive from New York]?

앞선 2절의 예문 (15)와 관련한 논의에서 살펴본 바와 같이, 수동태/비대격구문에서 주어 위치로 내부병합되는 DP 는 이미 T와의 일치로 인해 비활성화되었기 때문에 비활동성 조건(즉, 주어섬 효과)에 의해 그 내부로부터 어떠한 이동도 금지된다. 그럼에도 불구하고, (42)의 예문은 수동태/비대격구문의 주어 DP 내부로부터 의문사(*of which car*)가 CP의 지정어 위치로 적출(extraction)되었으나 예측과 달리 문법적인 문장들로 판정된다. 이러한 문제를 해결하기 위해선 Chomsky(2005b)에서는 수동태/비대격구문에서 *Wh*-이동의 적용시점이 주어 DP가 문장의 주어(TP의 지정어) 위치로 인상된 후가 아니라 (C-T의 연합체에 의해 탐색되었으나 아직 일치의 연산이 적용되기 직전인) 아래 (43)에서와 같이 동사의 보충어 위치에 남아 있을 때라고 주장한다(참조, (43)=(16)).

(43) [$_{CP}$ C [$_{TP}$ T [$_{vP}$ v [$_{VP}$ V [$_{DP}$ the (driver, picture) of which car]]]]]

이러한 주장에 입각해 보면, (43)의 구조에서 기능범주 vP는 왜재논항을 갖지 않으므로 v*P가 될 수 없으므로 (9i)의 정의에 따라 국면으로 규정되지 않는다. 따라서 (18)의 국면국부성 조건(즉, 국면불가침조건)의 위반 없이 CP의 국면에 이르러 C-T 연합체의 탐색에 의해 {$_{DP}$ *the (driver, picture) of which car*}와 그 내부에 있는 의문사 *of which car*가 각기 T와 C에 의해 탐색되고, 그 결과 일치와 병합의 연산에 의해 병렬이동의 형태로 각기 TP와 CP의 지정어 위치로 인상된다.

이러한 도출과정을 구조로 표현하면 다음 (44)에서와 같다.

(44) a. [$_{CP}$ of which car [$_{C'}$ C [$_{TP}$ [$_{DP}$ the (driver, picture) *of which (car)*] [$_{T'}$ T [$_{vP}$ v [$_{VP}$ was found [$_{DP}$ *the (driver, picture) of which (car)*] in New York]]]]]]

b. [$_{CP}$ of which car [$_{C'}$ C [$_{TP}$ [$_{DP}$ the (driver, picture) *of which (car)*] [$_{T'}$ T [$_{vP}$ v [$_{VP}$ arrived [$_{DP}$ *the (driver, picture) of which (car)*] from New York]]]]]]

8.6 예상되는 문제점들

이상에서 논의한 바와 같이, 본장의 주장에 의하면, CP의 경우는 물론이고 외재논항을 갖지 못해 국면을 이루지 못하는 vP와 유시제소(tensed-T)에 의해 선택됨으로써 국면으로 규정되는 v*P의 경우는 모두 국면국부성 조건 (18)과 관련하여 연산과 도출과정이 본장의 문법체계와 Chomsky(2005b)에서 동일하게 이루어지며, 그 결과도 동일하다. 그러나 유시제소에 의해 선택되지 않는 v*P의 경우는, Chomsky (2005b)에서는 국면으로 규정하지만 본장에서는 국면으로 규정하지 않으므로 국면국부성 조건 (18)과 관련한 연산과 도출과정이 상이하게 적용되고, 그 결과도 상이하다. 따라서 이제 v*P가 유시제소에 의해 선택되지 않아 국면으로 규정되지 않을 경우에 발생할 수 있는 문제점에 대해 살펴보자.

그러면, (36)의 유시제소조건에 따라 유시제소의해 선택되지 않음으로써 v*P가 국면으로 규정되지 않는 인상구문과 예외격표시구문의 경우를 다시 고려해 보자.

(45) a. [$_{CP}$ C [$_{TP}$ T [$_{vP}$ v [$_{VP}$ is likely [$_{TP}$ T-to [$_{v*P}$ Tom [$_{v*'}$ v* [$_{VP}$ see [$_{DP}$ the (driver, picture) of which car]]]]]]]]?

b. [$_{v*P}$ they [$_{v*'}$ v* [$_{VP}$ believed [$_{TP}$ T-to [$_{v*P}$ Tom [$_{v*'}$ v* [$_{VP}$ see [$_{DP}$ the (driver, picture) of which car]]]]]]]]]?

위 (45a)와 (45b)는 각기 인상구문과 예외격표시구문의 도출상에 나타나는 한 중간단계이며, 이 도출들에서 하위 v*P는 무시제소(non-tensed T)인 T-to에 의해 선택되므로 국면을 형성하지 못한다. 따라서 이들 도출과정에서 상위국면인 CP와 v*P에 이르게 되면, 각기 상위국면의 C-T 연합체와 v*-V 연합체에 의해, 하위 v*P가 국면이 아니기 때문에, 하위 v*P의 내부 요소들이 국면국부성 조건 (18)과 상관없이 자유롭게 탐색된다.[15] 이때 하위 v*P 내부에서 동사의 보충어 위치에 나타나는 {$_{DP}$ *the (driver, picture) of which car*} 와, 또한 그 내부에 매입되어 있는 의문사 *of which car*가 각기 T와 V, 그리고 C와 v*에 의해 탐색될 수 있고, 그 결과 일치와 내부병합의 연산이 진행되어 T와 V는 그들의 외곽자질을 충족하기 위해 각기 {$_{DP}$ *the (driver, picture) of which car*} 전체를, 그리고 C와 v*도 그들의 외곽자질을 충족하기 위해 각기 그 DP 속에 내포되어 있는 의문사 *of which car*를 병렬이동으로 동시에 나란히 그들의 지정어 위치로 유인하게 된다. 이 결과 다음 (46)과 같은 도출에 이른다.

(46) a. [$_{CP}$ of which car [$_{C'}$ C [$_{TP}$ the (driver, picture) *of which car* [$_{T'}$ T [$_{vP}$ v [$_{VP}$ is likely [$_{TP}$ T-to [$_{v*P}$ Tom [$_{v*'}$ v* [$_{VP}$ see [$_{DP}$ *the (driver, picture) of which car*]]]]]]]]]]]?

b. [$_{v*P}$ of which car [$_{v*'}$ they [$_{v*'}$ v* [$_{VP}$ the (driver, picture) *of which car* [$_{V'}$ believed [$_{TP}$ T-to [$_{v*P}$ Tom [$_{v*'}$ v* [$_{VP}$ see [$_{DP}$ *the (driver, picture) of which car*]]]]]]]]]]?

요컨대, (46)의 도출에서, T와 V의 탐색에 의해 TP와 VP의 지정어 위치에 내부병합되는 DP인 *the (driver, picture) of which car*는 물론이고, C와 v*의 탐색에 의해 CP와 v*P의 지정어 위치로 내부병합되는 *of which car*의 경우도 하위 v*P가 국면을 이루지 않으므로 국면국부성 조건 (18)에 전혀 저촉됨이 없이 자유롭게 연산에 참여할 수 있다는 것이다.

15) Chomsky(2005b)에 의하면, 탐침자는 그것의 최소탐색영역(minimal search domain)에서 목표물을 찾아야 하며, 최소탐색영역은 다음과 같이 정의된다.

(i) In the phase {α, {α, β}}, the minimal search domain of α is defined as follows: (a) it is the Spec of β if β is the lower phase (PIC); (b) otherwise, it is all the syntactic objects (SOs) dominated by β.

또한, (46b)의 경우는 계속되는 연산에 의해 최종국면인 주절의 CP에 이르게 된다. 그 최종 도출은 다음과 같다.

(47) [$_{CP}$ of which car [$_{C'}$ C [$_{TP}$ they [$_{T'}$ T [$_{v*P}$ *of which car* [$_{v*'}$ *they* [$_{v*'}$ v* [$_{VP}$ the (driver, picture) *of which car* [$_{V'}$ believed [$_{TP}$ T-to [$_{v*P}$ Tom [$_{v*'}$ v* [$_{VP}$ see [$_{DP}$ *the (driver, picture) of which car*]]]]]]]]]]]]]]?

그러나 (46a)와 (47)의 최종도출은 음성접합부(Phonetic interface)에서 V-to-v(v*), v(v*)-to-T, 그리고 T-to-C 인상 등의 핵이동(head movement)과 복사탈락(copy-deletion) 과정을 거친 후에 아래 (48)과 같은 음성표현에 이르게 되는데, 문제는 이 이 음성표현들이 협소통사부(narrow syntax: NS) 상의 도출과정에서 (18)의 국면국부성 조건과 관련하여 아무런 위반을 초래하지 않았음에도 불구하고 예상과 달리 비문법적인 문장으로 판정된다는 것이다.

(48) a. *of which car is the (driver, picture) likely to Tom see?
b. *of which car did they believe the (driver, picture) to Tom see?

이러한 결과는 사실상 본장에서 유시제소(tensed-T)에 의해 선택되지 않는 v*P을 (36)의 조건에 따라 국면으로 규정하지 않음에 기인하는 것이다. 만약, Chomsky(2005b)의 문법체계에서처럼, (46)의 도출에서 하위 v*P가 국면으로 규정된다면, 국면인 하위 v*P에 내포되는 동사구의 보충어 {$_{DP}$ *the (driver, picture) of which car*}는 국면국부성 조건 (18)(혹은, 국면불가침조건(PIC))에 의해 상위국면 탐침자의 탐색영역에 속하지 않으므로 (46)과 (47)과 같은 도출이 근원적으로 차단된다.

필자는 본장에서 제안하고 있는 유시제소조건(tensed-T condition)

(36)에 기인하는 이러한 문제점은 소위 '간섭효과(intervention effect)'에 의해 해결될 수 있다고 본다. 간섭효과란 탐침자와 목표물 사이에 나타나는 어떤 요소가 탐침자에 의한 목표물의 탐색을 차단하는 효과를 말한다. 간섭효과는 Chomsky(2001)에서 다음 (49)와 같은 음운적 외곽(phonological edge)의 개념으로 정의된다.[16)]

(49) The phonological edge is accessible to Probe P.

즉, (49)에 의하면, 위의 도출 (46)에서 상위국면의 C-T 연합체와 v*-V 연합체에 의해 하위 v*P의 내부 요소들이 탐색될 때, 하위 v*P 내부에서 동사의 보충어 위치에 나타나는 [$_{DP}$ *the (driver, picture) of which car*]와 또한 그 내부에 매입되어 있는 의문사 *of which car*의 탐색은 하위 v*P가 국면이 아니라 하더라도 지정어 위치에 나타나는 *Tom*이 음운적 외곽이므로 (49)의 정의에 기인하는 간섭효과에 의해 차단된다. (49)의 정의 하에서는 v*P가 국면을 이루지 않는다 하더라도 상위국면의 핵이 탐색할 수 있는 탐색영역은 v*P의 외재논항과 그 논항에 내포되는 요소에 국한된다. 따라서 인상구문과 예외격표시구문의 경우, (40)의 도출은 가능하나 (46)의 도출은 (49)에 기인하는 간섭효과에 의해 차단되므로 (48)의 표현은 근원적으로 허용되지 않는다.

그러면, (48)에 대응되는 문법적인 표현인 (50)의 예문은 어떻게 도출되는지 검토해 보자.

---

16) 간섭효과에 대해 Chomsky(2005b)는 다음과 같이 주장하고 있다.

(i) A'-chains behave like A-chain with respect to the intervention effects: if uniform, only the full chain (equivalently, its head) is the object that intervenes.

즉, (i)의 주장에 의하면, 논항연쇄이든 비논항연쇄이든지 간에 연쇄의 머리(head)는 간섭효과를 일으키나, 그 이외의 고리(link)들은 간섭효과를 유발하지 않는다는 것이다.

(50) a. of which car is Tom likely to see the (driver, picture)?
b. of which car did they believe Tom to see the (driver, picture)?

이 예문들도 도출의 한 단계로 (48)과 마찬가지로 (51)을 갖는다 ((51)=(45)).

(51) a. [$_{CP}$ C [$_{TP}$ T [$_{vP}$ v [$_{VP}$ is likely [$_{TP}$ T-to [$_{v*P}$ Tom [$_{v*'}$ v* [$_{VP}$ see [$_{DP}$ the (driver, picture) of which car]]]]]]]]?
b. [$_{v*P}$ they [$_{v*'}$ v* [$_{VP}$ believed [$_{TP}$ T-to [$_{v*P}$ Tom [$_{v*'}$ v* [$_{VP}$ see [$_{DP}$ the (driver, picture) of which car]]]]]]]]]?

위에서 언급한 바처럼, 이 도출에서 하위 v*P는 국면을 형성하지 못하므로, 상위국면의 C-T 연합체와 v*-V 연합체에 의해 이 하위 v*P의 내부 요소들이 국면국부성 조건 (18)과는 상관없이 탐색될 수 있으나, 이때 (46)에 기인하는 간섭효과로 인해 동사의 보충어 위치에 나타나는 {$_{DP}$ *the (driver, picture) of which car*}는 탐색이 불가능하다. 그래서 v*P의 지정어 위치에 나타나는 음운적 외곽인 *Tom*이 탐색되어 각각 T와 V의 (계승) 일치자질과 (계승) 외곽자질을 충족하기 위해 각각 TP 지정어와 VP의 지정어 위치로 유인된다. 그 결과 다음과 같은 도출에 이르게 된다.

(52) a. [$_{CP}$ C [$_{TP}$ Tom [$_{T'}$ T [$_{vP}$ v [$_{VP}$ is likely [$_{TP}$ T-to [$_{v*P}$ *Tom* [$_{v*'}$ v* [$_{VP}$ see [$_{DP}$ the (driver, picture) of which car]]]]]]]]?
b. [$_{v*P}$ they [$_{v*'}$ v* [$_{VP}$ Tom [$_{V'}$ believed [$_{TP}$ T-to [$_{v*P}$ *Tom* [$_{v*'}$ v* [$_{VP}$ see [$_{DP}$ the (driver, picture) of which car]]]]]]]]]]?

그러나 이 단계에서의 문제점은 하위 동사구의 보충어 속에 매입되어 있는 의문사 *of which car*가 어떻게 음운적 외곽(*Tom*)의 간섭효과에도 불구하고 주절 C의 지정어 위치에 내부병합될 수 있는가이다. 이 문제의 해결을 위해 우리는 다음과 같이 가정할 수 있다.

(53) The intervention effect, attributed to (49), affects only the search of Agree-feature (not EF).

즉, 위의 가정에 의하면, 일치자질(Agree-feature)에 의한 일치(Agree)의 연산을 요구하는 (T와 V의 지정어 위치로 내부병합되는) 논항이동만이 간섭효과에 영향을 받으나, 오직 외곽자질의 요구에 의해 C와 v*의 지정어 위치로 내부병합되는 비논항이동(즉, 의문사 이동)은 간섭효과에 영향을 받지 않는다.17) 따라서 (53)의 가정 하에서, (51)로부터 상위 C-T 연합체와 v*-V 연합체의 탐색에 의해 도출될 수 있는 통사대상은 다음과 같다.

(54) a. [$_{CP}$ of which car [$_{C'}$ C [$_{TP}$ Tom [$_{T'}$ T [$_{vP}$ v [$_{VP}$ is likely [$_{TP}$ T-to [$_{v*P}$ *Tom* [$_{v*'}$ v* [$_{VP}$ see [$_{DP}$ the (driver, picture) *of which car*]]]]]]]]]?

b. [$_{v*P}$ of which car [$_{v*'}$ they [$_{v*'}$ v* [$_{VP}$ Tom [$_{V'}$ believed [$_{TP}$ T-to [$_{v*P}$ *Tom* [$_{v*'}$ v* [$_{VP}$ see [$_{DP}$ the (driver, picture) *of which car*]]]]]]]]]]?

그리고 (54b)의 경우는 계속되는 연산에 의해 최종국면인 주절의 CP에 이르게 되면, 주절 C-T 연합체의 탐색에 의해 다음과 같은 최종 도출에 이르게 된다.

(55) [$_{CP}$ of which car [$_{C'}$ C [$_{TP}$ they [$_{T'}$ T [$_{v*P}$ *of which car* [$_{v*'}$ *they* [$_{v*'}$ v*

17) Chomsky(2005b)에서는 논항위치(A-position)와 비논항위치(A'-position)을 다음과 같이 정의하고 있다.

(i) The A'-position is defined as one that is attracted by an edge feature of a phase head; hence typically in Spec-C or outer Spec-v*; Others are A-position.

[$_{VP}$ Tom [$_{V'}$ believed [$_{TP}$ T-to [$_{v*P}$ *Tom* [$_{v*'}$ v* [$_{VP}$ see [$_{DP}$ the (driver, picture) *of which car*]]]]]]]]]]]]]?

그러면, 동사구를 선택하는 기능범주인 동사소(v* or v)와 관련하여, 유시제소조건 (36)에 따라 유시제소에 의해 선택되지 않을 경우 상대적으로 국면으로 규정되지 않는 v*P와 본질적으로 국면으로 규정되지 않는 vP의 근원적인 차이는 무엇인가? 본장에서는 이 문제에 대해 다음과 같이 가정하고자 한다.

(55) Only v* has EF and Agree-feature, and its features are inherited by V it selects.

(55)의 가정을 받아들인다면, 이제 v*P의 경우는, vP와 달리, 그것이 장차 국면을 이루든지 이루지 않든지 간에 v*P의 단위에서는 v*와 V가 v*-V 연합체를 이루어 그들의 일치자질과 외곽자질을 충족하기 위해 탐색에 나서게 되고 그들의 탐색영역 내에서 일치를 이룰 대상을 만나게 되면 일치와 내부병합의 연산에 의해 그 대상을 VP의 지정어 위치로 인상하게 된다. 이러한 주장에 의하면, (55)의 경우에서, 국면을 이루지 않는 하위 v*P의 내부에서 v*-V 연합체의 탐색에 따라 일치와 내부병합이 연산이 진행되면 병렬이동이 적용되어 다음과 같은 도출에 이루게 된다.

(56) [$_{v*P}$ of which car [$_{v*'}$ *Tom* [$_{v*'}$ v* [$_{VP}$ the (driver, picture) *of which car* [$_{V'}$ see [$_{DP}$ *the (driver, picture) of which car*]]]]]]

이 뒤에 이어지는 연산은 본장의 문법체계에서 예정되어 있는 바와 같다.

8.7 맺음말

이상의 논의에서 우리는 Chomsky(2005b)에서 제안하는 수정 탐침자-목표물 문법체계를 분석하고, 이 문법체계에서 제안하고 있는 국면의 정의 (9i)로 인해 발생하는 순수 EPP-효과의 문제점과, 또한 이러한 문제점을 해결하기 위해 제안하고 있는 추가가정 (34)에 기인하는 문제점들을 지적하고, 이러한 문제점들을 해결하기 위해 추가가정 (34)의 대안으로 유시제소조건 (36)을 제안하고 있다. 유시제소조건 (36)은 국면의 정의 (9i)를 제약하는 조건으로, 이 조건에 의하면 CP의 경우는 여전히 국면으로 규정되나 v*P의 경우는 오직 유시제소(tensed-T)에 의해 선택될 때만 상대적으로 국면으로 규정된다. 결과적으로 본장에서는 (36)의 제안으로 (9i)와 (34)에 기인하는 (35)의 모든 문제점들이 해소될 수 있음을 논증하고 있다.

9장
T, 과연 존재하는가?

9.1 머리말

1990년대 이후 Noam Chomsky에 의해 시도된 소위 최소주의 프로그램(Minimalist Program)은 '개념적 필요성(conceptual necessity)'1)에 입각하여 그동안 생성문법(Generative Grammar)에서 매우 중요한 문법적 장치나 개념으로 여겨져 왔던 D-구조(D-structure), S-구조(S-structure), 핵계층(X-bar), 지표(index) 등등을 더 이상 문법적 기술에 활용되어서는 안 될 불필요한 요소들임을 확인하고, 이러한 장치나 개념들을 문법의 틀에서 제거하는 작업을 진행하여 왔다. 특히 Chomsky(1995)에서는 Pollock(1989) 이후 확산 일로에 있던 새로운 기능범주(functional categories)의 설정과 도입을 차단하고, 오히려 그동안 문장의 구조기술에서 핵심적 기능범주로 활용되어 왔던 AGR_s/AGR_o과 그것의 투

1) '개념적 필요성'이란 간단히 말해 개념의도체계(conceptual intensional system)와 조음청취체계(articulatory perceptual system)의 수행체계(performance system)와 자연의 일반원리(general principles)가 언어의 생성체계(generation system)인 언어기능(faculty of language)에 대해 요구하는 조건들을 총체적으로 일컫는 말이다.

사(projections)들까지도 개념적 필요성의 관점에서 제거하였다. 또한, 최근 Chomsky(2001, 2004, 2005a, 2005b, 2006)에서 현대 진화론적 관점(modern evolutionist perspectives)과 생물언어학적 가정(biolinguistic assumptions)에 근거하여 인간의 언어기능(faculty of language)은 완벽체계(perfect system)이고, 따라서 언어를 기술하는 문법체계 역시 완벽체계이여야 하므로 기존의 문법체계에서 발견되는 비완벽성(imperfections)의 제거에 박차를 가하고 있다.

그럼에도 불구하고, 최근 Chomsky(2001, 2004, 2005a, 2005b)에서 시도하고 있는 소위 '탐침자-목표물 문법체계(Probe-Goal Framework)' 내에서는 아직도 개념적으로 불필요한 비완벽성들이 잔존하고 있는데, 본장에서는 이들 중에서 김용석(2010c, 2010d)에서 시도하고 있는 새로운 문법체계의 관점에서 현안으로 심각하게 재검토되어야 할 '시제범주(tense category) T의 존재'에 관한 문제를 논의하고자 한다. 요컨대, 본장에서는 먼저 T의 설정과 이로 인해 발생하는 많은 이론적, 경험적 문제점들을 지적하고, 이러한 문제점들이 T의 폐지를 주장하는 김용석의 새로운 문법체계 내에서 근원적으로 해소될 수 있음을 논증함으로써 김용석의 새로운 문법체계의 타당성을 입증하고자 한다.[2)]

9.2 T에 관한 의문과 문제점

먼저, 김용석(2010c, 2010d)에서는 인간의 언어는 문장의 의미(meaning)에 관여하는 개념의도기관(conceptual-intensional organ)과 문장의 음성

2) '탐침자-목표물 문법체계'의 비완벽성에 대해서는 김용석(2010c, 2010d) 참조. 참고적으로, 김용석(2010c, 2010d)에서 제안하는 새로운 문법체계를 '최강최소주의 문법체계(the strongest minimalist framework)' 혹은 '칸트주의 문법체계(Kantist Framework)'라 한다.

(sound)에 관여하는 감각운동기관(sensori-motor organ)의 직접적인 상호작용으로 생성된다고 보고,[3] 따라서 문장의 의미와 소리에 기여하지 않는 어휘항목과 범주는 존재하지 않는다고 주장하면서 다음 (1)과 범주의 설정기준을 제시한다.

(1) 어휘항목을 갖지 않는 범주는 존재하지 않는다.
(The category does not exist iff no lexical item belongs to it.)

즉, (1)은 '해당 어휘항목이 없으면 의미적, 음성적 기여가 없고, 의미적, 음성적 기여가 없으면 그러한 범주는 당연히 어휘목록(Lexicon)에 존재하지 않는다'는 의미를 함축한다. 따라서 (1)에 의하면 다음과 같은 결과가 도출된다.

(2) 시제범주 T는 존재하지 않는다. (The tense category T does not exit.)

왜냐하면, 의미어휘목록에는 T에 소속되는 어휘항목이 없으며, T는 의미적으로도 아무런 기여가 없기 때문이다. 기존의 생성주의 언어학에서 T가 의미한다고 보는 시제(tense)는 대부분의 언어에서 동사의 굴절(자질)로 나타난다. 그러나 T와 비교해 볼 때 보문소 C는 양태나 담화특성을 나타내므로 의미적 기여가 있으며, 또한 *that*, *for*, *whether*, *Ø* 등의 소속 어휘항목이 존재한다. 또한, v는 타동성(transitive)과 사역성(causative)의 의미적 기여가 있고,[4] T 대신 시제 발

3) 김용석(2010c)에서는 기존 최소주의 이론에서 개념의도체계(conceptual-intentional system), 혹은 사고체계(system of thoughts)라고 부르던 것을 개념의도기관(conceptual-intensional organ)이라 부르고, 조음청취체계(articulatory-perceptual system), 혹은 감각운동체계(sensori-motor system)이라 부르던 것을 감각운동기관(sensori-motor organ)이라 부른다. 그 이유는 기존의 최소주의 이론에서는 이들 기관들이 독립적인 인지체계(cognitive system)인 언어기능(faculty of language)이 생성한 언어를 처리하는 수행체계(performance system)로 보지만, 김용석(2010d)에서는 이들 기관이 수행체계가 아니라 직접 언어를 생성하는 인간의 본성이라고 보기 때문이다.

현장소(tense locus)의 역할을 하며, 또한 부정사소(infinitive particle) *to*, 조동사(auxiliary verbs) 등이 소속 어휘항목으로 규정된다.[5)]

또한, 김용석(2010c, 2010d)에서는 문장(즉, 완전의미표현(complete semantic representation))의 구성은 주술관계(subject-predicate relation)를 나타내는 명제(proposition)와 양태/담화적 특성(modal-discoursal properties)의 결합으로 이루어진다고 보며, 명제는 vP의 논항구조적 정보(information of argument structure)에 의해 표현되고, 양태/담화적 특성은 보문소 C의 양태/담화자질(modal-discoursal features)에 의해 표현된다고 본다. 따라서 문장의 구성은 다음 (3)의 도식과 같이 나타난다.

(3) 문장 = [$_{CP}$ [$_C$ 〈양태/담화특성〉] + [$_{vP}$ 〈명제〉]]
(Sentence = [$_{CP}$ [$_C$ 〈*modal-discoursal properties*〉] + [$_{vP}$ 〈*proposition*〉]])

위의 도식에 의하면, 기존의 탐침자-목표물 문법체계에서 가정해 왔던 시제범주 T는 문장의 의미적 구성에 있어 아무런 기여를 하지 않으며, 단순히 통사적 차원에서 C와 v를 연결하는 연결고리(linker)의 역할을 수행해왔다고 볼 수 있다. 즉, T는 그것의 범주선택적 특성(c-selectional property)에 의해 v를 선택하고, 또 동시에 C에 선택됨으로써 C-T-v의 선형적 연결체(linear sequence)를 만들어낸다. 그러나 많은 경우, T가 수행한다고 가정해 왔던 특성들이 C의 특성으로 확인되고

---

4) Hale and Keyser(1993)은 v가 타동성과 사역성을 가짐으로써 행위자(agent) 의미역을 갖는 DP와 사역자(causer) 의미역을 갖는 DP는 vP의 지정어(Spec) 위치에 병합된다고 본다.

5) 영어에서 be와 have 등의 경동사(light)는 부정사소나 조동사가 나타나지 않을 경우 표면상 v에 위치하지만, 사실상 이 경우도 경동사는 v의 소속 어휘항목이 아니라 음운부에서 v로 핵이동한 V로 볼 수 있다. 이때 경동사는 관련 분사구를 보충어로 취한다고 본다. 이러한 가정에 의하면 아래 (ia)의 수동태구문은 (ib)의 중간단계의 도출을 갖는다.

(i) a. Several prizes are awarded.
b. [$_{vP}$ v [$_{VP}$ be [$_{PRTP}$ PRT [$_{VP}$ award [$_{NP}$ several prizes]]]]]

위의 표현에서 PRT는 분사(participle)의 형태소를 나타내며, 수동태동사(passive verb) *awarded*는 award+PRT의 결합형태라고 본다.

있으며,6) 또한 탐침자-목표물 문법체계에서까지도 C와 v만이 국면(phase)을 이루는 기능범주로 규정하고 있다는 점에서 T의 존재 근거는 언어이론적 차원에서도 희박하다. 이제 남는 T의 유일한 존재의미는 그것의 지정어(Spec) 자리를 문장의 주어를 위한 위치로 제공한다는 것인데, 사실상 이마저도 위 (3)의 도식에 의하면 주술관계를 나타내는 명제 속에서 주어가 나타나는 위치가 바로 vP의 지정어 위치로 규정될 수 있으므로 아무런 T의 존재 근거가 될 수 없다.

결과적으로 김용석(2010c, 2010d)의 문법체계 하에서는 다음과 같은 문장구조가 설정된다.

(4)

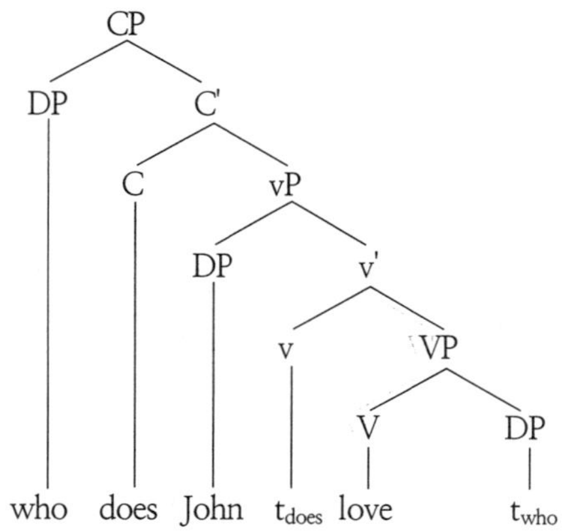

또한 김용석(2010c, 2010d)에서는 다음과 같은 격원리(Case Principle)를 제안하고 있다.

---

6) 기존의 이론에서 T가 갖는다고 가정해 왔던 여러 문법적 기능이 사실상 많은 언어에서 C에 의해 수행되고 있음이 발견된다. 예컨대, 아일랜드어(Irish)에서는 동사와 함께 C에 시제(tense)가 표시되며(McCloskey, 1979 참조), 서플란더즈어(West Flemish)에서는 C가 동사와 함께 주어의 인칭(person)과 수(number)에 일치(agreement)하며(Haegeman, 1983 참조), 유사한 일치관계가 독일어의 하층 바바리아 방언(Lower Bavarian German) 등에서도 발견된다(Bayer, 1984 참조).

(5) (i) 음성적 실체를 갖는 논항 DP는 격을 부여받아야 한다.[7)]
(The argument DP with phonetic contents must be Case-marked.)
(ii) 격은 격 부여자의 최소탐색에 의해 부여되는데,[8)] 전치사 P, 대격 동사 V, 그리고 보문소 C가 격 부여자가 된다.[9)]
(Case is marked by the minimal search of the head categories such as preposition P, accusative V and complementizer C.)

따라서 위의 (4)의 구조에서 주어 *John*은 C로부터, 목적어 *who*는 대격동사 *love*로부터 각자의 격(Case)을 부여받는다.

이제, 위에서 제기한 T의 존재에 대한 의문에도 불구하고, T를 문법체계에 도입함으로써 발생할 수 있는 실질적인 문제점이 무엇인지 검토해 보자.

Chomsky(2005b)에서는 T의 도입으로 인해 다음 (6)과 같은 가정을 설정하고 있다.

(6) (i) T가 C에 의해 선택된다면, T는 C로부터 일치자질과 시제를 계승받는다.
(T inherits Agree- and Tense-features from C iff it is selected by C.)
(ii) 이차병합을 유발하는 외곽자질은 국면의 핵으로부터 일치자질이 계승될 때 함께 계승될 수 있다.
(The second-Merge triggering EF can be inherited from the phase head along with the Agree-feature.)

---

7) 김용석(2010d)에 의하면, (5i)은 다음 (i)과 같이 일반화될 수 있다고 본다.
(i) 논항 DP는 격을 가져야 한다. (Argument DP should have Case.)
이 경우, Stowell(1981)의 주장을 받아들여 PRO는 고유격(inherent Case)을 갖는다고 본다. 참고로, 허사 *there*는 논항 DP와 연쇄는 이룰 수 있지만, 그 자체로는 논항이 아니므로 탐색에 의한 격 부여는 받지 않는다.

8) 최소탐색(minimal search)의 정의에 관해서는 Chomsky(2005b) 참조.

9) 김용석(2010c, 2010d)에서는 보문소 C가 기존 시제소 T의 대부분 문법적 기능을 수행하며, 또한 문장의 주어에게 격을 부여한다고 본다. 다음 (i)의 예가 C가 주어에게 격을 부여한다는 하나의 증거가 된다.
(i) a. I am anxious [that he/*him should arrive on time].
b. I am anxious [for *he/him to arrive on time].

위의 가정에 의하면, T는 C에 의해 선택될 때까지는 도출상에서 일치(Agree)나 외곽자질(edge feature: EF)에 의한 이차병합(즉, 내부병합 혹은 이동)의 연산에 참여할 수 없게 된다. 따라서 T는 C에 의해 선택될 때만 CP의 국면 단위에서 C-T의 복합체로서 국면에 적용되는 연산에 참여하게 된다는 것이다. 즉, T는 협소통사부의 연산에 참여할 때도 전혀 독자성을 갖지 못한다. 그럼에도 불구하고 T의 존재를 인정함으로써 Chomsky(2001, 2004, 2005a, 2005b)의 탐침자-목표물 문법체계에서는 다음 (7)과 같은 불필요한 추가적 가정을 설정해야 하고, 또한 이로 인해 (8)에서와 같은 여러 문제점을 야기하게 된다.

(7) 계승된 외곽자질은 일종의 자질확산작용에 의해 그 국면에 나타나는 모든 T에게 전달된다.
(The inherited EF extends, by some kind of feature-spread, to all T's in the phase.)

(8) (i) 자질확산 작용은 다음과 같은 이유에서 특수약정(ad hoc stipulation)에 지나지 않는다.
(a) 외재논항섬 효과가 나타나지 않는 인상구문과 예외격표시구문에만 적용된다.
(b) 일치자질에는 적용되지 않고 오직 외곽자질에만 적용된다.
(c) T와 V로부터 확산되지만 확산대상은 오직 T에만 국한된다.
(ii) 외곽자질의 확산에 기인하는 내부병합(internal Merge: IM)은 다음과 같은 이유로 연산의 효율성(computational efficiency)에 저촉된다.
(a) 불변경조건(no-tampering condition: NTC)을 위반한다.
(b) 연속적 순환 이동(successive cyclic movement)은 경제성 조건(economy condition, 즉 최소도출조건(minimal derivation condition: MDC)을 위반한다.
(c) 이미 병합작용이 완료된 순환에 다시 병합을 요구하므로 엄밀순환성 조건(strict cyclicity condition)을 위반한다.

그러나 Chomsky(2005b)에서는 (7)의 추가적 가정을 설정함으로써 아래 국면국부성 조건(phase locality condition) (9)와 관련되는 한 가지 중요한 경험적 문제를 해결할 수 있다고 본다.

(9) 하위국면에 매입되어 있는 α 내부에 나타나는 요소는 이미 도출과정을 통과하였기 때문에 더 이상 상위국면의 연산에 접근할 수 없다.
(The elements in α embedded in the lower phase, which has already been passed in the derivation, cannot be accessed in the next higher phase.)

이제, 위 추가적 가정 (7)의 효과를 점검하기 위해 아래 (10)의 예문들을 고려해 보자.

(10) a. *it was the CAR (not the TRUCK) [$_{CP}$ of which [$_{TP}$ the driver [$_{v*P}$ t [$_{VP}$ caused a scandal]]]].
b. *[$_{CP}$ of which car did [$_{TP}$ the driver [$_{v*P}$ t [$_{VP}$ cause a scandal]]]]?

위의 (10)의 예문은 모두 소위 '외재논항섬 효과(external argument island effect)'(혹은 주어섬 효과(subject island effect))와 관련되는 전형적인 예문들로서, Chomsky(2005b)에 의하면 이들 예문에 나타나는 비문법성은 위 (9)의 국면국부성 조건에 의해 포착될 수 있다고 본다.[10]

그러면, 다음 (11)의 예문을 고려해 보자.

(11) a. it was the CAR (not the TRUCK) [$_{CP}$ of which [$_{TP}$ the driver is likely [$_{TP}$ to [$_{v*P}$ t [$_{VP}$ cause a scandal]]]]].
b. [$_{CP}$ of which car is [$_{TP}$ the driver likely [$_{TP}$ to [$_{v*P}$ t [$_{VP}$ cause a scandal]]]]]?

---

10) 사실상, Chomsky(2005b)에서 제안하고 있는 국면국부성 조건 (9)는 v*P의 외재논항은 섬이 된다는 외재논항섬 효과(external argument island effect)와 상위국면의 탐침자가 하위국면의 보충어에 접근할 수 없다는 국면불가침조건(PIC)의 효과를 모두 흡수한다.

(11)의 예문들에서도, (10)의 경우와 동일하게, 이미 도출과정을 통과한 하위국면 v*P에 매입되어 있는 지정어(주어) 내부에 나타나는 요소(*of which* (*car*))가 상위국면 CP의 연산에 참가하여 CP의 지정어 위치에 내부병합(internal Merge)이 일어났지만, (11)의 예문들은 국면국부성 조건 (9)의 예측과는 달리 문법적이다. Chomsky(2005b)에 의하면, 바로 이러한 예문 (11)과 관련되는 국면국부성 조건 (9)의 문제가 (7)의 추가적 가정으로 해결될 수 있다고 본다. 즉, (7)의 가정에 의하면, (11)의 예문들은 사실상 다음 (12)와 같은 도출을 갖게 되므로, (10)의 경우와 달리, (9)의 국면국부성 조건에 저촉되지 않아 문법적인 문장으로 판정된다는 것이다.

(12) a. it was the CAR (not the TRUCK) [$_{CP}$ of which [$_{TP}$ the driver is likely [$_{TP}$ *t* to [$_{v*P}$ *t* [$_{VP}$ cause a scandal]]]].

b. [$_{CP}$ of which car is [$_{TP}$ the driver likely [$_{TP}$ *t* to [$_{v*P}$ *t* [$_{VP}$ cause a scandal]]]]]?

아래 9.3절에서는 (1)~(5)의 가정 하에서는 (7)과 같은 추가적 가정을 설정하지 않고도 (11)과 관련되는 국면국부성 조건의 문제점이 효과적으로 해소될 수 있음을 보여줌으로써 결과적으로 T의 존재를 부정하는 김용석(2010c, 2010d)의 문법체계가 타당한 이론임을 뒷받침하고자 한다.

9.3 'T 없는 통사론'의 구축

그러면, 먼저 위 (10)과 (11)의 예문들이 (1)~(5)의 가정 하에서 그 통사적 구조와 도출이 각기 어떻게 표현될 수 있는지 살펴보자(편의상 각 예에서 (b)의 문장을 사례로 든다).

(13) a.

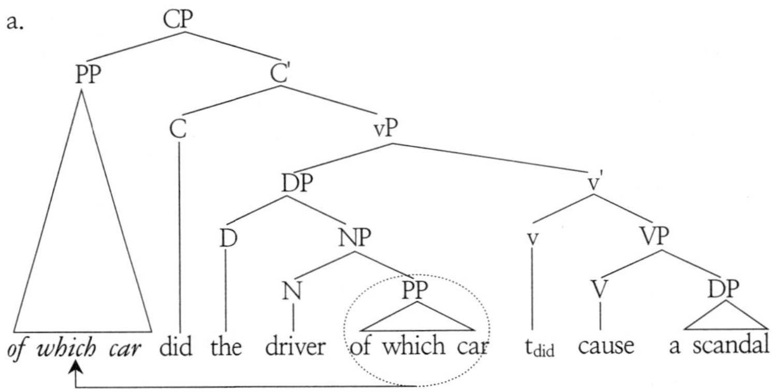

b.

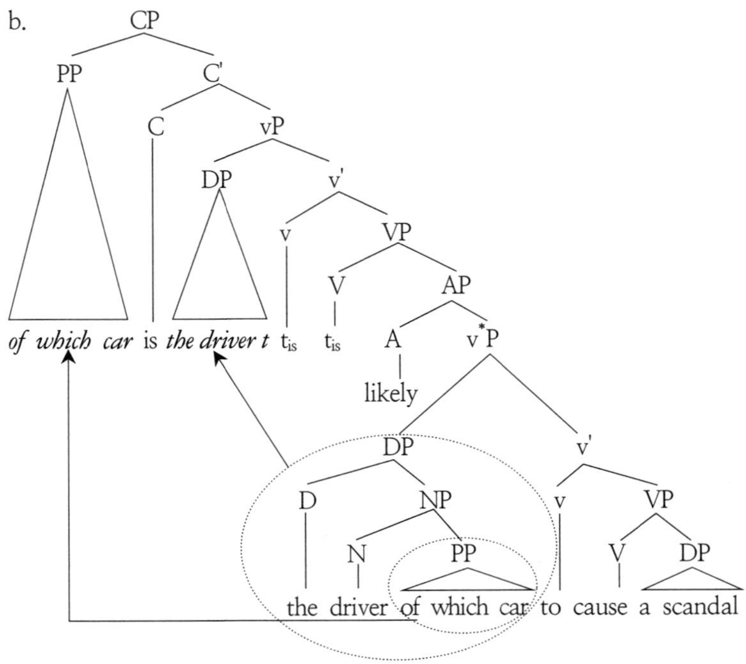

또한 'T 없는 통사론(Syntax without T)'의 구축을 위해 본장에서는 김용석(2010c, 2010d)에서 제안하고 있는 다음 (14)의 가정을 채택한다.[11)]

(14) (i) 오직 CP만이 순환국면이다. (Only CP is the cyclic phase.)
(ii) vP는 명제의 주어 위치인 지정어를 갖는다. (vP has its Spec for the subject position of the proposition it constitutes.)

즉, (14i)는 통사적 연산의 순환단위(cyclic unit)인 국면(phase)의 정의이고, (14ii)는 명제조건(proposition condition)이다. 김용석(2010c, 2010d)에서는 병합(Merge)에 의해 문장의 구조가 확장되어갈 때 술어핵(predicate head)의 의미역격자(θ-grid)가 충족되는 최초의 구조가 vP이고, 따라서 vP는 의미역구조(θ-structure)인 논항구조(argument structure)를 이루며, 동시에 (14ii)의 요구에 의해 주어 위치를 확보함으로써 명제를 이루는 통사적 단위가 된다. 그 다음 단계의 병합에서 C가 vP를 선택(select)하여 문장의 최종단위인 CP를 도출한다. C는 양태특성와 담화특성의 발현장소(locus)이므로 CP는 의미적으로 완전의미표현(complete semantic representation)의 독립적인 의미단위가 되고, 통사적으로는 연산단위인 순환국면(cyclic phase)이 된다고 본다.[12)]

그러면, 먼저 (14)의 정의 하에서 합법적인 도출인 (13b)가 어떻게 도출되는지 살펴보자.[13)] (13b)의 도출에서는 C가 도입될 때까지 병

---

11) 본 가정은 국면(phase)의 정의를 단순화하고, 문법기술에서 v*P와 vP의 구분을 없앰으로써 문법체계의 완벽성 도모에 기여한다. 왜냐하면, Chomsky(2005b)의 수정 탐침자-목표물 문법체계에서는 외재논항(external argument)의 유무에 따라 단순히 v*P와 vP를 구분하여 CP와 함께 v*P만을 국면(phase)으로 취급하고 있고, 또한 v*P까지도 국면으로 규정함으로써 그만큼 협소통사부의 연산을 복잡하게 만들 뿐만 아니라, 이로 인해 많은 경험적 문제점(김용석, 2009b 참조)을 야기함으로써 결과적으로 문법체계의 효율성(efficiency)과 최소성(minimality)을 크게 훼손하고 있기 때문이다.

12) 김용석(2010c, 2010d)에서는 순수 주술관계를 나타내는 명제의 통사적 단위인 vP는 CP와 달리 필수의미표현(bare semantic representation)이나 완전의미표현(complete semantic representaion)의 의미단위를 이루지는 못하기 때문에 연산의 순환국면(cyclic phase)은 되지 못한다고 본다.

합(Merge)의 연산이 계속 적용된다. C는 최초로 도입되는 국면의 핵(head of phase)이므로, C가 도입되면 CP의 국면이 형성되고 C는 탐침자(probe)로서 그의 표찰(label)인 CP의 관할영역(dominating domain)에서 목표물(goal)에 대한 탐색(search)을 시작한다.14) C는 위 (5ii)의 가정 하에서 최소탐색에 의해 거리상 가장 가까운 DP *the driver of which car*에게 격(Case)을 부여하며, 또한 C는 의문자질 [+Q]를 가지므로 그것의 외곽자질(edge feature)은 역시 최소탐색에 의해 가장 가까운 의문사구인 *of which car*를 CP의 지정어(Spec) 위치로 내부병합(Internal Merge)한다. 동시에 CP의 국면에서 하위 vP의 지정어 위치에 나타나는 *the driver* $t_{of\ which\ car}$는 명제조건 (14ii)의 요구에 의해 그 기저위치에 자신의 복사(copy) 흔적을 남기고 상위 vP의 지정어 위치로 이동한다.15)

(13a)의 경우도, (13b)와 마찬가지로, C가 도입될 때까지 병합의 연산이 계속 되며, C가 도입되면 C는 탐침자(probe)로서 그의 표찰인 CP의 관할영역(dominating domain)에서 목표물(goal)에 대한 탐색(search)을 시작한다. (13a)에서도 C는 위 (5ii)의 가정 하에서 최소탐색에 의해 거리상 가장 가까운 DP *the driver of which car*에게 격(Case)을 부여하며, 또한 의문자질 [+Q]를 갖는 C는 역시 최소탐색에 의해 가장 가까운 의문사구인 *of which car*를 CP의 지정어(Spec) 위치로 내부

---

13) 연결동사(linking verb) *be*도 각주 5에서 언급한 경동사와 마찬가지로 평서문에서는 표면상 v에 위치하나 실상은 술어(형용사구나 명사구)를 보충어로 취하는 V로서 음운부에서 v의 위치로 핵이동(head movement) 되었다고 본다. 본 연구에서는 V-to-v와 v-to-C 등의 핵이동은 모두 음운부의 작용으로 본다(Chomsky, 2001 참조).

14) Chomsky(2005b)에서는 표찰이 통사대상 내부에서 일치와 내부병합의 연산이 적용될 때 목표물을 찾는 탐침자가 된다고 주장하면서 다음 (i)과 같은 정의를 내리고 있다.

(i) The label is the probe that seeks a goal for operations internal to the SO: Agree or IM.

15) 명제의 구조를 형성하기 위한 주어 DP의 이동에 있어서도 CP의 국면에서 C-v가 복합체(complex)를 이루어 함께 탐색을 시작한다고 볼 수 있다. 이때 v의 최소탐색과 외곽자질에 의해 DP가 vP의 지정어 위치로 이동하는 주어인상(subject raising)과 C의 최소탐색과 외곽자질에 의한 의문사구의 이동이 평행이동(parallel movement)으로 동시에 나란히 이동한다. 그러나 이러한 가정에 대한 검토는 국면의 정의와 관련하여 차후 연구과제로 유보하고자 한다.

병합(Internal Merge)한다.

이상의 도출과정을 살펴보면, (13a)도 (13b)와 같이 (14)의 가정하에서 아무런 도출상의 위반이 초래되지 않는다. 따라서 (13a)도 실상과 달리 합법적인 도출로 인정받아야 한다. 이러한 문제를 해결하기 위해서 본장에서는 Chomsky(2005b)의 국면국부성 조건 (9)에서 외재논항섬조건(exteranal argument island condition)을 다시 분리하여 다음과 같이 수정, 제안하고자 한다.16)

(15) 만약 v가 [+tense]의 시제자질을 가지면, v의 외재논항은 섬이 된다.17)
(The external argument of v constitutes an island iff v contains the [+tense] feature.)

이제 (15)의 외재논항섬조건에 의하면, (13a)의 도출에서는 v가 [+tense]의 자질을 가지므로 그것의 지정어 위치에 나타나는 외재논항 *{DP the driver of which car}*가 섬이 된다. 따라서 (13a)의 경우는 v의 외재논항 DP 바깥으로 의문사구 *of which car}*가 결코 적출(extraction)될 수 없고, 이러한 이동을 감행한 (10)의 예문들은 모두 (15)의 외재논항섬조건에 의해 비문법적인 문장으로 판정된다. 그러나 (13b)의 경우는 하위 vP의 핵 v가 [−tense]의 자질을 갖는 *to*이므로 그것의 지정어 위치에 나타나는 외재논항 *{DP the driver of which car}*가 섬이 되지 않는다. 따라서 (13b)의 경우는 C의 탐색에 의해 의문사구 *of which car*가 그 DP의 내부로부터 CP의 지정어 위치로

16) 이제 국면국부성 조건에는 '국면불가침조건(phase impenetrability condition: PIC)'의 효과만 남게 되는데, Chomsky(2001, 2004)에서는 국면불가침조건을 다음과 같이 정의하고 있다.

(i) The domain of H is not accessible to operations at ZP, but only H and its edge, (where H is the head of strong phase HP, and ZP is the next strong phase).

17) 김용석(2010c, 2010d)에서는 T 대신에 v를 시제의 발현장소(tense locus)로 규정하고 있다.

이동할 수 있으므로, (11)의 예문들은 모두 문법적인 문장으로 판정된다.

이제 (14)의 가정 하에서 'T 없는 통사론'의 문법체계 (1)~(5)에 의해 영어의 비대격구문(unaccusative constructions)과 예외격표시구문(ECM constructions)의 의문사 의문문(*wh*-interrogatives)이 어떻게 도출되는지 살펴보자.[18] 먼저, 아래 (16)의 예문을 고려해 보자.

(16) a. Of which car did the driver arrive from New York?
　　b. Of which car did they believe the driver to cause a scandal?

Chomsky(2005b)에서는, (16)의 각 예문은 사실상 각기 주어섬조건(subject island condition)과 국면국부성 조건 (9)을 위반하는 문장들이지만, (16a)의 경우는 C-T 복합체의 탐색에 의한 주어와 의문사의 평행이동(parallel movement)으로, (16b)의 경우는 위 (7)에서 정의되는 '자질확산작용'의 효과로 이러한 조건들에 저촉되지 않게 되어 결과적으로 문법적인 문장으로 판정된다고 주장한다.

이들 예문의 구조와 도출은 위 (14)의 가정과 (1)~(5)의 문법체계 하서 각기 다음 (17)과 (18)과 같이 표현된다.

(17) [$_{CP}$ of which car [$_{C'}$ C-did [$_{vP}$ [$_{DP}$ the driver $t_{of\ which\ car}$] [$_{v'}$ v-t_{did} [$_{VP}$ arrive [$_{DP}$ the driver of which car] from New York]]]]]

18) 참고로 수동태구문(passive constructions)은 비대격구문과 동일한 연산과정으로 도출된다.

(18) [$_{CP}$ <u>of which car</u> [$_{C'}$ C−did [$_{vP}$ they [$_{v'}$ v−t_{did} [$_{VP}$ [$_{V'}$ believe [$_{vP}$ [$_{DP}$ the driver of which car] [$_{v'}$ v−to [$_{VP}$ have caused a scandal]]]]]]]]]

‘T 없는 통사론’에서는 위의 도출은 둘 다 최종 CP가 유일한 순환국면이 된다.[19] 따라서 위의 도출은 ‘병합’에 의해 C가 도입될 때까지 아무런 연산도 적용되지 않는다. C가 도입되면, C와 v의 최소탐색에 의해 관련 구성소들에 대한 격 부여와 이동의 연산이 적용된다. 먼저, (17)의 경우를 보면, CP의 순환국면에서 의문자질 [+Q]를 갖는 C의 최소탐색에 의해 비대격동사(unaccusative verb) *arrive*의 보충어인 *{$_{DP}$ the driver of which car}* 속에 나타나는 의문사구 *of which car*가 CP의 지정어 위치로 이동하며, 동시에 (14ii)의 명제조건에 의한 v의 탐색으로 *arrive*의 보충어인 *{$_{DP}$ the driver $t_{of\ which\ car}$}*가 평행이동(parallel movement)의 형태로 vP의 지정어 위치로 인상된다. 이러한 연산과정에서 *{$_{DP}$ the driver of which car}*는 대격동사 *arrive*의 보충어이므로, (15)의 외재논항섬조건 하에서도, 전혀 섬을 이루지 않아 그 내부에 나타나는 의문사구 *of which car*가 C의 최소탐색에 의해 CP의 지정어 위치로 자유롭게 이동하는 것을 허용한다.

또한, (18)의 경우에 있어서도, C가 도입될 때까지 아무런 연산도 적용되지 않다가 C가 도입되면 CP의 순환국면에서 의문자질 [+Q]를 갖는 C의 최소탐색에 의해 명제를 이루는 하위 vP의 지정어인 *{$_{DP}$ the driver of which car}* 속에 나타나는 의문사구 *of which car*가 CP의 지정어 위치로 단번(one−step)에 이동하며, 동시에 C와 대격동사 *believe*는 (5ii)의 격원리에 따라 최소탐색으로 가장 가까운 위치에 나타나는 DP인 *they*와 *{$_{DP}$ the driver of which car}*에게 각기 주격(nominative Case)와 대격(accusative Case)을 부여한다. 이러한 연산과정에

19) 참고로 Chomsky(2005b)에서는 (18)은 (7)에서 정의되는 ‘자질확산작용’의 결과로 4개의 순환단위를 거쳐 도출됨을 유의하라.

서 {$_{DP}$ *the driver of which car*}는 하위 vP의 외재논항이기는 하지만, 하위 vP의 핵 v가 [-tense]의 자질을 갖는 to이므로, 여전히 (15)의 외재논항섬조건 하에서도 전혀 섬을 이루지 않아 그 내부에 나타나는 의문사구 *of which car*가 C의 최소탐색에 의해 역시 CP의 지정어 위치로 자유롭게 이동한다.

이상의 논의에서 확인한 바와 같이, (1)~(5)의 문법체계와 (14)의 가정 하에서 'T 없는 통사론'은 기존의 탐침자-목표물 문법체계에서 T의 설정으로 야기되는 많은 문제점과 체계의 복잡성을 해소하고, 연산의 효율성(efficiency)을 극대화함으로써 최근 Chomsky(2001, 2004, 2005a, 2005b)에서 추구하고 있는 완벽한 문법체계의 규명에 더욱 근접하고 있음이 입증되었다.

9.4 '3대 불가사의'의 해소

T의 존재를 인정하는 Chomsky(2001, 2004, 2005a, 2005b)의 탐침자-목표물 문법체계에서는 파이자질(ϕ-features)의 탐색에 의한 일치와 외곽자질(edge feature)의 탐색에 의한 내부병합은 상호독립적인 연산작용으로 규정된다. 따라서 내부병합 없는 일치가 존재할 수 있는데, 바로 이러한 일치현상이 장거리일치(long-distance agreement)의 경우이다. 영어에서 장거리일치는 소위 다음 (19)와 같은 허사구문(expletive construction)에서 발생한다.

(19) a. there arrives a student from New York
     b. C [there [T [$_{vP}$ v [$_{VP}$ arrives a student from New York]]]]

위의 허사구문에서 T는 일치자질의 탐색에 의해 비해석성의 격자질을 갖는 *a student*와 장거리일치를 이룬다. 이러한 일치를 통해 *a student*는 그것의 격자질에 대한 값을 부여받는다. 이 경우 허사 *there*가 T의 지정어 위치에 외부병합(EM)되는 이유도 역시 C로부터 일치자질을 계승받을 때 함께 계승받은 T의 외곽자질에 기인한다고 볼 수 있다. 즉, 어휘배열(lexical array)에 *there*가 선택된 경우는 T의 외곽자질을 충족하기 위해 *there*가 삽입되므로 (19)의 허사구문이 도출되고, *there*가 선택되지 않은 경우는 T의 외곽자질을 충족하기 위해 *a student*가 인상되어 다음 (20)과 같이 비대격구문(unaccusative construction)을 이룬다(아래 예문에서 $t_{\text{a student}}$는 *a student*의 복사(흔적)를 의미함).

(20) a. a student arrives from New York
　　b. C [*a student* [T [$_{vP}$ v [$_{VP}$ arrives $t_{\text{a student}}$ from New York]]]]

그러면 다음 (21)의 예문을 고려해 보자.

(21) a. *there will a student take the class
　　b. C [there [T–will [$_{v^*P}$ a student [$_{v^{*'}}$ v* [$_{VP}$ take the class]]]]]

위의 예문은 소위 타동허사구문(transitive expletive construction)인데, 영어에서는 허용되지 않는 비문법적인 문장이다. 요컨대, 영어에서는 타동사가 나타나는 대격구문(accusative constructions)에서 T의 일치연산이 적용될 때 반드시 다음 예문에서와 같이 v*의 외재논항이 T의 지정어 위치로 의무적으로 인상되어야 한다(아래 예문에서 $t_{\text{a student}}$는 *a student*의 복사(흔적)를 의미함).

(22) a. a student will take the class
　　b. C [a student [T–will [$_{v^*P}$ $t_{\text{a student}}$ [$_{v^{*'}}$ v* [$_{VP}$ take the class]]]]]

그러나 이러한 타동사구문에 나타나는 영어의 의무적 주어인상의 문제는 일치와 병합의 연산을 상호 독립적인 연산으로 취급하는 탐침자-목표물 문법체계에서는 그 설명이 불가능하다. 물론 허사를 갖지 않는 언어에서는 T의 외곽자질이 주어인상에 의해서만 충족될 수 있으므로 (20)과 (22) 등과 같은 비허사구문(non-expletive construction)만을 허용한다는 것은 당연하다. 그러나 영어처럼 허사 *there*를 갖는 유형의 언어에서는 장거리일치 시에 허사의 외부병합이 허용된다면, 이는 비대격구문뿐만 아니라 대격구문에까지 장거리일치 시 허사구문이 허용될 수 있다는 말이다. 그럼에도 불구하고 (21)에서 확인되는 바와 같이 영어에서는 대격구문의 허사구문인 타동허사구문이 결코 허용되지 않는다. 이러한 현상은 현재의 탐침자-목표물 문법체계 하에서는 도저히 포착될 수 없는 하나의 불가사의(mystery)이다.

또한, 다음 (23)의 예문을 고려해 보자.

(23) a. there was never seen a student from New York
b. C [there [T [$_{vP}$ v [$_{VP}$ was never seen a student from New York]]]]

위의 예문은 수동허사구문(passive expletive construction)의 예로서, 위 (19)의 비대격허사구문(unaccusative expletive construction)에서와 마찬가지로, 영어와 같이 허사를 허용하는 언어에서 C-T 복합체(C-T complex)의 탐색에 의한 장거리일치가 이루어질 경우, 만약 목표물의 인상이 이루어지지 않는다면 허사가 T의 지정어 위치에 삽입(즉, 외부병합)되어 T의 외곽자질을 충족할 수 있다는 사실을 다시 한 번 입증하고 있다. 그렇다면 다음 예문을 고려해 보자(이 예문에서 t_{who}는 *who*의 이동으로 남는 복사(흔적)임).

(24) a. *who was there never seen?
b. [who C [there [T [$_{vP}$ v [$_{VP}$ was never seen t_{who}]]]]]

이 예문은 위의 (23)과 같은 구조에서 도출되는 *wh*-의문문으로 C-T 복합체의 목표물 탐색 시에 허사 *there*의 삽입과 함께 의문사 *who*가 C의 지정어로 인상되어 C의 외곽자질을 충족하고 있는 경우이다. (24)는 겉으로 보았을 때 도출상 아무런 위반도 야기하지 않는다. 그럼에도 불구하고 이 예문은 영어에서 사실상 비문법적인 것으로 판정된다. 이 예문을 아래 (25)에 제시되는 비허사구문(non-expletive construction)의 경우와 비교해 보자(이 예문에서 $t_{who1/2}$는 who_1과 who_2의 동시적 인상으로 남는 복사(흔적)를 의미함).

(25) a. who was never seen?

b. [who_1 C [who_2 [T [$_{vP}$ v [$_{VP}$ was never seen $t_{who1/2}$]]]]]

위의 예문은, (25)에서와 달리, C-T 복합체의 탐색에 의한 일치가 이루어질 때 T의 지정어 위치로 목적어 *who*의 인상이 이루어진 경우이다. 이 경우는, 위에서 논의한 바처럼, C의 외곽자질을 충족하기 위해 목적어 *who*가 동시에 C의 지정어 위치로도 인상된 경우로 (25b)의 통사대상을 도출한다. 흥미로운 사실은 (24)와 비교해 이 문장이 문법적이라는 사실이다. 요컨대, 영어에서 허사구문은 연관명사구(associate NP)에 대한 *wh*-의문문을 허용하지 않으나 비허사구문은 허용한다. 이러한 현상에서 확인되는 문법적 사실은 C의 외곽자질이 목표물(goal)의 인상(즉, 내부병합)에 의해 충족된다면 C로부터 계승된 T의 외곽자질도 반드시 목표물의 인상(즉, 내부병합)에 의해서 충족되어야 한다는 사실이다. 이러한 사실에 입각하면, (24)와 같은 의문허사구문이 비문법적인 이유는 C의 외곽자질이 내부병합(*who*의 인상)에 의해 충족되었으나 T의 외곽자질은 외부병합(*there*의 삽입)으로 충족되었기 때문이라고 볼 수 있다. (24)와 (25)의 대조에서 확인되는 바와 같이, 영어의 *wh*-의문문에 나타나는 이러한 의무적 인상현상은 T의 존재를 인정하는 탐침자-목표물 문법체계에서 도저히 설명될 수 없는 또 하나의 불가사의이다.

또한 다음 (26)~(27)의 예문들을 고려해 보자(아래 예문들에서 $t_{who1/2}$는 who_1과 who_2의 동시적 인상으로 남는 복사(흔적)를 의미하고, t_{who}은 *who*의 복사(흔적), t_{what}은 *what*의 복사(흔적)를 의미함).

(26) a. who read what?
b. [who_1 C [who_2 [T [$_{v*P}$ $t_{who1/2}$ [$_{v*'}$ v* [$_{VP}$ read what]]]]]]

(27) a. *what did who read?
b. [*what* C [*who* [T [$_{v*P}$ t_{what} [$_{v*}$ t_{who} [$_{v*'}$ v* [$_{VP}$ read t_{what}]]]]]]

위의 (26)과 (27)의 대조가 보여주는 바는 소위 우위성 효과(superiority effect)의 문제이다. 탐침자-목표물 문법체계에서는 C-T 복합체의 탐색에 의한 C와 T의 외곽자질은 C와 T에 있어 동일한 목표물(goal)에 의해서도 충족될 수도 있고, 서로 다른 목표물에 의해서도 충족될 수도 있다. 이러한 관점에서 보면, C와 T가 동일한 목표물에 의해 그들의 외곽자질이 충족된 (26)의 경우와 서로 다른 목표물에 의해 충족된 (27)의 경우가 모두 허용되어야 하나 영어에서는 (27)만 허용된다. 요컨대, 영어에서는 *wh*-이동 시에 우위성 효과(superiority effect)가 준수된다는 것이다. 이와 같이 *wh*-이동 시에 나타나는 이러한 우위성 효과도 탐침자-목표물 문법체계 하에서 이론적으로 설명될 수 없는 또 다른 하나의 불가사의이다.

본절에서는 이상에서 확인한 T의 존재를 인정하는 탐침자-목표물 문법체계의 '3대 불가사의'가 'T 없는 통사론' 하에서 매우 효과적으로 해결될 수 있음을 보여줌으로써, 본장에서 제안하고자 하는 'T 없는 통사론'은 물론, 김용석(2010c, 2010d)에서 21C 새로운 언어이론으로 주창하고자 하는 소위 최강최소주의 문법체계(혹은 칸트주의 문법체계)의 타당성을 입증하고자 한다.

그러면, 먼저 위 (19)와 (20)의 예문에서 확인한 허사구문과 비대격구문의 도출이 'T 없는 통사론'에서는 어떻게 이루어지는지 검토해 보자. 그 구조와 도출과정은 각기 다음 (28)과 (29)와 같이 표현된다.

(28) [$_{CP}$ C [$_{vP}$ there [$_{v'}$ v [$_{VP}$ [$_{V'}$ arrives [$_{DP}$ a student]] from New York]]]]

(29) [$_{CP}$ C [$_{vP}$ [$_{DP}$ a student] [$_{v'}$ v [$_{VP}$ [$_{V'}$ arrives [$_{DP}$ a student]] from New York]]]]

먼저, (28)의 도출과정을 살펴보자. C가 도입되면, C는 CP의 순환국면에서 최소탐색으로 비대격동사 *arrive*의 보충어 논항 DP인 *a student*에게 위 (5)의 격원리(Case principle)에 의해 격을 부여한다. 또한 vP의 지정어 위치에 허사 *there*의 병합은 격(Case)과는 상관없이[20] (14ii)의 명제조건에 의해 이루어진다. 결과적으로 (28)의 도출은 '격원리'와 '명제조건' 하에서 '병합'에 의해 매우 간단히 이루어진다.

이제, (29)의 도출과정을 살펴보면, 대격동사 *arrive*의 보충어 논항인 *a student*에 대한 격부여는 (28)과 동일한 방법으로 이루어지나, (29)에서는 vP의 지정어 위치에 허사 *there*가 병합되지 않으므로 (14ii)의 명제조건 하에서 v의 최소탐색에 의해 *arrive*의 보충어인 *a student*가 vP의 지정어로 인상된다. 따라서 비대격구문도 'T 없는 통사론'에서는 역시 매우 간단한 연산으로 도출된다.

그러면, 이제 탐침자-목표물 문법체계에서 첫 번째 불가사의로

20) 위 (5)의 격원리에 의하면 허사는 논항이 아니므로 격을 부여를 위한 탐색의 목표물이 되지 않는다.

지적되었던 위 (21)~(22)의 예문과 관련된 영어의 타동허사구문의 문제가 'T 없는 통사론'의 문법체계 하에서 어떻게 해결될 수 있는지 살펴보자.

'T 없는 통사론'의 문법체계 하에서는 타동사허사구문인 (21)의 도출은 다음 (30)과 같은 중간 단계를 거친다.

(30) [$_{vP}$ a student [$_{v'}$ v-will [$_{VP}$ take the class]]]

즉, 위 중간단계의 도출은 술어핵(predicate head)인 *take*의 의미역적 특성을 반영하는 논항구조(argument structure)임과 동시에 vP에 의해서 명제의 단위를 이루는 표현이다. 이 표현은 vP의 지정어 위치에 명제의 주어가 되는 *a student*가 존재하기 때문에 이미 (14ii)의 명제조건을 충족하고 있다. 따라서 더 이상 vP가 명제를 구성하기 위해 명제의 주어가 나타날 지정어 위치를 추가적으로 제공할 필요가 없다. 그럼에도 불구하고, 타동사허사구문의 도출은 언제나 다음 (31)의 구조표현에서와 같이 'T 없는 통사론'의 문법체계 하에서는 허용되지 않는 vP의 외곽지정어 위치를 추가적으로 요구함으로써 비문법적인 도출이 된다.

(31) *[$_{vP}$ there [$_{v'}$ a student [$_{v'}$ v-will [$_{VP}$ take the class]]]]

따라서 'T 없는 통사론'의 문법체계 하에서는 (21)과 같은 타동사허사구문은 영어에서뿐 아니라 다른 어떤 언어에서도 근원적으로 나타날 수 없는 표현임이 확인된다.[21)]

---

21) 그러나 Chomsky(1995)에서는 다중지정어구조(multiple Spec construction)를 허용하는 아이슬란드어(Islandic)와 특정의 영어의 경우에서도 타동허사구문이 관찰된다고 주장하고 있다. 본장에서는 이들의 경우는 모두 그 도출과정이 사실상 (31)과 같은 중간단계를 거치지 않으므로 일반적인 타동허사구문과 달리 문법적인 문장으로 판정된다고 본다.

'T 없는 통사론'의 문법체계 하에서 (30)의 중간도출로부터 얻을 수 있는 유일한 최종도출은 양태/담화적 특성을 갖는 C의 병합으로 다음 (32)와 같은 구조를 갖는 위 (22)의 대격구문뿐이다.

(32) $[_{CP}$ C $[_{vP}$ a student $[_{v'}$ v–will $[_{VP}$ take the class]]]]

즉, Chomsky(1995)에 의하면, 영어의 경우는 아래 (i)에서와 같이 허사 *there*가 특정 동사에 의해 준처소격 특성(semi-locative charater)을 가지며, 또한 중량(heaviness)이 있는 주어명사구가 주제-평언구조(theme-rheme structure)의 요구에 의해 문미에 나타나는 경우에만 타동허사구문이 허용된다고 본다.

(i) a. There entered the room a man from England.
b. There hit the stands a new journal.
c. There visited us last night a large group of people who travelled all the from India.

만약, Chomsky(1995)의 주장에서처럼 영어의 타동허사구문에서 주어명사구가 주제-평언구조의 요구에 의해 문미에 나타난다면, 이 경우는 명제의 주어 위치인 vP의 지정어 위치가 비어 있는 경우이므로, 본장의 주장에 의하면, 이러한 vP의 지정어 위치는 (14ii)의 명제조건에 의해 당연히 허사 there가 병합되어야 하므로 위 (i)에서와 같은 영어의 타동허사구문들은 (31)과 같은 중간단계가 아니라 아래 (ii)와 같은 중간단계를 거쳐 도출된다고 본다.

(ii) [vP there [v' v [VP [V' entered the room] a man from England]]]

또한, Chomsky(1995)에서는 다중지정어구조를 허용하는 아이슬란드어에서 타동사허사구문이 나타나는 이유는 아래 (iii)에서와 같이 TP의 외곽지정어(outer Spec)와 지정어(Spec) 위치에 허사(expletive)와 타동사의 주어명사구가 다중으로 나란히 나타날 수 있기 때문이라고 분석한다. (Chomsky(1995)는 동사가 허사 뒤에 위치하는 것은 음운부의 작용으로 동사-둘째(V-second) 현상에 기인하는 것으로 본다. 참고로, 본장 (21)의 어순도 (31)의 어순으로부터 음운부의 동사-둘째 현상에 기인하는 것으로 볼 수 있다.)

(iii) $[_{TP}$ expletive $[_{T'}$ SUBJ $[_{T'}$ T–v–V $[_{vP}$ OBJ $[_{v'}$ t_{SUBJ} $[_{v'}$ t_v $[_{VP}$ t_V t_{OBJ} ....

그러나 본장의 'T-없는 통사론' 하에서는 아이슬란드어의 타동허사구문은 다중지정어구조가 아니라 다음 (iv)의 분석에서처럼 타동사의 주어명사구가 VP의 지정어 위치에 나타나는 경우로 본다.

(iv) $[_{vP}$ $[_{v'}$ v $[_{VP}$ SUBJ $[_{V'}$ V OBJ]]]]

이 경우는 vP의 지정어 위치가 비어 있기 때문에 역시 (14ii)의 명제조건에 의해 당연히 허사가 병합되어야 하므로 아이슬란어의 타동허사구문은 일반적인 타동허사구문과 달리 (31)이 아니라 아래 (v)와 같은 중간단계를 거쳐 도출된다.

(v) $[_{vP}$ expletive $[_{v'}$ v–V $[_{VP}$ SUBJ $[_{V'}$ t_V OBJ]]]]

한편, 아이슬란드어는 타동허사구문뿐만 아니라 목적어-전이(object-shift)도 허용하는 언어인데, 목적어-전이는 주어명사구가 VP의 지정어 위치에 나타날 경우 비어 있는 vP의 지정어 위치로 목적어가 인상되는 경우로 분석될 수 있으며, 이러한 목적어의 인상도 (14ii)의 명제조건의 효과에 의한 것으로 볼 수 있다.

이제, 탐침자-목표물 문법체계에서 두 번째 불가사의로 지적되었던 위 (23)~(25)의 예문과 관련된 *wh*-이동시 야기되는 의무적 주어인상의 문제가 'T 없는 통사론'의 문법체계 하에서 어떻게 해결될 수 있는지 살펴보자.

'T 없는 통사론'의 문법체계 하에서는 수동허사구문인 (23)의 도출은 다음 (33)과 같은 구조를 갖는다.[22]

(33) $[_{CP}$ C $[_{vP}$ there $[_{v'}$ v-was $[_{VP}$ never $[_{V'}$ t_{was} $[_{PRTP}$ PRT $[_{VP}$ see $[_{DP}$ a student from New York]]]]]]]]

사실 위 수동허사구문의 도출과정은 위 (28)의 비대격허사구문(unaccusative expletive construction)의 도출과 동일하다. 'T 없는 통사론'의 문법체계에 의하면, 영어의 모든 허사구문에서 허사 *there*는 (14ii)의 명제조건에 의해 반드시 vP의 지정어 위치에 병합되어야 한다. 만약 비대격동사와 수동태동사가 술어의 핵으로 나타나는 명제구문에서 vP의 지정어 위치에 허사가 병합되지 않으면, 명제조건 (14ii)의 요구에 의해 비대격동사와 수동태동사의 보충어(complement) 논항이 명제의 주어 자격으로 vP의 지정어 위치로 주어인상(subject raising)되어야 한다. 이러한 관점에서 보면, 수동허사구문과 비대격허사구문에서 vP의 지정어 위치에 나타나는 허사 *there*가 보충어 논항을 대신하여 명제의 주어 역할을 수행할 수 있는 것은 바로 *there*가 보충어 논항과 (there, associate NP)의 연쇄(Chain)를 이루기 때문이라고 볼 수 있다. 따라서 다음 (34)와 같은 연쇄조건(Chain condition)을 설정할 수 있다.

(34) 허사구문에서 허사 *there*는 그것의 연관명사구와 연쇄를 이룬다.

---

22) 각주 5) 참조.

(The expletive *there* constitutes a Chain with its associate NP in the expletive construction.)

(34)의 연쇄조건에 의하면, 위 (28)과 (33)의 구조표현에서 허사 *there*는 그것의 연관명사구인 *a student*와 연쇄를 이룸으로써 마침내 명제의 주어로서 (14ii)의 명제조건을 충족하게 된다.

그러면, 이제 (24)에서 확인되는 바와 같이 왜 *there*가 나타나는 허사구문에서는 연관명사구(associate NP)의 *wh*-이동이 허용되지 않는지를 'T 없는 통사론'의 문법체계 하에서 검토해보자. 'T 없는 통사론'의 문법체계 하에서 (24)의 도출은 다음 (35)와 같이 표현된다.

(35) $[_{CP}$ <u>who</u> $[_{C'}$ C-was $[_{vP}$ there $[_{v'}$ v-t_{was} $[_{VP}$ never $[_{V'}$ t_{was} $[_{PRTP}$ PRT $[_{VP}$ see who $]]]]]]]]$

위의 도출과정에서, 먼저 vP의 명제단위에서 허사 *there*는 그것의 연관명사구인 *who*와 (there, who)의 연쇄를 이룬다. 그 뒤 vP에 C가 병합되고, C의 최소탐색에 의해 *who*가 CP의 지정어 위치로 내부병합 된다. 그럼에도 불구하고 (35)의 도출은 비합법적인 도출이 되는데, 이러한 현상은 바로 다음 (36)과 같은 연쇄머리조건(Chain head condition)에 기인한다.[23]

---

23) Chomsky(2005b)에서도 다음 (i)에서와 같이 유사한 연쇄조건을 제시하고 있다.

(i) 간섭효과에 관한 한 비논항연쇄와 논항연쇄가 동일하게 작용한다: 즉, 일률적 연쇄라면 비논항연쇄이든 논항연쇄이든 간에 그 연쇄 전체나 그것의 머리만이 간섭효과를 유발한다.
(A'-chains behave like A-chain with respect to the intervention effects: if uniform, only the full chain (equivalently, its head) is the object that intervenes.)

즉, (i)에 의하면, 논항연쇄이든 비논항연쇄이든 간에 연쇄의 머리(head)는 탐침자의 탐색을 차단하는 간섭효과(intervention effect)를 유발한다는 것이다.

(36) 오직 연쇄의 머리만이 탐색의 목표물이 된다.
　　(Only the head of Chain is the Goal that the Probe searches.)

즉, (36)에 의하면 연쇄의 머리(head)만이 탐색의 대상이 되므로, 연쇄의 머리는 탐침자(Probe)에 의한 그 연쇄의 다른 고리(link)들에 대한 탐색을 차단하는 소위 간섭효과(intervention effect)를 일으킨다. 따라서 (35)의 도출과정에서 [+Q]의 자질을 갖는 C가 의문사 *who*에 대한 탐색을 진행할 때, *who*와 연쇄를 형성하는 *there*가 연쇄의 머리로서 C의 *who*에 대한 탐색을 차단하므로 C의 탐색은 결코 CP의 지정어 위치로 *who*의 내부병합을 유발할 수 없게 된다. 따라서 (35)의 도출은 'T 없는 통사론'의 문법체계 하에서 비합법적인 도출로 판정되고, (35)의 도출을 갖는 (24a)는 비문법적인 문장이 된다.[24] 반면

---

24) 사실상 영어에서도 다음 (i)과 같은 허사구문에서는 연관명사구의 *Wh*-이동이 얼마든지 허용되는데, 일견에 이러한 현상이 본장의 분석에 심각한 반증이 될 수 있는 것 같다.

(i) a. How much actual money is there in the world?
　　b. How many people were there in the conference?

그러나 Chomsky(1999)에 의하면, 영어에는 수동허사구문과 비대격허사구문 이외에도 다음 (ii)에서와 같은 존재적 의미(existential import)를 갖는 '존재허사구문(existential *there*-construction)'이 존재한다고 보며, 이러한 존재허사구문은 수동허사구문과 비대격허사구문과 달리 연관명사구의 주제화/적출화(TH/EX)에 의해 도출되는 허사구문이 아니기 때문에 위 (i)와 아래 (iii)에서처럼 연관명사구의 *Wh*-이동이 자유로이 허용된다고 주장한다.

(ii) a. There are many student in the room.
　　b. There are some flaws in that proof.
(iii) a. How many student are there in the room?
　　b. How many flaws are there in that proof?

본장에서는 위 (ii)와 같은 존재허사구문의 경우가 아래 (iv)와 같은 중간도출을 갖는다고 분석함으로써 존재허사구문의 *there*가 전치사구 도치구문에서 외치(extraposition)된 전치사구의 재생대용형(resumptive pro-form)으로서 전치사구와 연쇄를 이룬다고 가정함으로써 (36)의 연쇄머리조건과 상관없이 위 (iii)에서와 같이 연관명사구의 *Wh*-이동이 자유롭게 허용된다고 본다.

(iv) [$_{vP}$ [$_{vP}$ there [$_{v'}$ v-are [$_{VP}$ many student [$_{V'}$ t$_{are}$]]]] [$_{PP}$ in the room]]

위 (iv)의 분석은 영어에서 주어위치에 나타나는 *that*-절이 문미로 외치될 경우 원래의 주어위치에 그것의 재생대명사(resumptive pronoun)인 허사 *it*을 남기는 것과 같은 경우이다.

이러한 본장의 분석에 의하면, 영어에서 부분적으로 허용되는 아래 (v)와 같은 타동허사구문은 앞선 논의에서와 같이 문미에 나타나는 연관명사구가 허사 *there*와 연쇄를 이루는

에, 도출과정에서 의문사 *who*가 연쇄의 머리가 되는 (25a)의 경우는 C의 탐색에 의한 *who*의 이동이 (36)의 연쇄머리조건을 충족하게 되므로 'T 없는 통사론'의 문법체계 하에서 문법적인 문장으로 판정된다. 'T 없는 통사론'의 문법체계 하에서 (25a)의 도출과정은 다음 (37)과 같이 표현된다.

(37) [$_{CP}$ who [$_{C'}$ C-was [$_{vP}$ who [$_{v'}$ v-t_{was} [$_{VP}$ never [$_{V'}$ t_{was} [$_{PRTP}$ PRT [$_{VP}$ see who]]]]]]

즉, (37)의 도출과정에서 vP의 명제단위에 이르면, 먼저 (14ii)의 명제조건에 의해 수동태동사 *seen*의 보충어 논항인 *who*가 vP의 지정어 위치로 내부병합 되어 (who, t_{who})의 연쇄를 형성하고, 그 다음 vP의 지정어 위치로 이동한 *who*는 연쇄의 머리로서 CP의 국면에서 [+Q]의 자질을 갖는 C의 탐색에 대해 목표물이 될 수 있으므로, *who*는 다시 C의 탐색에 의해 CP의 지정어 위치로 내부병합 됨으로써 (37)의 도출이 완성된다.

이제, 탐침자-목표물 문법체계에서 세 번째 불가사의로 지적되었던 위 (26)~(27)의 예문과 관련된 소위 '우위성 효과(superiority effect)'의 문제를 검토해 보자.

'T 없는 통사론'의 문법체계 하에서는 다중 의문사 구문(multiple *wh*-construction)인 위 (26a)과 (27a)의 도출과정은 각기 다음 (38)과

경우이므로, 영어의 타동허사구문에서는 연관명사구가 (36)의 연쇄머리조건에 의해 Wh-이동을 할 수 없을 것이라는 예측이 가능한데, 과연 (vi)에서 보여주는 바와 같이 이러한 예측이 사실임이 확인된다.

(v) a. There entered the room *a strange man*.
b. There hit the stands *a new journal*.

(vi) a. *How many men did there enter the room $t_{how\ many\ men}$.
b. *How many journals did there hit the stand $t_{how\ many\ journals}$.

(39)와 같이 표현된다.

(38) [$_{CP}$ who [$_{C'}$ C [$_{vP}$ who [$_{v'}$ v [$_{VP}$ read what]]]]]

(39) [$_{CP}$ what [$_{C'}$ C [$_{vP}$ who [$_{v'}$ v [$_{VP}$ read what]]]]]

즉, 위의 두 도출과정에서 최종 CP의 국면에 이르면 [+Q]의 자질을 갖는 C의 탐색에 의해 각기 독자적인 연쇄의 머리인 *who*와 *what*이 C의 탐색에 의해 CP의 지정어 위치로 내부병합 됨으로써 (38)과 (39)의 도출이 완성된다. 그러나 (38)의 도출을 갖는 (26a)는 문법적이나, (39)의 도출을 갖는 (27a)는 비문법적인 문장으로 판정된다. 이러한 현상을 바로 '우위성 효과'라 하는데, 이러한 우위성 효과는 'T 없는 통사론'의 문법체계 하에서 다음 (40)의 정의에서와 같은 최소탐색조건(minimal search condition)에 의해 포착된다.

(40) 탐침자는 그것에 가장 가까운 목표물을 찾아야 한다.
(The Probe must seek the closest Goal in its searching domain.)

즉, (40)은 연산의 부담을 최소화하는 조건으로, 모든 종류의 탐색과정에서 탐침자는 그것의 탐색영역(searching domain)에 나타나는 가능한 잠재적 목표물(possible potential goals)들 중에서 언제나 그것에 거리상 가장 가까이 있는 가능한 잠재적 목표물(the closest possible potential goal)을 탐색의 대상으로 선택해야 한다는 조건이다.[25]

이제, 다중의문사구문의 생성을 위한 위 (38)과 (39)의 두 도출과

25) 이와 유사한 조건을 다음 (i)에서와 같이 Chomsky(2005b)에서도 제안하고 있다.
(i) 탐침자는 그것의 최소탐색영역에서 목표물을 찾아야 한다.
(The probe must seek its goal in the minimal search domain.)

정에서 최종 CP의 국면에 이르면 각기 독자적인 연쇄의 머리로서 *who*와 *what*은 [+Q]의 자질을 갖는 C의 탐색에 대해 가능한 잠재적 목표물(possible potential goal)이 되는데, 이때 *who*는 거리상 *what*보다 탐침자 C에 가까우므로 (40)의 최소탐색조건에 의해 오직 *who*만이 탐색의 대상이 되어 CP의 지정어 위치로 내부병합 된다. 따라서 (40)의 조건을 준수한 (38)의 도출은 문법적인 (26a)의 문장을 생성하나, (40)의 조건을 위반한 (39)의 도출은 비문법적인 (27a)의 문장을 만들어낸다.

9.5 남아 있는 과제의 검토

'T 없는 통사론'의 문법체계 하에서는 기존의 탐침자-목표물 문법체계에서 T의 문법적 기능으로 기술되어 왔던 기능들이 C나 v의 기능으로 대체될 수 있음을 확인하였다. 즉, T가 가졌던 격부여자(혹은 격점검자)로서의 기능은 C의 기능으로, 일치소와 시제소로서의 기능은 v의 기능으로, 그리고 특히 TP가 표현한다고 가정해 왔던 주술관계의 의미단위는 바로 vP가 나타내는 명제의 의미단위임이 확인되었다.

따라서 Chomsky(1981) 이후 소위 S'-삭제(S'-deletion) 현상으로 기술되어 왔던 소위 '예외격표시구문(ECM construction)'과 '인상구문(raising construction)'의 부정사 보문절(infinitive complement clause)은 'T 없는 통사론'의 문법체계 하에서 다음 (41)의 구조표현에서와 같이 vP로 분석된다.

(41) a. $[_{CP}$ C $[_{vP}$ Tom $[_{v'}$ v $[_{VP}$ $[_{V'}$ believes $[_{vP}$ John $[_{v'}$ v-to $[_{VP}$ win]]]]]]]
b. $[_{CP}$ C $[_{vP}$ John $[_{v'}$ v $[_{VP}$ $[_{V'}$ seems $[_{vP}$ t_{John} $[_{v'}$ v-to $[_{VP}$ win]]]]]]]

즉, 위의 두 표현에서 예외격표시동사(ECM verb)인 *believe*와 인상동사(raising verb)인 *seem*의 보문절은 모두 명제(proposition)의 통사적 단위인 vP로 나타난다. 이러한 분석에 의하면, 예외격표시동사와 인상동사는 모두 명제의 의미를 갖는 vP를 보충어로 취하는 동사로 확인된다. (41a)의 예외격표시구문에서는 명제의 주어가 되는 *John*이 보충어 vP의 지정어 위치에 나타남으로써 보충어 vP가 (14ii)의 명제조건을 충족하고 있을 뿐만 아니라, *John*이 주절동사 *believe*로부터 최소탐색에 의해 격을 부여받음으로써 (5i)의 격원리도 충족하게 된다. 또한 (41b)의 인상구문에서는 명제의 주어인 *John*이 기저구조상에서는 보충어 vP의 지정어 위치에 나타남으로써 (14ii)의 명제조건은 충족한다는 사실은 (41a)의 예외격표시구문에서와 동일하나, *John*이 어떻게 (5i)의 격 원리를 충족하는지는 예외격표시구문과 상이하다. 즉, (41b)에서 보충어 vP의 지정어 위치에 나타나는 *John*은 주절동사 *seem*이 대격동사가 아니므로 *seem*으로부터 최소탐색에 의해 격을 부여받지 못한다. 따라서 *John*이 (5i)의 격 원리를 충족할 수 있는 유일한 길은 주절 C의 최소탐색에 의해 주격(nominative Case)을 부여받는 방법인데, 과연 (41b)의 경우 *John*은 그것의 기저위치에서 C로부터 주격을 부여받는다. 그 뒤 *John*은 다시 주절 vP의 명제조건을 충족하기 위하여 동일한 CP의 순환국면에서 주절 v의 탐색에 의해 주절 vP의 지정어 위치로 인상됨으로써 (41b)의 도출이 완성된다.[26)]

그러면, 이제 Chomsky(1981) 이후 그것의 부정사 보문절(infinitive

---

26) 이 경우 *John*의 인상은 C에 의한 격부여와는 무관하게 이루어진다고 가정된다. 이와 같이 인상구문에서 보문절 주어에 대한 격부여가 격인접조건(Case adjacency condition)과 무관하게 이루어지는 현상은 마치 *there*-허사구문에서 주절 C가 장거리 탐색과 일치에 의해 연관명사구(associate NP)에게 격을 부여하는 상황과 유사하다고 볼 수 있다.

complement clause)이 CP의 구조를 갖는다고 가정해 왔던 소위 '통제구문(control construction)'의 경우는 'T 없는 통사론'의 문법체계 하에서 어떻게 기술될 수 있는지 검토해 보자.

탐침자-목표물 문법체계를 포함하여 기존의 생성문법체계 하에서는 다음 (42)의 PRO-공준(PRO-theorem)에 기초하여 통제구문의 구조를 아래 (43)에서와 같이 설정한다.

(42) PRO는 지배되지 않는다. (PRO is ungoverned.)

(43) Tom tries [$_{CP}$ C [$_{TP}$ PRO [$_{T'}$ T-to [$_{vP}$ t_{PRO} [$_{v'}$ v [$_{VP}$ win]]]]]].

그러나 (43)과 같이 표현되던 통제구문의 부정사 보문절도 'T 없는 통사론'의 문법체계 하에서는 예외격표시구문이나 인상구문의 경우와 마찬가지로 아래 (44)에서와 같이 명제의 통사적 단위인 vP의 구조로 간단히 표현될 수 있다.[27)]

(44) Tom tries [$_{vP}$ PRO [$_{v'}$ v-to [$_{VP}$ win]]].

통제구문에 나타나는 부정사 보문절을 (44)에서와 같이 vP의 내면구조로 설정할 경우, 이는 바로 위 (41a)의 예외격표시구문과 동일한 구조가 된다. 다만, vP의 지정어 위치에 나타나는 부정사 보문절의 주어가 예외격표시구문에서는 음성적 실체를 갖는 DP이나, 통제구문에서는 음성적 실체가 없는 DP인 PRO라는 점만이 서로 다르다.

바로 이러한 차이점을 포착하기 위해서, 'T 없는 통사론'의 문법

27) 통제구문에서 부정사 보문절 vP의 지정어 위치에 나타나는 것으로 가정되는 공대명사(empty pronominal) PRO는 이론적으로 의미역이론(θ-theory)과 위 (14ii)의 논항조건에 의해 그 존재가 입증된다.

체계 하에서는 (42)의 PRO-공준(PRO-theorem) 대신에 그 대안으로 다음 (45)와 같은 'PRO-공리(PRO-axiom)'를 제안하고자 한다.

(45) PRO는 격을 부여받지 않는다. (PRO is not Case-marked.)

이제 (45)의 PRO-공리와 (5i)의 격 원리에 입각하면, 다음 (46)의 예문에서 보여주고 있는 예외격표시구문과 통제구문의 대조가 쉽게 포착된다.

(46) a. Tom believes [$_{vP}$ John/*PRO [$_{v'}$ v-to [$_{VP}$ win]]].
b. Tom tries [$_{vP}$ *John/PRO [$_{v'}$ v-to [$_{VP}$ win]]].

즉, (46a)에서 주절동사인 *believe*는 대격동사(accusative verb)로서 최소탐색에 의해 그것에 가장 가까운 DP인 부정사 보문절 vP의 지정어 위치에 나타나는 *John*에게 격을 부여한다. 이때 *John*은 음성적 실체를 갖는 논항 DP이므로 (5i)의 격 원리를 충족하게 된다. 그러나 *John*의 자리에 PRO가 나타나게 되면 *believe*로부터 PRO가 격을 부여받게 되는데, 이처럼 PRO가 격을 부여받게 되면 (45)의 PRO-공리를 위반하게 되어 비문법적인 문장으로 판정된다. 따라서 예외격표시구문의 부정사 보문절 vP의 지정어 위치에는 왜 언제나 음성적 실체를 갖는 DP가 나타나야 하는지가 'T 없는 통사론'의 문법체계 하에서 (5i)의 격 원리와 (45)의 PRO-공리에 의해 잘 설명된다.

이와 반대로, (46b)의 통제구문에서는 주절동사 *try*가 격부여 능력이 없는 통제동사(control verb)이기 때문에 최소탐색에 의해 그것에 가장 가까운 DP에게 격을 부여하지 못한다. 따라서 부정사 보문절인 vP의 지정어 위치에 음성적 실체를 갖는 *John*이 나타나면 (5i)의 격 원리를 위반하게 되어 비문법적인 문장이 된다. 이 위치에 *John*

대신 PRO가 나타나면 PRO는 음성적 실체가 없으므로 (5i)의 격 원리에 저촉이 되지 않을 뿐만 아니라 (45)의 PRO-공리까지도 충족하게 되어 문법적인 문장으로 판정된다. 따라서 통제구문에서는 왜 부정사 보문절 vP의 지정어 위치에는 항상 음성적 실체를 갖지 않는 PRO가 나타나야 하는지도 역시 'T 없는 통사론'의 문법체계 하에서 (5i)의 격 원리와 (45)의 PRO-공리에 의해 잘 설명된다.

이제, 부정사 보문절의 통사적 유형과 관련하여 아래 (47)의 예문들을 검토해 보자.

(47) a. *We would prefer [John to win].
b. We would prefer [PRO to win].
c. We would prefer [for John to win].

만약 영어의 동사 *prefer*도 *try*와 마찬가지로 격부여 능력이 없는 통제동사라면, (47a)와 (47b) 사이의 문법성 차이도 'T 없는 통사론'의 문법체계 하에서 (5i)의 격 원리와 (45)의 PRO-공리에 의해 쉽게 포착된다. 즉, (47a)에서처럼 부정사 보문절인 vP의 지정어 위치에 음성적 실체를 갖는 *John*이 나타나면 (5i)의 격 원리를 위반하게 되어 비문법적인 문장이 되며, (47b)에서처럼 이 위치에 음성적 실체가 없는 PRO가 나타나면 (5i)의 격 원리에 저촉이 되지 않을 뿐만 아니라 (45)의 PRO-공리까지도 충족하게 되어 문법적인 문장으로 판정된다. 그러나 *prefer*는 *try*와 달리 (47c)에서처럼 또 다른 유형의 부정사절인 *{for John to win}*을 보충어로 취할 수 있다. 이 경우는 'T 없는 통사론'의 문법체계 하에서 다음 (48)과 같은 구조로 표현된다.

(48) We would prefer [$_{CP}$ C-for [$_{vP}$ John/*PRO [$_{v'}$ v-to [$_{VP}$ win]]]].

영어의 *prefer*의 경우는 부정사 보문절 vP의 지정어 위치에 PRO 대신에 음성적 실체를 갖는 DP도 나타날 수 있음을 보여주고 있는데, (48)의 분석에 의하면 이는 *prefer*가 격을 부여하는 동사가 아닐지라도 이제 부정사절의 보문소 *for*가 격부여자로서 최소탐색에 의해 *John*에게 격을 부여할 수 있기 때문이다. (46b)의 *try*와 (47)의 *prefer* 사이에 나타나는 특성상 차이는 *try*는 의무적 통제동사(obligatory control verb)이나 *prefer*는 선택적 통제동사(optional control verb)라는 것이다. 이를 'T 없는 통사론'의 문법체계 하에서 재해석하면, *try*는 부정사 보문절인 vP만을 보충어로 취하는 동사로 분류되나 *prefer*는 그것의 부정사 보문절로 vP와 CP를 모두 취하는 동사로 분류된다는 것이다.

9.6 맺음말

본장에서는 최근 김용석(2010c, 2010d)에서 Chomsky(2001, 2004, 2005a, 2005b)의 탐침자-목표물 문법체계의 대안으로 시도하고 있는 소위 '칸트주의 문법체계(Kantist framework, 혹은 최강최소주의 문법체계(strong minimalist framework))'의 타당성을 입증하기 위해서, 두 문법체계 간에 선택의 중요한 요인이 되는 '시제범주(tense category) T의 존재에 관한 문제'를 논의하였다. 요컨대, 김용석(2010c, 2010d)에서 위 (1)의 범주설정기준에 기인하는 'T는 존재하지 않는다'라는 위 (2)의 가정을 주장하고 있는 바, 본장에서는 이러한 김용석(2010c, 2010d)의 주장을 입증하기 위하여, 먼저 기존의 탐침자-목표물 문법체계에서 T의 설정으로 인해 발생하는 이론적, 경험적 문제점들을 지적하고, 탐침자-목표물 문법체계 내에서 '3대 불가사의'로 취급되었던 문법현상들 포함하여 이러한 문제점들이 모두 김용석(2010c, 2010d)의 주장을 근간으로 본장에서 구축하고 있는 소위 'T 없는 통사론'의 문법체계 하에서 근원적으로 해소될 수 있음을 보여주고 있다.

본장의 논증과정에서 부수적으로 확인된 또 다른 탐침자-목표물 문법체계의 중요한 비완벽성은 명제의 단위가 되는 vP를 지정어의 유무에 따라 vP와 v*P 두 가지로 양분하고, 또한 통사적 연산의 순환국면을 CP와 v*P로 규정하고 있다는 점인데, 이러한 비완벽성의 문제도 본장에서 구축하고 'T 없는 통사론'의 문법체계 하에서는 자동적으로 해소됨이 확인되었다. 즉, 'T 없는 통사론'의 문법체계 하에서는 CP만이 완전의미단위로서 통사적 연산의 순환국면이 되고, 또한 (5ii)의 논항조건에 따라 모든 vP가 지정어를 갖게 됨으로써 vP와 v*P의 구분이 자동적으로 사라진다.

결과적으로 본장에서는 위 (1)~(5)에서 제시되는 김용석(2010c, 2010d)의 제안을 기초로 'T 없는 통사론'의 문법체계를 구축하고, 그동안 'T의 도입'으로 기존의 탐침자-목표물 문법체계 내에서 매우 예외적이며, 또한 복잡한 구조설정과 연산을 통해서 설명할 수밖에 없었던 다양한 문법적 현상들이 'T 없는 통사론'의 문법체계 하에서는 매우 간단하고 효율적으로 설명될 수 있음을 입증함으로써 'T의 도입'이 자체가 기존의 탐침자-목표물 문법체계에 심각한 비완벽성임이 확인되었다.

참고문헌

강명윤. 1988. Topics in Korean Syntax: Phrase Structure, Variable Binding and Movement. Ph.D. dissertation. MIT.

______. 1990. On Reflexives. 『생성문법연구』 1, 145~170. 한국생성문법학회.

______. 1998. 『촘스키 언어학 사전』. 한신문화사.

______. 2007. 촘스키 언어학의 현상학적 해석. 『생성문법연구』 17.1. 47~68. 한국생성문법학회.

강영세. 1986. Korean Anaphora(I): caki as a Resumptive Pronoun. *Language Research* 22. 215~228. Seoul National University.

김영범. 2009. 『철학 갤러리』. 풀로엮은집.

김영화·김광섭·문귀선·장영준·서정목·박명관·쎄드릭 북스. 2008. 『의문사 의문문의 통사와 의미』. 한국문화사.

김영화·김선웅·문귀선·박명관·장영준·윤항진. 2002. 『허사총론』. 한림과학원 총서 96. 도서출판 소화.

김용석. 1981a. 최근 Chomsky 문법의 흐름에 관한 고찰. 『논문집』 5. 33~49. 한성대학교.

______. 1981b. 피접속요소 이동변형의 몇 가지 문제점에 관하여. 『언어연구』 2.1. 12~27. 경희언어연구소.

______. 1982. 영어의 대명사 현상에 관한 통사적 고찰. 『영어영문학』 28. 667~684. 한국영어영문학회.

______. 1983. Revised *Wh*-movement의 고찰. 『언어연구』 4. 1~19. 경희언어연구소.

______. 1984. 전치사 잔류와 공범주원리. 『언어』 9. 425~445. 한국언어학회.

______. 1985. PRO의 기본요건과 선행사 결속에 관하여. 『논문집』 9. 129~154. 한성대학교.

______. 1986a. *Licensing Conditions on Syntactic Representation*. Ph.D. dissertation. Kyung Hee University.

______. 1986b. 이동규칙의 제약과 의미역이론. 『언어』 11. 25~50. 한국언어학

회.
______. 1986c. PRO의 통제와 결속이론. 『언어연구』 7. 1~28. 경희언어교육연구소.
______. 1986d. On Parasitic Gap Constructions of English. 『논문집』 10. 101~128. 한성대학교.
______. 1987. '자기'의 지시의존에 관하여: 결속이론 대 연결이론, 『언어』 제12권. 319~346. 한국언어학회.
______. 1988a. '자기'의 대용화에 관한 연결 이론적 고찰. 『논문집』 제12집. 223~255. 한성대학교.
______. 1988b. On Multiple *Wh*-constructions in English. *Language Research* 24. 539~563. Seoul National University.
______. 1989. On Syntactic Structure of Topic Constructions in Korean. 『논문집』 13. 1~12. 한성대학교.
______. 1990a. Caki as an Unmarked Anaphor. Orally Presented at the 9th Colloquium, Korean Transformational Generative Grammar Circle.
______. 1990b. 전치사 좌초에 관한 장벽 이론적 접근. 『영어영문학』 36. 373~389. 한국영어영문학회.
______. 1990c. 다중 의문사 구문과 작용역 결속 원리. 『언어』 15. 한국언어학회.
______. 1991. On Topicalization in Korean. *Language Research 10*, Proceedings of the Kyung Hee International Conference on Linguistic Studies, Kyung Hee Univ.
______. 1992a. 『결속 이론: 그 변천과 논리 형태 대용화』. 한신문화사.
______. 1992b. 한국어의 주제화와 관계화에 관한 소고. 공영일교수 화갑 기념 논문집.
______. 1992c. '자기'의 대용화에 관하여. 『생성문법연구』 2.2. 한국생성문법학회.
______. 1993. 『통제이론: PRO/pro의 통제와 한국어의 공대명사 현상』. 한신문화사.
______. 1994a. On Subject: Orientedness of Korean Reflexives. 송곡 양동휘교수 화갑기념논문집.
______. 1994b. 한국어의 공대명사 현상에 관하여. 『생성문법연구』 4.1, 45~84. 한국생성문법학회.
______. 1994c. 재귀사 장거리결속에 관한 자질점검이론적 접근. 『언어연구』

12, 29~51. 경희대학교 언어교육연구원.
______. 1994d. 재귀사 결속의 차단효과에 관하여. 『현대문법연구』 5, 139~182. 현대문법학회.
______. 1995a. 한국어의 영목적어 현상에 관하여. 『언어』 20.3, 1~31. 한국언어학회.
______. 1995b. 한국어의 재귀화에 관한 최소 이론적 접근. ms., 한성대학교.
______. 1995c. 최소주의 결속이론에 관하여. 『논문집』 19. 한성대학교.
______. 1996a. 『대용화 문법론: 그 이론적 동향과 한국어의 제현상』. 한신문화사
______. 1996b. 재귀사 주어지향성에 관한 자질점검이론적 접근. 『생성문법연구』 6.2. 한국생성문법학회.
______. 1996c. 재귀사 자질점검이론의 연구. 『현재문법연구』 8. 현대문법학회.
______. 1996d. 술어재귀화 이론의 고찰. 『논문집』 20. 한성대학교.
______. 1997a. A Minimalist Approach to Some Problems of Long: Distance Anaphora of Reflexives. 1997 LSA 발표논문.
______. 1997b. A Minimalist Approach to *Wh*-Interrogatives in Korean. TEAL 발표논문.
______. 1998a. Some A'-Dependencies in Korean. 『현대문법연구』 12. 현대문법학회.
______. 1998b. A Minimalist Approach to the Subject: Orientation of Reflexives. 『언어연구』 16. 경희언어교육연구소.
______. 1998c. A DP-Analysis of Reflexives. 『논문집』 22. 한성대학교.
______. 1999a. 『최소주의 재귀사문법』. 한국문화사.
______. 1999b. 한국어 핵재귀사와 그 차단효과에 관하여. 『논문집』 23. 한성대학교.
______. 1999c. 장거리 재귀사 이론의 고찰. 『민족문화』 10. 한성대학교 민족문화연구소.
______. 1999d. Syntax of *Wh*-Interrogatives: A Minimalist Perspective. 『현대문법연구』 16. 39~88. 현대문법학회.
______. 1999e. Blocking Effect of Reflexives: A Minimalist Perspective. 『이승환교수 정년기념 논문집』, 52~77.
______. 1999f. On the Long-Distance Anaphora of Reflexives: A Minimalist Perspective. 『이홍배교수 화갑기념 논문집』. 145~187. 한신문화사.

______. 2000a. 『생성문법론』. 경진문화사.
______. 2000b. 핵재귀사의 내면구조: 최소주의적 관점. 『현대문법연구』 19. 현대문법학회.
______. 2000c. 『GB 통사론과 영어의 문장구조』. 경진문화사.
______. 2000d. 보편문법의 조명. 『민족문화』 11. 한성대학교 민족문화연구소.
______. 2000e. 자질삼투이론의 고찰. 『논문집』 24. 한성대학교.
______. 2001. 『변형과 제약』. 경진문화사.
______. 2002. *The A/A-Bar Dependencies in Korean: The Minimalist Approach*. 경진문화사.
______. 2003. 『변형생성 영어 언어학』. 경진문화사.
______. 2004a. 『지시의존 문법론』. 경진문화사.
______. 2004b. 전치사 좌초현상에 관하여. 『영어학연구』 17. 한국영어학학회.
______. 2004c. 『영어의 통사구조와 생성문법』. 경진문화사.
______. 2004d. Cyclicity and Multiple Spell-Out. 제6회 학국변형생성문법학술대회 발표논문집. 한국생성문법학회.
______. 2004e. there-허사 구문의 도출에 관하여: 탐침자-목표물 문법이론적 조명. 『한성논문집』 28. 한성대학교.
______. 2005a. 인상 구문과 예외격표시 구문에 관하여: 탐침자-목표물 문법이론적 분석. 『한성인문학』 3. 한성대학교 인문과학연구원.
______. 2005b. 이동현상에 관한 최강최소주의적 고찰. 『한성논문집』 29. 한성대학교.
______. 2005c. 최소주의문법이론의 변천에 관한 모형: 분석적 고찰. 『현대문법연구』 41. 현대문법학회.
______. 2005d. 영어의 의사수동태 구문에 관하여: 탐침자-목표물 문법이론적 분석. 제7회 한국변형생성문법학술대회 발표논문집. 한국생성문법학회.
______. 2006a. 최소주의문법이론의 근원: 생물언어학적 견해와 최강최소주의 언어학. 『한성인문학』 4. 한성대학교 인문과학연구원.
______. 2006b. Multiple Spell-Out에 관한 모든 것. 『Chomsky 2005 이후』. 한국문화사(한국생성문법학회 편).
______. 2006c. A Probe-Goal Approach to the EPP-Effect of Wh-Interrogatives in English and Korean. 『현대문법연구』 46. 현대문법학회.
______. 2006d. 영어의 섬효과에 관한 탐침자: 목표물 이론적 접근. 『현대영미어

문학』 24.4. 현대영미어문학회.
______. 2006e. 영어의 부가구조에 관한 탐침자: 목표물 이론적 접근.『논문집』 30. 한성대학교.
______. 2006f.『최소주의 언어학의 이해』. 한성대학교 출판부.
______. 2007a.『최소주의 언어학의 탐구』. 한성대학교 출판부.
______. 2007b. 도출의 순환성과 자유병합.『한성인문학』 5. 한성대학교 인문과학연구원.
______. 2007c.『현대 영어통사론』. 경진문화사.
______. 2007d. 영어의 전치사 좌초현상에 관하여.『논문집』 31. 한성대학교.
______. 2008a.『사이버강의: 영어의 구조와 문법』. 한성대학교 출판부.
______. 2008b. 영어 허사 구문의 도출과 그 문제점에 관하여.『한성인문학』 6. 한성대학교 인문과학연구원.
______. 2008c.『사이버강의: 영어 언어학의 이해』. 한성대학교 출판부.
______. 2008d. 강력 최소주의 이론의 고찰.『논문집』 32. 한성대학교.
______. 2009a. 영어의 전치사 수동태에 관하여,『현대영미어문학』 27.1. 현대영미어문학회.
______. 2009b. v*P, 과연 국면인가?,『영어학연구』 27. 한국영어학학회.
______. 2010a.『영어의 통사구조 연구: 보편문법적 접근』. 한성대학교 출판부.
______. 2010b. that-절의 섬효과에 관한 최소주의적 접근,『현대영미어문학』 28.4. 현대영미어문학회.
______. 2010c. 언어의 실체에 관한 새로운 도전: 강력 최소주의 이론,『현대문법연구』 62. 현대문법학회.
______. 2010d. '칸트주의 언어학'의 모색.『생성문법과 인접학문』. 2010 추계 한국생성문법학회/한국중원언어학회 공동학술대회 발표논문집.
______. 2011a. T, 과연 존재하는가?. 2011 봄 한국언어학회/한국현대언어학회 공동학술대회 발표논문집.
______. 2011b.『영어구문의 이론과 실제』. 글로벌콘텐츠.
김용석·문귀선. 2003.『변형문법의 이해』(번역); (원저) Jamal Ouhalla(1999), Introducing Transformational Grammr: From Priciples and Parameters to Minimalism. 한신문화사.
김용석·박승혁·윤종열·한학성. 1995. *Minimalist Approach to Syntax and Morphology*. 편저. 한국문화사.
김용석·안희돈·강명윤·이숙희. 1996. *Morpho-Syntax in Transformational*

Generative Grammar. 편저. 한국문화사.
김용석·양동휘·이홍배·임영재. 1991. 『지배-결속 이론의 기초』. 한신문화사.
김용석·이정민·배영남. 2000. 『언어학사전』. 박영사.
문귀선. 1989. The Syntax of Null Arguments with Special Reference to Korean. Doctoral dissertation. The University of Texas.
______. 1991. Identification of null arguments. 『생성문법연구』 2.1. 187~218. 한국생성문법학회.
______. 1992. Principle A of the Binding Theory and the Korean Anaphor *Caki*, 『인제논총』 8.1. 인제대학교.
박명관. 2007. RNR in Korean as Right: Edge Coordination. 『생성문법연구』 17.1. 85~97. 한국생성문법학회.
박승혁. 1986. Parametrizing the Theory of Binding: the Implication of *Caki* in Korean. *Language Research* 22. 229~253. Seoul National University.
______. 1997. 『최소주의 문법론』. 한국문화사.
______. 2003. Chomsky의 "언어"와 "문법", 그리고 언어교육. 영어학특강 발표자료. 한성대학교.
박연미·김양순. 1995. 『영어통사론강의』. 형설출판사.
배영남·이정민·김용석. 2000. 『언어학사전』. 박영사.
서수현. 1991. The Theory of Agreement for English Anaphora. Ph.D. dissertation. Seoul National University.
심양희. 1990. 비논항 결속. 『생성문법연구』 제1호. 한국생성문법학회.
서동익. 1976. 『칸트』(편집). 세계의 대사상 6. 철문출판사.
심양희. 1990. 비논항 결속. 『생성문법연구』 제1호. 한국생성문법학회.
안성호. 1989. Korean Reciprocals and LF-movement. The Logical Form of Anaphora. The Linguistic Society of Korea.
안희돈·김용석·강명윤·이숙희. 1996. *Morpho-Syntax in Transformational Generative Grammar*. 편저. 한국문화사.
양동휘. 1983. The Extended Binding Theory of Anaphora. Language Research 19.
______. 1984. 확대 통제이론. 『어학 연구』 20.1. 서울대학교 어학연구소.
______. 1985. On the Integrity of Control Theory. *NELS* 15. 389~408.
______. 1988. 『한국어의 대용화』. 한국연구양서 제58집. 한국연구원.
______. 1989. On Anaphor Movement. *NELS* 19, 435~452.
______. 1990. 대용화의 논리 형태. 『성곡논총』 제21집. 719~760.

______. 1991. Korean Anaphora and Universal Grammar. ms. Seoul National University.

______. 1996. 『최소이론의 전망』. 한국문화사.

______. 2010a. The Determinism Fallacy: Ambiguity of Interpretive Effects. Presented at the 2010 Seoul International Conference on Linguistics on June 24, 2010.

______. 2010b. "On the Notions of Feature Inheritance". Presented at the Joint Meeting of the Korean Generative Circle and the Joongwon Linguistic Society of Korea on Movember 6, 2010.

양현권. 1991. Zero Pronouns and the Speaker's Point of View. *Texas Linguistic Forum 32: Discourse*. The University of Texas.

윤종열·김용석·박승혁·한학성. 1995. *Minimalist Approach to Syntax and Morphology*. 편저. 한국문화사.

이광호. 2007. 영어의 존재구문의 부정극어 및 결속/통제 현상에 관한 최소주의적 연구. 『생성문법연구』 17.1. 69~84. 한국생성문법학회.

이두원. 2007. Accusative-marked Indirect Objects with Ownership. 『생성문법연구』 17.1. 1~22. 한국생성문법학회.

이은지. 1994. Locality of Anaphoric Dependence and SUBJECT. 『생성문법연구』 4.2, 357~370. 한국생성문법학회.

이익환. 1978. Pronominal anaphora in Korean. 어학연구 14.1.

이정민. 1973. *Abstract Syntax and Korean with Reference to English*. 범문사.

______. 1988. "Issues in Korean Anaphora." ICKL, 339~358.

이홍배. 1976. Notes on pronouns, reflexives and pronominalization. Language Research 12.2. Seoul National University.

______. 1987. On empty categories in Korean. 『언어』 12.2.

임영재·김용석·양동휘·이홍배. 1991. 『지배-결속 이론의 기초』. 한신문화사.

임홍빈. 1987a. 『국어의 재귀사 연구』. 신구문화사.

______. 1987b. 국어의 대용사 및 대명사 해석의 문제점. 한국언어학회 여름연구회 주제발표 논문.

장석진. 1986. 조응의 담화 기능. 한글 194.

장영준. 1999. 『촘스키, 끝없는 도전』. 도서출판 그린비.

조숙환. 1991. Null Subjects in Complements and Adjuncts in Korean. ms. Sogang University.

채준기, 박영수. 1982. 『영어언어학』. 형설출판사.
철문출판사 전집. 1961. 『세계의 대사상』. 1~35권. 철문출판사.
최기용. 2006. 『Chomsky 2005 이후』(편집). 한국문화사(한국생성문법학회 편).
최재웅. 1987a. LF and Pied-Piping. *Linguistic Inquiry* 18. 348~353.
______. 1987b. Anti-quantifiers and a Theory of Distributivity. Ph.D. dissertation. University of Massachusetts. Amherst.
홍성심. 1986. Some Constraints on Pronominal Binding. Linguistic Journal of Korea. 11.1. The Linguistic Society of Korea.
Abney, S. 1986. Functional elements and licensing. presented at GLOW
________. 1987. *The English Noun Phrase in Its Sentential Noun Phrase*. Ph.D. dissertation, MIT.
Akmajian, A. and F. W. Harry. 1975. *An Introduction to the Principles of Transformational Syntax*. MIT Press. Cambridge, Mass.
Aoun, J. 1981. "ECP, Move-α, and Subjacency", *Linguistic Inquiry* 12.4.
_______. 1982. The Formal Nature of Anaphoric Relations. Ph.D. dissertation. MIT.
_______. 1985. *A Grammar of Anaphora*. Cambridge: MIT Press.
_______. 1986. *Generalized Binding Theory: The Syntax and Logical From of Wh-interrogatives*, Foris, Dordrecht.
Aoun, J. and D. Sportiche. 1983, On the Formal Theory of Government. *The Linguistic Review* 2. 211~236.
Aoun, J. and Y.A. Li. 1989. Constituency and Scope. *Linguistic Inquiry* 20. 141~172.
Aoun, J., N. Hornstein and D. Sportiche. 1981. Some aspects of wide scope quantification. Journal of Linguistic Research 1. 69~95.
Authier, J.-M.P. 1988. Null Object Constructions in KiNande, *Natural Language and Linguistic Theory* 6. 19~38.
Baker, M. 1985. Incorporation: A Theory of Grammatical Function Changing. Ph.D. dissertation. MIT.
________. 1988. *Incorporation: A Theory of Grammatical Function Changing*, University of Chicago Press, Chicago.
Baker, M and K. Hale. 1990. Relativized Minimality and Pronoun Incorporation. *Linguistc Inquiry* 21, 289~297.
Baltin, Mark R. 1982. A Landing Site Theory of Movement Rules. *Lingustic Inquiry*

13. 1~38.
Battistella, E. 1987. Chinese reflexivization. ms. University of Alabama at Birmingham.
Bayer, J. 1983. COMP in Bavarian Syntax. *The Linguistic Review* 3. 209~274.
________. 1984. Towards an Explanation of Certain *That-t* Phenomena: the COMP-node in Barbarian. De Geest, W. and Putseys, Y. (eds.) *Sentential Complementation*. 23~32.
Belletti, A and L. Rizzi. 1988. Psych verbs and θ-theory. *Natural Language & Linguistic Theory* 6. 291~352
Belletti, A. 2004. (ed.) *Structures and Beyond—The Cartography of Syntactic Structure*, Vol 3. Oxford.
Berko, J. 1958. The Child's Learning of English Morphology. *Word*. 150~177.
Bickerton, D. 1987. He Himself: Anaphor, Pronoun, Or…? *Linguistic Inquiry* 18: 345~348.
Borer, H. 1984. *Parametric Syntax*. Foris, Dordrecht.
________. 1989. Anaphoric AGR. The Null Subject Parameter. ed. by O. aeggli and K. J. Safir. SNLLT.
Borsley, Robert D. 1983, A Note on Preposition Stranding. *Linguistic Inquiry* 14.2.
Bouchard, D. 1984. On the Content of Empty Categories. Dordrecht: Foris.
__________. 1985. PRO, pronominal or anaphor. Linguistic Inquiry 16. 71~477.
Bresnan, J. 1982, The Passive in Lexical Theory. in J. Bresnan, ed., *The Mental representation of Grammatical Relation*. MIT
Broadwell, G. 1988. Reflexive movement in Choctaw. *NELS* 18.
Browning, M. 1987. Null Operator constructions. Ph.D. dissertation. MIT.
Burzio, L. 1986. *Italian Syntax*. Reidel, Dordrecht.
Campos, H. 1986. Indefinite Object Drop. *Linguistic Inquiry* 17. 354~359.
Chomsky, N. 1955. The Logical Structure of Linguistic Theory. ms.
__________. 1957. *Syntactic Structures*. Mouton, The Hague.
__________. 1964. *Current Issues in Linguistic Theory*. Mouton, The Hague.
__________. 1965. *Aspects of the Theory of Syntax*. MIT Press. Cambridge, Mass.
__________. 1966. *Cartesian Linguistics: A Chapter in the History of Rationalist Thought*. Harper. New York.
__________. 1968. *Language and Mind*. Harcourt Brace Jovanovich, New York.

__________. 1970. Remarks on Nominalization. in R. T. Jacobs and P. S. Rosenbaum. (eds.) *English Transformational Grammar*. pp. 184~221.

__________. 1972. *Studies in Semantics in Transformational Generative Grammar*. Mouton, The Hague.

__________. 1973. Conditions on Transformations. in S. R. Anderson and P. Kiparsky. (eds.) A Festschirift for Marris Halle. Holt, Rinehart and Winston, New York. pp. 232~286.

__________. 1975. *The Logical Structure of Linguistic Theory*. Plenum, New York.

__________. 1976. *Reflections on Language*. Fontana, London.

__________. 1977a. Essays on Form and Interpretation. New York: North Holland.

__________. 1977b. On *Wh*-movement. in P. W. Culicover. (eds.) *Formal Syntax*. pp. 71~132.

__________. 1980. On Binding. *Linguistic Inquiry* 11. pp. 1~46.

__________. 1981. *Lectures on Government and Binding*, Foris, Dordrecht.

__________. 1982. *Some Concepts and Consequences of the Theory of Government and Binding*. MIT Press. Cambridge, Mass.

__________. 1986a. *Knowledge of Language: Its Nature, Origin, and Use*, Praeger, New York.

__________. 1986b. *Barriers*, MIT Press, Cambridge, Massachusetts.

__________. 1991. Some Notes on Economy of Derivation and Representation. *Principles and Parameters in Comparative Grammar*. eds. by Robert Freidin. The MIT Press. Cambridge, Mass.

__________. 1993. A Minimalist Program for Linguistic Theory. *The View from Building* 20. ed. by K. Hale and S. J. Keyser. Cambridge, MA: MIT Press.

__________. 1994. Bare Phrase Structure, ms., MIT Occasional Papers in Linguistics, No 5.

__________. 1995. *The Minimalist Program*, Cambridge, MA: MIT Press.

__________. 1996. Some Observations on Economy in Transformational Generative Grammar, ms. MIT.

__________. 1997. Language and Mind: Current Thoughts on Ancient Problems. ms. MIT.

__________. 1998. Minimalist Inquiries: the Framework. MIT Occasional Papers in Linguistics, No 15. MIT. (Also published in R. Martin, D. Michaels and J. Uriagereka (ed.). 2000. *Step by Step: Essays on Minimalism in Honor of Howard Lasnik*. MIT Press. pp. 98~155.)

__________. 1999. Derivation by Phase.

__________. 2001. Derivation by Phase. In M. Kenstowicz (ed.). *Ken Hale: A Life in Language*. MIT Press. 1~52. (Also published in MIT Occasional Papers in Linguistics No. 18. 1999.)

__________. 2004. Beyond Explanatory Adequacy. In A. Belletti(2004. ed.).

__________. 2005a. Three Factors in the Design of Language. Linguistic Inquiry 36. 1~22. (Expanded from talk at 2004 LSA conference.)

__________. 2005b. On Phases. ms. MIT.

__________. 2006. Approaching UG from below. ms. MIT.

Chomsky, N. and H. Lasnik. 1991. *Principles and Parameters Theory*, ms., MIT.

______________________. 1993. The Theory of Principles and Parameters. In J. Jacobs, A. von Stechow, W. Sternefeld, and T. Vennemann, eds., *Syntax: An International Handbook of Contemporary Research*. Berlin: de Gruyter.

Chung, S. 1984. Identifiability and Null Objects in Chmorro. In C.Brugman and M. Macaulay. eds. *Proceedings of the Tenth Annual Meeting*. BLS.

Cole, P. 1987. Null Objects in Universal Grammar. *Linguistic Inquiry* 18. 597~612.

Cole, P and C. Wang. 1996 Antecedents and Blockers of Long-Distance Reflexive: The Case of Chinese *Ziji*. *Linguistic Inquiry* 27.

Cole, P. and L.-M. Sung. 1994. Head Movement and Long-Distance Reflexives. *Linguistic Inquiry* 25.

Cole, P., G. Hermon and L.-M. Sung. 1990. Principles and Parameters of Long Distance Reflexives, *Linguistic Inquiry* 21.

Collins, C. 1997. *Local Economy*. Linguistic Inquiry Monograph 29. The MIT Press.

Contreras, H. 1984. A Note on Parasitic Gaps. *Linguistic Inquiry* 15.

__________. 1989. A Unified Account of Null Operator Structures. ms. MIT.

Darwin, C. 1872. *The Origin of Species*. (6th ed.) Modern Library. New York.

Emonds, J. 1970. Root and Structure-preserving Transformations. ms. Indiana University.

_________. 1976. *A Transformational Approach to Syntax*. Academic Press. New York.

Engdahl, E. 1981. "Parasitic Gaps". Paper presented at the University of Massachusetts, Amherst, January 1981, at Sloan Workshop on Processing of Unbounded Dependencies. (also published in Linguistics and Philosophy 6. 5~34.)

Evans, G. 1980. Pronouns. *Linguistic Inquiry* 11. 337~362.

Everaert, M. and E. Anagnostopoulou. 1966. Thematic Hierarchies and Binding Theory: Evidence from Greek. Paper presented at Internet Conference of Linguistics.

Evers, A. 1975. *The Transformational Cycle in Dutch and German*. Indiana University Linguistic Club. Bloomington.

Fillmore, C. J. 1963. The Position of Embedding Transformations in a Grammar. *Word* 19. 208~231.

Fodor, J. A. 1978. Parsing Strategies and Constraints on Transformations. *Linguistic Inquiry* 9. 427~473.

Fodor, J. A. and J. J. Katz. 1964. The Structure of Language: Readings in the Philosophy of Language. Englewood Cliff. Prentice-Hall, N.J.

Frampton, J. 1995. Expletive Insertion. *Proceedings of the Berlin Workshop on the Role of Economy Principles in Linguistic Theory*. Springer-Verlag.

Fries, Charles C. 1952. *The Structure of English*. Harcourt. New York.

Fukui, N. 1986. A Theory of Category Projection and Its Application. Ph.D. dissertation. MIT.

Giorgi, A. 1984. Toward a Theory of Long Distance Anaphora: a GB approach. *The Linguistic Review* 3.

Grodzinsky, Y and L. Finkel. 1998. The Neurology of Empty Categories: Aphasics' Failure to Detect Ungrammaticality. *Journal of Cognitive Neuoscience* 10.2.

Haegeman, L. 1983. *Die and dat in West-Flemixh Relative Clauses. Linguistics in the Netherlands*. 83~91.

____________. 1993. *Introduction to Government and Binding Theory*. 2nd edition. Blackwell. Oxford.

Haïk, I. 1984. Indirect Binding. *Linguistic Inquiry* 15. 185~223.

Hale, K. 1987. Incorporation and the Irish Syntactic Verb Froms. ms. MIT.

Hale, K and S. J. Keyser. 1991. On the Syntax of Argument Structure. *Lexicon Project Working Papers* 7. Center for Cognitive Science, MIT.

__________________. 2003. On Argument Structure and the Lexical Expression of Semantic Relations. *The View from Building* 20. ed. by K. Hale and S. J. Keyser. Cambridge, MA: MIT Press.

Harman, G. 1974. *On Noam Chomsky: Critical Essays*. (eds.) Anchor Press. New York.

Hasegawa, N. 1984/85. "On the So-called "Zero Pronouns" in Japanese", *The Linguistic Review* 4. 289~341.

Heim, I., H. Lasnik and R. May. 1988. Reciprocity and plurality. Essays on Logical Form. ed. by R. May.

Higginbotham, J. 1983. Logical Form, Binding, and Nominals. *Linguistic Inquiry* 14.3.

Hiraiwa, K. 2005. Dimension of Symmetry in Syntax: Some Remarks on the Evolution of Linguistic Theoy. Ph.D dissertation. MIT.

Holmberg, A. 1986. Word Order and Syntactic Features in the Scandinavian Languages and English. Ph.D dissertation. University of Stockholm.

Hornstein, N. and A. Weinberg. 1981. "Case Theory and Preposition Stranding", *Linguistic Inquiry* 12.1.

Hornstein, N. and D. Lightfoot. 1984. Rethinking predication. ms. University of Janeland.

Hornstein, N. and D. Sportiche. 1984. Some Aspects of Wide Scope Quantification. ms, MIT.

Huang, C.-T. J. 1981. Move *Wh* in a Language without *Wh*-movement. *The Linguistic Review* 1.

______________. 1982. *Logical Relations in Chinese and the Theory of Grammar*, Doctoral dissertation, MIT.

______________. 1983. A Note on the Binding Theory. *Linguistic Inquiry* 14. 554~561.

______________. 1984. On the Distribution and Reference of Empty Pronouns, *Linguistic Inquiry* 15. 531~574.

______________. 1987. Remarks on Empty Categories in Chinese. *Linguistic Inquiry* 18. 321~337.

______________. 1989. Pro-Drop in Chinese: A General Control Theory, *The Null Subject Parameter*, ed. by O. Jaeggli and K. J. Safir, SNLLT.

______________. 1991. Remarks on the Status of the Null Object. *Principles and Parameters in Comparative Grammar*. ed. by Robert Freidin. The MIT Press.

Huang, C.-T. J. and J. Tang. 1989. The Logical Nature of the Long-distance Reflexive in Chinese, *NELS* 19.

Iatridou, S. 1988. Clitics, Anaphors and a Problem of Coindexation. *Linguistic Inquiry* 19. 698~703.

Jackendoff, R. S. 1977. *X-bar Syntax: A Study of Phrase Structure*. MIT Press. Cambridge, Mass.

Jaeggli, O. 1982. *Topics in Romance Syntax*. Dordrecht: Foris.

Jaeggli, O. and K.J. Safir. 1989. The null subject parameters and parametric theory. The Null Subject Parameter. ed. by O. Jaeggli and K. J. Safir. SNLLT.

Jonas, D. 1994. Clause Structure Expletives and Verb Movement. ms. Harvard University.

Kant, I. 1924. *Kritik der Urteilskraft*. Herausgegeben von Karl Vorländer(*Der Philosophische Bibliothek Band* 39).

Katada, F. 1989. What Can Long-Distance Anaphora Say about Operator Systems in Syntax? NELS 19. 249~263.

Katalin, É Kiss. 1991. The Primacy Condition of Anaphora and Pronominal Variable Binding. In Koster & Reuland 1991. 245~263.

Katz, J. J. and J. A. Fodor. 1963. "The Structure of a Semantic Theory". reprinted in Fodor and Katz. 1964.

Katz, J. J. and P. M. Postal. 1964. *An Integrated Theory of Linguistic Descriptions*. MIT Press. Cambridge, Mass.

Kayne, R. 1981a. De certains différences entre le francais et l'anglais. *Language* 60, 47~64.

________. 1981b. ECP Extensions. *Linguistic Inquiry* 12.1.

________. 1983. Connectedness. *Linguistic Inquiry* 14.2. 223~249.

________. 1984a. *Connectedness and Binary Branching*, SGG 16, Foris, Dordrecht.

________. 1994b. *The Antisymmetry of Syntax*. MIT Press. Cambridge, Mass.

Keyser, S. J. 1993. On Argument Structure and the Lexical Expression of Syntactic Relations. In K. Hale and S. J. Keyser (eds) T*he View from Building 20: Essays in Linguistics in Honor of Sylvain Bromberger*. MIT Press.

Cambridge, Mass.

Keyser, S. J. and T. Roeper. 1984. On the Middle and Ergative Constructions in English. *Linguistic Inquiry* 15, 381~416.

Koopman, H. and D. Sportiche. 1981. variables and the bijection principle. *The Linguistic Review* 2. 135~170.

Kuno, S. 1987. *Funtional Syntax: Anaphora, Discourse and Empathy*. Chicago: University of Chicago Press.

Larson, R. 1988. On the Double Object Construction. *Linguistic Inquiry* 19. 335~391.

Lasnik, H. 1976. Remarks on Coreference. *Linguistic Analysis* 12, 1~23.

________. 1986. Topics on Government-Binding Theory. ms. University of Connecticut.

________. 1991. "On the necessity of binding conditions. Principles and Parameters in Comparative Grammar." ed. by Robert Freidin. The MIT Press.

________. 1992. Case and Expletives: notes toward a parametric account. *Linguistic Inquiry* 23.2.

________. 1993. Lectures on Minimalist Syntax. Presented at SICOGG '93. Organized by Korean Transformational Generative Grammar Circle.

________. 1995a. Case and Expletives Revised: on Greed and other human failings. *Linguistic Inquiry* 27.3.

________. 1995b. Lectures on Minimalist Syntax. *Minimalist Approaches to Syntax and Morphology*. Korean Transformational Generative Grammar Circle.

________. 1999. *Minimalist Analysis*. MIT Press.

Lasnik, H. and J. Uriagereka. 1988. A Course in GB Syntax: Lectures on Binding and Empty Categories. Cambridge, MA: MIT Press.

Lasnik, H. and M. Saito. 1984. On the Nature of Proper Government. *Linguistic Inquiry* 15.2.

Lebeaux, D. 1983. A Distributional Difference between Reciprocals and Reflexives. *Linguistic Inquiry* 14.4.

________. 1988. Language Acquisition and the Form of the Grammar. Ph.D. dissertation. University of Massachusetts. Amherst.

Lenneberg, Eric. 1967. *Biological Foundations of Language*.

Longobardi, G. 1984a. Connectedness, Scope and C-Command. presented in

GLOW, PISA.

____________. 1984b. Reference and Proper Names: A Theory of N-Movement in Syntax and Logical Form. *Linguistic Inquiry* 25. 609~665.

Manzini, M. R. 1983. On control and control theory. *Linguistic Inquiry* 14. 421~446.

Marantz, A. 1981. *On the Nature of Grammatical Relations*. Ph.D. dissertation. MIT

__________. 1984. *On the Nature of Grammatical Relations*. Cambridge, MA: MIT Press.

May, R. 1977. The Grammar of Quantification. Ph.D. dissertation. MIT.

_______. 1985. *Logical Form: Its Structure and Derivation*. MA: MIT Press.

McCloskey, J. 1979. *Transformational Syntax and Model Theoretic Semantics*. Reidel Dordrecht.

McCloskey, J. and K. Hale. 1984. On the syntax of person-number inflection in modern Irish. Natural Language and Linguistic Theory 1. 487~534.

Miller, G. A., E. Galanter and K. H. Pribram. 1960. Plans and the Structure of Behavior. Holt, Rinehart, & Winston, New York.

Milsark, G. 1974. Existential Sentences in English. Doctoral dissertation. MIT.

Montalbetti, M. 1984. After Binding. Ph.D. dissertation. MIT.

Moon, G.-S. 1998. Expletives and Case-feature Checking. *Korean Journal of Linguistics* 24.4.

___________. 2000. Agreement in English Existential Constructions. *The Journal of English Language and Literature* 64.4.

Newmeyer F. J. 1980. *Linguistic Theory in America: The First Quarter-Century of Transformational Generative Grammar*. Academic Press. New York.

Ouhalla, Jamal. 1999. *Introducing Transformational Grammar from principles and parameters to Minimalism*. Oxford University Press.

Perlmutter, D. M. 1971. Deep and Surface Structure Constraints in Syntax (Constraints). New York: Holt, Rinehart & Winston.

_______________. 1978. Impersonal Passives and the Unaccusative Hypothesis. In *Proceedings of the Fourth Annual Meeting of the Berkerly Linguistics Society*. Berkeley Linguistic Society, University of California, Berkeley.

Pesetsky, D. 1982. Paths and Categories. Ph.D. dissertation. MIT.

_________. 1984. *Wh*-in-situ: movement and unselective binding. ms.

_________. 1987. *Wh*-in-situ: movement and unselective binding. in The Representation of(In)definiteness. Cambridge, MA: MIT Press.

Pica, P. 1987. On the Nature of the Reflexivization Cycle, *NELS* 17, 483~499.

Pollard, C and I. Sag. 1992. Anaphors in English and the Scope of the Binding Theory. *Linguistic Inquiry* 23. 261~305.

Pollock, J.-Y. 1989. Verb Movement, Universal Grammar, and the Structure of IP. *Linguistic Inquiry* 20. 365~424.

Postal, P. 1986. On So-called 'Pronouns' in English, in D. Reibel and S. Schane, eds., *Modern Studies in English*, Prentice-Hall, Englewood Cliffs, New Jersey.

Progovac, L. 1993. Long Distance Reflexives: Movement-to-Infl versus Relativized SUBJECT. *Linguistic Inquiry* 24. 755~772.

Radford, A. 1988. *Transformational Grammar*. Cambridge University Press. New York

Raposo, E. 1986. The Null Object in European Portuguese. *Studies in Romance Linguistics*. ed. by O. Jaeggli and C. Silva-Corvalan. 373~390. Dordrecht: Foris.

Read, C and V. Chou Hare. 1979. Children's Interpretation of Reflexive Pronouns in English. In *Studies in First and Second Language Acquisition*, ed. Fred R. Eclman and Ashley J. Hastings. 98~116. Rowley, Mass.: Newbury House.

Reinhart, T. 1976. The Syntactic Domain of Anaphora. Ph.D. dissertation. MIT.

_________. 1987. Specifier and Operator Binding. *Representation of(In)definiteness*. Cambridge, MA: MIT Press.

Reinhart, T. and E. Reuland. 1993. Reflexivity. *Linguistic Inquiry* 24. 657~720.

Reuland, E. 1983. Government and the Search for AUXES. in Heny and Richards 1983. 99~168.

Riemsdijk, H. van and E. Williams. 1986. Introduction to the Theory of Grammar. The MIT Press. Massachusetts: Cambridge.

Rizzi, L. 1986. Null Objects in Italian and the Theory of pro. *Lingistic Inquiry* 17. 501~557.

______. 1987. Relativzed Minimality. ms. Université de Genève & University of

Stanford.
______. 1990. *Relativized Minimality*, Linguistic Inquiry Monograph 16, MIT Press, Cambridge, Massachusetts.

Rizzi, L. and A. Belletti. 1988. Psych-verbs and θ-theory. Natural Language and Linguistic Theory 6. 291~351.

Ross, J. R. 1967. Constraints on Variables in Syntax. Ph.D. dissertation. MIT.

Rothstein, S. 1983. The Syntactic Form of Predication. Ph.D. dissertation. MIT.

Rouveret, A. and J.-R. Vergnaud. 1980, "Specifying reference to the Subject", *Linguistic Inquiry* 11.1

Rutten, J. 1991. Infinitival Complements and AUXiliaries.(Amsterdam Studies in Transformational Generative Grammar 4). University of Amsterdam.

Ruzicka, R. 1983. Remarks on Control. *Linguistic Inquiry* 14. 309~324.

Safir, K. 1982. Syntactic Chains and Definiteness Effect. Ph.D. dissertation. MIT.

______. 1984. Multiple Variable Binding. *Linguistic Inquiry* 15. 603~638.

Saito, M. and H. Hoji. 1983. Weak Crossover and Move-α in Japanese. *Natural Language and Linguistic Theory* 1. 245~259.

Saussure, F. 1916. *Cours de Linguistique Générale*. (ed.) C. Bally and A. Sechehaye. Paris.

Searle, J. 1974. Chomsky's Revolution in Linguistics. in *On Noam Chomsky: Critical Essays*. (eds.) Harman, G. 1974. Anchor Press. New York.

Siegel, D. 1984. Topics in English Morphology. Ph.D. dissertation. MIT.

Soames, S and D. M. Perlmutter. 1979. Syntactic Argumentation and the Structure of English. UC Press. Berkeley.

Speas, M. 1986. Adjunction and Projection in Syntax. Ph.D. dissertation. MIT.

Stowell, T. 1981. Origins of Phrase Structure. Ph.D. dissertation. MIT.

______. 1983. Subjects across Categories. *The Linguistic Review* 2. 285~312.

Sung, L.-M. 1990. Universals of Reflexives. Ph.D. dissertation. MIT.

Svenonius, P. 2003. On the Edge. ms. Tromso.

Taraldsen, T. 1981. The Theoretical Interpretation of a Class of Marked Extractions. in A. Belletti, L. Brandi and L. Rizzi. eds. *Theory of Markedness in Transformational Generative Grammar*. (Proceedings of the 1979 GLOW conference.) Scuola Normale Superiore. Pisa.

Tatersall, I. 1998. *The Origin of Human Capacity*. American Museum of National

History. New York.
Torrego, E. 1981. Spanish as a Pro-Drop Language. ms. University of Massachusetts. Boston.
________. 1985. On Empty Categories in Nominals. ms. University of Massachusetts. Boston.
Travis, L. 1984. Parameters and the Effects of Word Order Variation. Ph.D. dissertation. MIT.
Wallace, A. R. 1989. *Darwinism*. MacMillan and Co.
Williams, E. S. 1980. Predication. *Linguistic Inquiry* 11. 203~238.
________. 1989. The Anaphoric Nature of θ-roles. *Linguistic Inquiry* 20. 425~456.
Xu, L. 1986. Free Empty Category. *Linguistic Inquiry* 17. 75~93.
Yoon, J. 1988. Single and Compound Reflexives in Korean, ms. University of Illinois, Urbana.

찾아보기

[ㄱ]

[ㄴ]

[ㄷ]

[ㅁ]

[ㅂ]

[ㅅ]

[ㅇ]

[ㅈ]

[ㅊ]

[기타]

지은이 김용석

육군사관학교 영어과 교수
미국 캘리포니아대학교(어바인) 객원교수
미국 하와이대학교 교환교수
한성대학교 학생처장/교무처장/인문대학장
한국생성문법학회 편집위원장/회장
현대문법학회 경인지역회장
현대영미어문학회 부회장
서울대교구 돈암동 성당 총회장
박사학위논문심사위원: 서울대학교, 서강대학교, 이화여자대학교,
한국외국어대학교, 전남대학교, 원광대학교, 청주대학교 등 역임.

현재: 문학박사/한성대학교 영어영문학부 교수
　　　한국생성문법학회 자문위원

著書:

Licensing Conditions on Syntactic Representation, 1986.
『지배-결속 이론의 기초』(공저), 1991.
『결속이론』, 1992.
『통제이론』, 1993.
『대용화 문법론』, 1995.
Minimalist Approach to Syntax and Morphology (공편), 1995.
Morpho-Syntax in Transformational Generative Grammar (공편), 1996.
『최소주의재귀사문법』, 1999.
『생성문법론』, 2000.
『GB 통사론과 영어의 문장구조』, 2000.
『언어학사전』(공저), 2000.
『변형과 제약』, 2001.
The A/A-Bar Dependencies in Korean: A Minimalist Approach, 2002.
『변형문법의 이해』(공역), 2003.
『변형생성 영어언어학』, 2003.
『지시의존 문법론』, 2004.
『영어의 통사구조와 생성문법』, 2004.
『최소주의문법의 이해』, 2006.
『최소주의문법의 탐구』, 2007.
『변형생성 영어통사론』, 2007.
『영어의 구조와 문법』, 2008.
『영어 언어학의 이해』, 2008.
『영어의 통사구조 연구』, 2010.
『영어구문의 이론과 실제』, 2011.
『강력 최소주의 이론: 그 분석과 전망』, 2011. (본서)

研究論文:

A Minimalist Approach to Some Problems of Long-Distance Anaphora of Reflexives. 「LSA 발표논문」.
A Minimalist Approach to *wh*-Interrogatives in Korean. 「TEAL 발표논문」.
On Multiple *wh*-constructions in English. 「*Language Research 24*」.
A Probe-Goal Approach to the EPP-Effect of *wh*-Interrogatives in English and Korean. 「현대문법연구 46」 외 70여 편.